高/等/教/育/发/展/丛/书

储昭卫 / 著

研究型大学本科生全球胜任力培养：理论与实践

华中科技大学出版社
http://press.hust.edu.cn
中国·武汉

图书在版编目（CIP）数据

研究型大学本科生全球胜任力培养：理论与实践/储昭卫著. -- 武汉：华中科技大学出版社, 2025.3. --（高等教育发展丛书）. -- ISBN 978-7-5772-1671-3

Ⅰ.G645.5

中国国家版本馆CIP数据核字第2025HP7507号

研究型大学本科生全球胜任力培养：理论与实践

储昭卫　著

Yanjiuxing Daxue Benkesheng Quanqiu Shengrenli Peiyang: Lilun yu Shijian

策划编辑：陈建安	
责任编辑：安　欣	
封面设计：原色设计	
责任校对：刘小雨	
责任监印：曾　婷	
出版发行：华中科技大学出版社（中国·武汉）	电话：(027) 81321913
武汉市东湖新技术开发区华工科技园	邮编：430223
录　　排：华中科技大学惠友文印中心	
印　　刷：武汉市洪林印务有限公司	
开　　本：710mm×1000mm　1/16	
印　　张：15.5　插页：2	
字　　数：289千字	
版　　次：2025年3月第1版第1次印刷	
定　　价：68.00元	

本书若有印装质量问题，请向出版社营销中心调换

全国免费服务热线：400-6679-118　竭诚为您服务

版权所有　侵权必究

本研究受华中科技大学文科"双一流"建设项目——智库建设与社会服务能力提升(5001421070),以及2023年度湖北省博士后创新研究岗位、2023年教育部人文社会科学研究青年基金项目(23YJC880014)、2024年度湖北省社科基金一般项目(HBSKJJ2024430)的资助。

理 论 篇

第一章 绪论 /3
　　第一节 研究背景 /3
　　第二节 研究问题 /9
　　第三节 关键概念界定与说明 /11
　　第四节 研究方法 /18

第二章 文献综述 /22
　　第一节 全球胜任力的概念：辨析与演变 /22
　　第二节 全球胜任力结构模型及内涵 /29
　　第三节 全球胜任力及其培养的研究现状 /38
　　第四节 全球胜任力的培养模式与要素 /50
　　第五节 研究的理论基础 /58
　　第六节 文献述评 /65

第三章 研究型大学本科生全球胜任力培养的多案例研究 /69
　　第一节 案例研究概述 /69
　　第二节 研究型大学全球胜任力培养的案例研究 /75

第三节　基于内容分析的培养模式案例解构　/85
　　第四节　本章小结　/94

第四章　研究型大学本科生全球胜任力培养模式建构研究　/96
　　第一节　全球胜任力培养模式构成要素分析　/96
　　第二节　基于ISM的全球胜任力培养模式建构　/108
　　第三节　本章小结　/124

第五章　全球胜任力培养效果的影响因素研究　/125
　　第一节　研究设计　/126
　　第二节　信度、效度检验　/131
　　第三节　回归分析模型构建与结果　/139
　　第四节　全球胜任力培养效果的组态效应研究　/143
　　第五节　本章小结　/154

第六章　结论、建议与展望　/156
　　第一节　研究的主要结论　/156
　　第二节　研究的创新点　/158
　　第三节　实践启示　/161
　　第四节　研究不足与未来展望　/165

实 践 篇

第七章　办学理念与培养目标改革案例　/171

第八章　资源与条件改革案例　/183

第九章　组织结构改革案例　/189

第十章　培养过程改革案例　/197

主要参考文献　/224

附录　/237

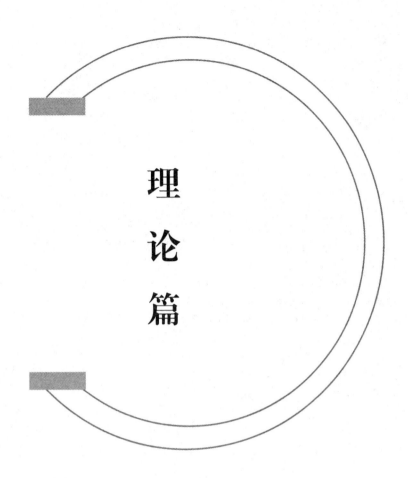

理论篇

理论篇主要围绕"新全球化背景下研究型大学本科生全球胜任力的培养模式"展开,重点关注培养模式的核心要素、理论模型和影响因素。因此,本篇采取了案例研究与内容分析、ISM(解释结构建模)、回归分析与 fsQCA(模糊集定性比较分析)方法。最终发现新全球化背景下研究型大学本科生全球胜任力培养模式的基本规律,并提出了研究型大学开展本科生全球胜任力培养改革的意见。

第一章 绪 论

第一节 研究背景

与人交往既是人类满足好奇心和克服孤独的天性使然,也是政治、经济与社会发展的客观要求。19世纪以来,通信技术、航空、航天、航海等交通技术飞速发展,全球交往频率和深度快速增加。"大熔炉"(melting pot)和"地球村"(global village)成为当今世界政治、经济、文化紧密相连的代名词,全球化的趋势似乎不可阻挡(托马斯·弗里德曼,2015)。交流障碍的降低,交往频率的增加,并不意味着文化冲突的消弭。即便在文明高度发展的今天,人们还是无法避免因政治、文化、种族等观点的差异而产生冲突。好在社会各界较早地认识到培养国际交往能力的重要性,并给它赋予了重要的政治、经济和文化使命,本书讨论的内容正是在这一背景下展开的。

一、现实背景

(一) 全球化时代,全球胜任力逐渐成为当代青年的必备能力

在全球化时代,人的流动性逐渐增强,沟通交流的频率大幅提高,全球胜任力成为在"全球村"生存的必备能力。1948年,联合国教科文组织通过了《青年的国际理解精神的培养和有关国际组织的教学》,鼓励加强青年的国际理解教育,普及国际组织和国际规则知识。1988年,国际教育交流协会(Council on International Educational Exchange,CIEE)在《为全球胜任力而教》中发出了全球胜任力教育倡议。1995年,美国教育委员会在《为变化的世界而培养的美国人:高等教育国际化的十个基本法则》中指出,由于"冷战"结束,全球交往的政治阻力大大减弱,青年学子只有具备在全球环境中的交往能力才能在21世纪取得成功(ACE,1995)。2012年,美国联邦教育部在一份报告中指出,全球胜任力已经不是少数人的奢侈品,而是对每个人都很重要的必需品。2017年,国际学生评估项目(Programme for International Student Assessment,PISA)提出了学生全球胜任力测试框架,引发了国际教育界对全球胜任力培养的高度关注。

随着各国教育界逐渐认识到全球化对学生未来就业和生活的影响,越来

越多的国家和地区开始培养学生的全球胜任力。例如，日本通过学校国际化、制度建设、学习策略调整和小班教学等方式推进国际化人才培养（谭君怡，2014）；德国通过课程内容、教学方式、国际交流等培养学生的全球胜任力（王莉华，2009）；美国通过一系列资助措施提高学生在国际舞台上的竞争力。而"Z世代"①学生更有机会通过海外留学、出国交流，以及网络和虚拟世界等感受全球化，也更需要具备全球胜任力，以确保他们能在全球范围交流、学习并取得成功。

（二）"西方中心论"的传统全球化模式陷入困境，面临转型

传统全球化模式在促进全球发展的同时，也因其在20世纪形成的"西方中心论"而招致了批评。"西方中心论"是指，围绕西方主要国家的经济、政治、文化和话语体系形成"中心—半边缘—边缘"世界格局：中心国家在世界话语体系中占据主导位置并能够支配边缘国家；半边缘国家既控制边缘国家也受到中心国家的控制（沃勒斯坦，2001；任东波，2015）。进入21世纪，这种全球化模式遇到了诸多挑战：在经济上，西方国家凭借其金融霸权占据了有利地位，导致全球贫富差距不断扩大；在文化上，西方国家强调西方文明的"普适性"，导致民粹主义和宗教极端主义冲突频发；在政治上，西方国家长期以自我为中心，致使封闭主义和孤立主义流行；在安全上，恐怖主义和地区冲突迭起。此外，还要面对气候变化、资源短缺和生物多样性逐渐丧失等问题。在新冠病毒蔓延期间，上述问题进一步加剧，传统全球化模式危机达到了巅峰（张福贵，2020）。

各种危机不仅减缓了传统全球化的趋势，也为各国寻找新的全球化模式提供了契机（Antimo，2017）。针对当下不可逆转的全球化趋势和各国对待全球化的矛盾心态，大前研一（2019）提出，传统全球化的危机源于"国民既希望优先考虑国内事务的'国家主义'，又希望享受全球最佳资源的'全球主义'，这两者是对立的。"面对传统全球化的危机和不足，越来越多的学者认为，全球将进入新的全球化范式。知名国际政治学者朱云汉和郑永年（2020）在《西方中心世界的式微与全球新秩序的兴起》中指出，美国的相对衰落及其对全球领导角色的放弃，以及中国、印度等的崛起，将在很大程度上决定新的全球化秩序。以中国为例，中国国家主席习近平提出的"一带一路"倡议和"人类命运共同体"理念，作为发展中国家提出的全球治理方案，被国际社会视为对全球化范式的综合创新（邵培仁，2018）。与传统全

---

① "Z世代"是网络流行语，指出生于1995—2010年的一代人。得益于通信技术和移动互联网技术的发展，"Z世代"能够从网络中了解和学习其他国家的知识和文化。

球化相比，新全球化将打破"西方中心论"的桎梏，秉承更加开放、平等、包容和共享的和平发展理念，推动国际社会的可持续发展（张福贵，2020）。

近年来，中国从"独立自主"和"主动参与"的全球化战略，逐步转向"积极引领"的全球化战略，更加积极主动地参与全球治理和推动全球化，展示了推动新全球化的信心和实力（何自力，2017；王丹莉，2019）。习近平在瑞士达沃斯国际会议中心出席世界经济论坛2017年年会开幕式时，发表《共担时代责任 共促全球发展》的主旨演讲，并表示，中国是经济全球化的受益者，更是贡献者。新冠疫情对全球治理体系和政治经济互信的挑战，可能是中国推动全球化改革的"催化剂"。中国在"抗疫"中的良好表现也有助于中国推动新全球化（格列格尔茨，2020；王辉耀，2020）。

（三）我国现有人才能力欠缺，对新型全球化人才需求迫切

为了适应和推动新全球化，中国需要大量全球化人才支撑自身更好地参与全球治理和加强对外开放。党的十八大提出"要倡导人类命运共同体意识"后，中国越来越频繁地参与全球事务，对全球化人才的需求也大大提升。2016年，习近平在中共中央政治局第三十五次集体学习时强调，参与全球治理需要一大批熟悉党和国家方针政策、了解我国国情、具有全球视野、熟练运用外语、通晓国际规则、精通国际谈判的专业人才。有研究表明，中国公民在国际组织中任职数量较少和职级偏低的情况曾普遍存在，全球化人才对中国参与全球治理的支撑不足（阚阅，2016）。全球胜任力培养有助于学生提升对全球议题的兴趣，帮助学生具备参与解决社会、政治、经济问题的能力，并养成促进全球可持续发展的价值观和态度（OECD，2017）。因此，全球胜任力也被认为是各类全球治理人才的必备能力。

除提升我国参与全球治理能力，扩大对外开放的新发展格局也需要各类全球化人才的支撑。祝智庭和韦塞曼（Wesemann）调查发现，中国学生的社交能力、个人素养等与跨国企业的需求差距较大（祝智庭、Wesemann，2021）。近年来，由于人才支撑乏力，中国企业的全球化发展遭遇瓶颈，全球化运营水平、本地融合程度、应对国外政策和舆论的能力都稍显不足（周毅军，2019）。此外，公共机构，包括政府在内，也需要更多具备全球胜任力的职员。美国林肯基金会的一项调查发现，随着国际化程度的提升，政府机构等公共部门在安全、文化交流、移民和对外服务等岗位上，越来越需要就职者具备全球胜任力（Lincoln Foundation，2018）。

在全球化时代，全球胜任力作为学生的必需品，其重要性不言而喻。随着传统全球化模式日益陷入困境，新全球化发展方兴未艾，中国在新全球化

进程中的人才需求必将不断增加。由于面临全球化人才数量不足和能力素质欠缺的双重挑战，提升我国新全球化人才能力的现实需求愈加迫切。因此，如何通过构建相应的培养模式，在现有人才培养基础上大规模、高效率地培养具备全球胜任力的人才，成为亟待解决的问题。

二、理论背景

研究型大学本科生是新全球化人才培养的主要对象，这是由研究型大学本科教育的使命和全球化培养要求共同决定的。一方面，本科教育是研究型大学的立校之本，是大学教育发展、品牌形成、经济运行和学术进步的基础，本科阶段也是培养高素质拔尖人才的关键时期（甘晖，2007；王强，2009）。另一方面，研究型大学卓越的师资和良好的学术环境，以及独有的国际定位，也为培养本科生的全球胜任力创造了条件（胡弼成，2001）。中国十分重视研究型大学本科生全球胜任力培养工作的开展。2010年，《国家中长期教育改革和发展规划纲要（2010—2020年）》提出，要培养大批具有国际视野、通晓国际规则、能够参与国际事务和国际竞争的国际化人才。2020年，《教育部等八部门关于加快和扩大新时代教育对外开放的意见》印发，强调要把培养具有全球竞争力的人才摆在重要位置，并加快培养具有全球视野的高层次国际化人才。但当前的人才培养模式仍深陷传统全球化的窠臼，具体表现在教育理念深受西方影响、核心能力培养不足和资源支撑上有所欠缺，使人才培养难以满足新全球化进程的需要。

（一）教育理念受限于"西方中心论"的全球化惯性

"西方中心论"国际格局的形成是三次全球化共同作用的结果，根据沃勒斯坦的"中心—边缘"理论，西方国家制度和理念总是起到引领作用的，而其他国家，如中国等发展中国家主要是学习与模仿的。在高等教育国际化的认识和理解上也是如此，体现为较少审视国际关系和世界格局，将欧美高校作为学习、交流和留学的主要目的地（张应强，2021）。知名国际教育学者简·奈特（Jane Knight）（2004）将高等教育国际化定义为"在国家、大学和学院层面，将全球的、国际的、跨文化的内容整合进高等教育的目的、功能或传递的过程"。我国高校的全球化人才培养延续这种认识，积极吸收"国际元素"并将它们整合到自身的培养体系中，试图通过这种方法将自身建设成为全球化大学。但由于缺乏自己的全球化人才培养理念，缺乏对国际关系和世界格局的思考，"教育国际化"被矮化为"教育西方化"或"教育欧美化"（张伟、刘宝存，2017）。

在新全球化时代，大学的人才培养必须审视国际关系和世界格局，形成自己的教育理念。一方面，我们要认识到全球治理体系正处于巨变的十字路口。与欧美等传统全球化主导者相比，由中国等新兴经济体国家提出的新全球化理念正在打破"中心—边缘"的国际格局，形成更具包容性和发展性的全球治理体系。另一方面，我们还要清醒地认识到西方主导的国际格局为中国发展带来的挑战。例如，在面对"一带一路"倡议时，西方国家在固守传统全球化过程中形成了权力博弈思维，抛出"新殖民主义"等论调，开展"脱钩"等活动，以打压新全球化方案并遏制相关国家发展。这种不利局势和挑战也对中国新全球化人才的培养提出了更严苛的要求。进入新全球化阶段，如何跳出"西方中心论"范式的固有惯性，形成中国特色的全球化人才培养理念，是一个值得讨论的问题。

（二）全球视野等核心能力培养严重不足

在当前的全球化体系下，中国作为边缘和半边缘国家，需要遵循既定的政治格局，融入既有的全球化产业分工，这导致大学在很大程度上忽视了培养全球视野的重要性。葛海燕、张少军和丁晓强（2021）在《中国的全球价值链分工地位及驱动因素》中分析了2000—2014年的全球产业演变，发现中国在全球价值链分工中的地位显著低于欧美国家，略低于金砖国家，"低端锁定"的困境较为严峻。由于受到发展定位的影响，当前中国的教育体系主要服务于国际分工之下的本土人才需求，忽视了企业国际化和国家参与全球治理的需求（姚威，2018）。在"一带一路"倡议提出后，我们才意识到国内人才培养体系尚不足以高质量、按需供应国际化人才（辛越优，2016）。2021年，中国贸易报社中贸国际智库平台与领英中国（LinkedIn）联合编写的《中国企业海外人才发展白皮书》显示，88%的企业在海外有用人需求，66%的企业建立了海外人才战略，且企业雇佣外国人的比例逐年上升，但国际化管理人才仍较为短缺。

上述培养定位很可能制约了人才全球视野的发展，导致核心能力的培养严重不足。一方面，这种教育理念导致培养模式缺乏改革的动力，仍然依赖固有模式和传统评价，最终使人才培养仅停留在口号上（贺腾飞，2018；姚威，2021）。2017年，清华附中校长曾发问："保守、封闭的传统教育怎么可能培养出来开放的、面向未来、面向世界的国际化人才，怎么能培养出全球视野？"另一方面，教师和管理者的全球视野也在一定程度上存在不足。正如桑托罗（Santoro）（2014）所说："如果你想教关于这个世界的一切，你必须先了解这个世界的一切。"现有的国际化人才培养主要依赖外语课程，学生通过语言学习来了解其他国家的文化、地理和政治（Cushner，2007；Oksana，2018）。而外语教师往往在科技素养和国际知识方面有所欠缺（袁晓军，2014）。这些因素大大制约了不同专业的学生从多角度丰富全球知识，了解国际运行规则，进而形成真正的全球视野。当然，培养全球视野并非某一专业或学科的单一要求，也不是一朝一夕之功。因此，从理念上重视全球视野对学生未来发展的价值，并在培养过程中构建要素完整、逻辑自洽的培养方案，才是全方位提升研究型大学本科生全球胜任力的可行之策（郝丹丹，2020）。

（三）培养过程缺乏足够的经验和资源条件

中国在全球化人才培养上的另一个问题是缺乏充分的资源条件，这与长期以来奉行的"韬光养晦"外交政策是密不可分的。20世纪90年代，以邓小平为核心的党中央提出了"韬光养晦，有所作为"的外交思想，强调"决不当头"和"做好自己的事"，制定了"尽力避免意识形态争论和与西方的对抗，专注国内经济建设，适度参与全球事务"的政策（门洪华，2016）。这种政策方针的影响一直延续至党的十八大时期。随着中国GDP（国内生产总值）超越日本和更多地参与国际事务，中国才逐渐展现出更加"有所作为"的一面（王洪光，2016）。在这种外交思想的指导下，我国教育系统专注于培养服务国内发展的各类人才，而缺乏培养全球化人才的动力，也缺乏相应的资源条件和相关经验。

回顾我国高等教育国际化的发展历程，从20世纪90年代到2010年，一直处于"依附对外开放"和"规模逐渐扩大"的探索阶段，直到2010年以后才进入内涵式、多平台和规范化的全方位发展阶段（宋永华，2018；莫玉婉和刘宝存，2020）。然而，开展全球胜任力教育，需要教育系统、地方政府乃至整个国家和社会在理念、政策和资源上的支持，即经济合作与发展组织（Organization for Economic Cooperation and Development，OECD）所说的全球胜任力培养的"系统领导力"。更为重要的是，全球化人才需要具备讨论和解决气候变化、健康、移民、贫困等复杂全球议题的能力。由于"系统领导力"的缺失，高校无法跨学科、跨组织和跨学校整合课程、教师和国际化资源，也无法搭建完善的国际化实习实践平台（聂洋溢，2016；严丹丹，2018）。另外，在财政支持和教育评价上的支持性改革也存在不足（Johanna，2016）。

总而言之，从现实情况来看，适应新全球化需求的人才在数量和能力上的不足，可能成为制约我国提升全球治理能力、提高对外开放水平和促进经济社会高质量发展的关键因素。回归教育层面可以发现，自20世纪90年代以来，中国社会整体的全球化发展意识略显薄弱，研究型大学在全球化人才培养上存在教育理念滞后、核心能力培养不足，以及资源条件不充分等问题。研究型大学在人才培养上的不足等，导致近年来我国在全球治理和"一带一路"倡议等重大行动中缺乏全球化人才支撑。我国提出加强对外开放和共建"人类命运共同体"的倡议，以更加积极、包容和开放的态度参与全球化，为我国研究型大学开展全球胜任力培养提供了机遇：一方面，国家对新全球化人才的需求前所未有地迫切，要求各类人才提升自身的全球治理能力并扩大对外开放，为新全球化人才提供了广阔的舞台；另一方面，随着全社会形成了加强中国参与全球治理能力和扩大对外开放的广泛共识（刘大勇、薛澜，2022），以及在《教育部等八部门关于加快和扩大新时代教育对外开放的意见》等政策加持下，大学能够获得更有利的资源支持和舆论环境，以探索新全球化人才培养模式。在现实人才需求和培养模式理论的引导下，本书以新全球化为背景，开展了研究型大学本科生全球胜任力培养模式研究。

第二节　研究问题

本书围绕"新全球化背景下研究型大学本科生全球胜任力培养模式"这一核心议题，借鉴查有梁（1997）提出的从"原型"到"模式"再到"新型"的培养模式建构方法，试图提炼研究型大学本科生全球胜任力培养的关键要素，并基于新全球化背景建构培养模式的理论模型，最后通过分析全球胜任力培养的影响因素来完善培养模式。具体来看，本书将依托以下三个研究问题展开。

研究问题一：研究型大学本科生全球胜任力培养模式的关键要素有哪些？

在当前的研究中，"全球胜任力"成了一个包罗万象的术语，它的概念不清晰，内涵缺乏明确的逻辑（Marianne，2017），导致人们在讨论全球胜任力培养时往往缺乏系统性，对培养模式构成要素缺乏全面认识。例如，强调知识学习而忽视了多元环境下的知识运用，重视内容改革而轻视课程体系设计和教学法创新等（Todd，2017）。

因此，研究问题一旨在考察全球范围内研究型大学本科生全球胜任力培养的领先实践。本书将通过探索性案例研究和跨案例比较分析了解培养重点，再借助内容分析方法提炼全球胜任力培养模式的构成要素。

研究问题二：新全球化背景下，研究型大学本科生全球胜任力培养模式的理论模型是什么？

全球化人才培养是院校人才培养的使命之一，更是我国赢得国际竞争的必然要求。审视当前我国的全球胜任力培养模式，既未能充分考虑新全球化背景下的需求，也未能建立系统化的培养模式。正如张应强（2021）所说，认识高等教育国际化，既要从院校、区域和国家层面出发，更要研究国际关系和国际格局中的高等教育国际化。现有的全球胜任力培养模式，大多带有鲜明的"西方中心论"和霸权主义色彩。例如，兰伯特（Lambert）（1993）和林肯基金会（Lincoln Foundation）（2018）都明确指出，培养全球胜任力是维持和强化美国全球领导地位，以及维护国家安全的必要手段。OECD（2018）开发的PISA（国际学生评估项目）全球胜任力测评体系，主要源于联合国可持续发展目标（sustainable development goals，SDGs）等，明显受到欧美话语体系的影响。因此，国内教育界应谨慎引入OECD的全球胜任力概念，必须构建适应本国国情的国际教育体系（邓莉、吴月竹，2021）。

研究问题二从新全球化背景出发，分析在"人类命运共同体"理念和"一带一路"倡议等情境下，培养全球胜任力的特殊性（滕珺，2018；胡敏，2020；徐辉，2020），进而对案例研究中提炼的培养模式要素进行分析和阐释，并构建新全球化背景下培养模式的理论模型，根据构成要素之间的逻辑关系，明确培养模式的运行机制。

研究问题三：新全球化背景下，研究型大学本科生全球胜任力培养模式的影响因素有哪些？它们的影响机制是什么？

培养模式往往包含众多具体要素和复杂的运行机制（刘献君，2009；董泽芳，2012），因此要充分检验和分析影响培养效果的诸多因素。现有研究认为，有两类因素可以影响全球胜任力培养效果：一是学校内部的培养因素，如国际化教育教学条件和设施配备、国际化办学资源、师资和课程安排、学校的国际化办学理念等（Lohmann，2006；Mansilla，2020）；二是与学生学习和成长相关的非学校培养因素，如学生的个体特征（包括性别和年龄）、学习特征（包括学科和专业）（Quezada，2010），以及自身学习经历和家庭环境等混杂因素（Heidi，2013；OECD，2019；Mansilla，2020）。关于这些因素如何分别或共同影响全球胜任力培养质量，以及如何根据这些因素制定有效的培养方案，当前还缺乏比较系统的研究。

因此，在构建培养模式并明确运行机制的基础上，研究问题三将通过问卷调查和统计分析来考察新全球化背景下研究型大学本科生全球胜任力培养的影响因素，以及影响因素作用于培养效果的主要机制。本书通过分析学校培养模式因素和非学校培养因素如何分别和共同影响全球胜任力水平，为完善培养模式、开展全球胜任力培养改革提供参考。

第三节 关键概念界定与说明

一、新全球化

全球化是人类超越空间、制度、文化和社会等信息交换障碍，实现全球范围内物质和信息交换，从而达成最大共识和共同行动的过程（朱旭东，2002）。全球化大概经历了三个阶段：首先，从15世纪末到第一次世界大战之前，资本通过殖民掠夺实现了原始积累，推动了世界市场的初步形成；其次，从第一次世界大战后到冷战结束，资本的新一轮全球扩张促使国际组织和跨国协定大量出现，全球化逐渐走向制度化和体系化；最后，冷战结束后，新兴经济体的快速发展导致以美国为主导的"一超多强"格局形成（滕文生，2019；陈江生，2021）。

近年来，随着"东升西降"和中国的崛起，传统全球化模式日渐式微，陷入了"二律背反"的泥淖：一方面，经过理性设计的全球化制度在全球化进程中发挥着越来越重要的作用；另一方面，全球化又使以西方为中心的统一体系成为世界发展的障碍（速继明，2020）。在COVID-19（新型冠状病毒感染）暴发后，国际关系发生了重大变化，人们对维持传统全球化模式的信心开始被对新全球化秩序的渴望所取代（Men，2019；Hosli，2020）。

随着国际政治权力的分散，以人类整体利益和全球长远发展为目标的新全球化成为各国的共同愿景。因此，习近平主席提出的"人类命运共同体"理念获得了国际社会的广泛认可，并被写入了联合国决议。党的十九大报告指出，中国将继续发挥负责任大国作用，积极参与全球治理体系改革和建设，不断贡献中国智慧和力量。在抗击COVID-19期间，中国积极为全球提供公共卫生产品和服务，赢得广泛赞誉，引领全球打造更加开放、包容和共赢的新全球化模式（檀有志，2021）。由中国推动的"来自东方的新全球化"（new globalization from the east）已不再是无稽之谈，而是一种正被全球普遍接受的新方案（Zhekenov，2019）。在西方国家看来，无论是"一带一路"倡议、"人类命运共同体"理念还是"伟大复兴"，都是中国在寻求新全球化秩序的表现（Obert Hodzi，2017）。

与传统全球化相比，新全球化的"新"主要体现在以下几个方面。如表1-1所示：从主导力量来看，新兴经济体将在新全球化过程中发挥更大作用，以全球各国共同参与取代欧美中心主义的全球治理格局（Rodrik，2019；CHU，2021；熊光清，2021）；在拓展逻辑上，以平等参与、包容发展、成果共享取代资本扩张和殖民掠夺（王公龙，2021；熊光清，2021）；在价值原则上，超越传统的普遍主义和"西方中心论"，强调特殊主义和维护文明多样性（张福贵，2020）；在理念内涵上，摒弃普世价值观和新自由主义，提出"人类命运共同体"理念和"一带一路"倡议（郝立新，2017；《人民论坛》，2021；王森垚，2021）。

表1-1 新全球化和传统全球化的特点对比

类型	传统全球化	新全球化
主导力量	欧美等世界体系的中心国家	新兴经济体将在新全球化过程中发挥更大作用，以全球各国共同参与取代欧美中心主义的全球治理格局
拓展逻辑	资本扩张，殖民掠夺	以平等参与、包容发展、成果共享取代资本扩张和殖民掠夺
价值原则	普遍主义，西方中心论	超越传统的普遍主义和"西方中心论"，强调特殊主义和维护文明多样性
理念内涵	普世价值观，新自由主义	摒弃普世价值观和新自由主义，提出"人类命运共同体"理念和"一带一路"倡议

资料来源：根据郝立新（2017）、Rodrik（2019）、CHU（2021）、张福贵（2020）、熊光清（2021）、王公龙（2021）、王森垚（2021）以及《人民论坛》（2021）等研究成果整理所得。

当前人们对新全球化的理解尚不一致，过大的分歧可能导致政府政策和学校决策的偏离与不确定性，因此需要在全球体系中识别其中的一些特性（蔡宗模，2022）。综合现有研究，参考刘大勇、薛澜和郁建兴（2021）对国际新格局的判断，以及国务院发展研究中心课题组（2015）对未来12年国际经济格局和中国战略选择的分析，本书给出如下新全球化定义，以缩小研究范畴。新全球化[①]是指，在新的全球问题、大国博弈和产业变革等因素的

[①] 新全球化强调的是全球化模式的变化，与其相对的是传统全球化，因此新全球化和全球化的概念并不矛盾。

共同作用下,全球治理体系、规则和技术深刻转型,从而导致全球政治体系、经济格局和生产生活发生新一轮重大变化的过程。

二、研究型大学

关于研究型大学的概念并没有统一的定义,通常是以研究生院的设置和博士学位授予数量作为判断标准。例如,由知名高等教育学者 Clark Kerr(克拉克·克尔)领导开发的"卡内基高等教育机构分类"(Carnegie classification of institutions of higher education)虽经历多次修订,但始终将"提供广泛的本科教育,并通过博士学位推动研究生教育,每年授予50个以上博士学位"作为认定"广博型研究型大学"(research university-extensive)的标准(史静寰,2007)。王战军(2008)认为,当一所大学在师资队伍、人才培养、科学研究、学科建设和学术声誉等共15个二级定量指标中有10个达到门槛值,就可以被认定为研究型大学。张振刚(2002)在比较了研究型大学分类体系后提出"建有研究生院的大学即为研究型大学"的标准。为了简便起见,本书中所指的中国研究型大学均为已设立研究生院并获得教育部正式批准的高校,截至2024年,全国共有61所①。国外的研究型大学指的是已设立研究生院且每年授予博士学位数超过50个的高校。

为何要以研究型大学本科生为研究对象呢?这是因为具有国际化是当代研究型大学的主要特征(邱延峻,2009),也只有研究型大学才有充足的资源和声誉构建具有实质性和可持续性的国际化战略,培养国际化人才(宋永华,2016)。此外,本科教育是研究型大学的立校之本(潘懋元,2006),研究型大学几乎都具有较好的本科生生源和较为完善的培养体系。与教学型大学相比,研究型大学大多生源质量更好,治理体系更加完善。因此,研究型大学具有教学改革的制度空间(刘元芳,2002;丁仕潮,2014)。一般而言,本科教育是大学打造名校品牌和培养拔尖创新人才的基础。因此,研究型大学往往将本科教育置于优先发展的地位(刘经南,2009)。可见,一般情况下,研究型大学在国际化资源、本科生生源及培养质量上均比非研究型大学更有优势,更有利于开展全球化人才培养改革工作。因此,本书选择研究型大学本科生作为研究对象。

---

① 不包含部分自行设置研究生院的高校。通过教育部批准设置研究生院的大学名单详见中国研究生招生信息网(网址:https://yz.chsi.com.cn/sch/search.do?yjsy=1&start=0)。

三、全球胜任力

全球胜任力培养可以追溯到第二次世界大战后的国际理解教育思潮时期。基于对战争的反思，为了从根源上消除冲突、促进国与国之间的理解与合作，联合国教科文组织在1948年通过了《青年的国际理解精神的培养和有关国际组织的教学》的建议，在全球倡导国际理解教育。在此后的数十年里，联合国又推动形成了相关建议和宣言，以促进学生理解和欣赏其他国家的文化，从而加强国与国之间的团结与合作（陈洁，2003）。随着经济全球化的到来，人们意识到，仅增加全球化知识远远不够，还需通过出国交流等具体方式促进国与国之间的深度合作。因此，1988年美国国际教育交流协会的会议报告《为全球胜任力而教：国际教育交流咨询委员会报告》指出，为了使美国人具备全球胜任力，涉及数学、科学、教育、商业、技术、经济学和国际事务等领域的学生应出国学习，以学习其他国家学术领域不同的观点。进入21世纪后，全球化趋势进一步加强，全球胜任力逐渐被视为每个学生的必备素质。2012年11月，美国联邦教育部（United States Department of Education, 2012）发布的《通过国际教育和国际参与在全球范围内获得成功》（*Succeeding Globally through International Education and Engagement*）指出，增强全美所有学生包括传统精英群体的全球胜任力是美国国际教育战略的首要目标之一。2017年5月，经济合作与发展组织（OECD）宣布，从2018年起，PISA将对全球胜任力进行测试（OECD, 2017）。该消息一经发布便引起了极大关注，因为这意味着全球胜任力在学生发展中的重要性已与阅读、数学、科学等传统学科相当。

然而，由于全球胜任力的内涵涉及教育学、管理学、人类学等多个学科，不同学者尚未就其概念达成一致。Lambert（兰伯特）（CIEE, 1993）认为，全球胜任力是民族相对性（包括知识、移情能力以及对某一国家的积极态度）、外语能力和互动应对能力的结合体。Hunter（亨特）（2006）提出，一个具有全球胜任力的人通常具有积极进取的心态，期望了解不同的文化规范和他人，并能够运用所学知识，在自己熟悉的环境之外进行有效的互动、交流与合作。哈佛大学教育研究生院的Mansilla（曼西利亚）（2011）认为，全球胜任力是一种能够理解和处理全球标志性事件的能力（capacity）或性情（disposition）。PISA测试认为，全球胜任力是指审查本地、全球和跨文化问题，理解和欣赏他人的观点和世界观，与不同文化背景的人进行公开、适当和有效的互动，以及为集体福祉和精神而行动的能力（OECD,

2019)。

不同学者之所以无法就概念达成共识，除了学术观点的分歧，主观立场和价值取向的差异也是重要原因。例如，Lambert 和 Hunter 从美国作为移民国家的视角出发，认为美国需要促进民族间的相互理解和吸引人才，以维持其全球领导力地位；而 Mansilla 作为 PISA 项目的首席学术官，致力于推动实现联合国的 17 个可持续发展目标。可见，全球胜任力的概念定义与提出者的立场密切相关。因此，培养新全球化人才必须建立在本土化的全球胜任力概念之上，以"用本土操作体现全球思维"（think globally and act locally），实现"本土全球化"（glocalization）（Robertson，1995）。

明确新全球化背景下全球胜任力的概念，必须综合考虑国际话语体系、价值取向、民族认同和未来发展。第一，要了解国际格局及其话语体系的变迁。在处于"百年未有之大变局"的当代，国际力量对比发生了重大变化，"西方中心论"的国际政治格局和历史惯性开始动摇。我们必须认识到，中国引领下的新全球化与"西方中心论"下的传统全球化的本质不同（李杰，2018）。第二，要建立正确的价值取向。随着所谓"中国威胁论"甚嚣尘上，全球胜任力的培养会不会加深中国大学生对祖国的误解成为当前不得不思考的问题（滕珺、杜晓燕，2018）。培养全球胜任力的前提是培养学生正确的价值取向，宣扬"求同存异"的传统，表明尊重多元文化格局和维护世界和平发展的理念。第三，要提高民族认同感和自信心。全球胜任力要求学生用开放、包容、欣赏的心态去面对新事物，培养这种心态的前提是要有充分的民族认同感（滕珺、张婷婷、胡佳怡，2018）。只有具备"中国灵魂"，回答好为谁培养人的问题（伊璐，2020），才能帮助学生树立自信心，向全球讲好中国故事和展示中国风采（刘亚琼，2019）。第四，要关注未来发展。全球胜任力培养除了要处理好"历史"和"当下"的关系，还要面向"未来"，以在多元文化社会中和谐相处，在不断变化的劳动力市场中取得成功，并最终实现人类可持续发展目标（OECD，2019）。

综上所述，培养全球胜任力不仅要考虑国家的战略需求，还要关注国际形势变化和全球市场对人才的需求。本书认为，新全球化背景下的全球胜任力是指，以推动构建"人类命运共同体"理念为目标，秉承包容合作、互利共赢、友好尊重的态度，能够与来自其他文化背景的人就全球性重要议题进行公开、适当和有效的交流和互动，以及为全球发展贡献独特智慧和多元行动的能力。与传统全球化提倡的全球胜任力相比，新全球化背景下的全球胜任力概念有以下特点：在理念上，传承了可持续性发展要求，但强调文明之间的包容性，扬弃了传统全球化的斗争哲学；在目标上，提倡共建"人类命运共同体"以实现共赢，而非服务于自身的全球性扩张战略；在手段上，强调差异合作以促进共生共享，而非丛林法则和"西方中心论"视角下的等级分工（《人民论坛》，2021；熊光清，2021；姚威，2021）。

四、培养模式

创新人才培养模式既是时代发展的迫切需求，也是大学发展的重要要求。对高校人才培养模式概念的研究是理论研究的起点，而对培养模式内涵要素的探讨则是创新培养模式的前提（董泽芳，2012）。本书遵循"培养模式概念—培养模式构成要素—培养模式建构"的逻辑，阐述培养模式的概念、要素及其建构过程。

（一）培养模式的概念

以"培养模式"为主题词，截至2022年5月，在中国知网总计可以检索到2.3万余篇论文，足以说明概念运用的广泛性。文育林在1983年发表的《改革人才培养模式，按学科设置专业》中提到了培养模式概念：培养模式是学科和专业设置方式、科研与教学组织形式、师资队伍建设三个要素的综合体。刘明浚（1993）认为，培养模式是指，在一定办学条件下，为实现一定的教育目标而选择或构思的教育教学模式。教育部（1998）官方文件也曾指出，人才培养模式是学校为学生构建的知识、能力、素质结构，以及实现这种结构的方式，它从根本上规定了人才特征并集中地体现了教育思想观念。一个影响较为广泛的定义是时任教育部副部长的周远清（1998）提出的。周远清认为，人才培养模式是指人才培养目标、培养规格和基本培养方式，它们决定着高等学校所培养人才的根本特征，集中体现了高等教育的教育思想和教育观念。刘献君（2009）认为，培养模式的概念包含三个层次：一是整个高等教育系统层面；二是高校倡导和践行层面；三是专业或教学层面。

从类型学视角出发，可以将培养模式的概念总结为几种典型类型。程斯辉（2010）将其归纳为"结构说""环节说""体系说""过程说"四类。董泽芳（2012、2015）曾将"人才培养模式"总结为"人才培养规范""人才培养系统""教育过程总和""培养活动样式""教育运行方式"等十种典型学说。廖文婕（2013）将培养模式总结为要素组合观、方法方式观、过程观、过程结构观四种观点。

无论概念界定和学说多么复杂，回归功能角度来看，培养模式无非回答两个问题：培养什么样的人；怎么培养人（杨杏芳，1998）。综上所述，本书认为，培养模式的概念是大学为实现特定人才培养目标而形成的多种培养要素有机组合的系统结构（李硕豪，2000；路萍，2006）。

（二）培养模式的构成要素

延续"要素论"的传统，建构培养模式必须先了解培养模式的构成要素。从学校管理角度出发是常见做法之一。例如，刘献君（2009）将培养模式要素总结为教育理念、培养目标、专业设置、课程体系、教育评价等。朱宏（2008）将培养模式要素总结为教育观念和人才培养理念、专业结构、课程体系、管理模式、教学模式。

此外，研究者也从人才培养角度提炼培养模式的构成要素。例如，董泽芳（2012、2015）指出，培养模式应包含人才培养理念、专业设置模式、课程设置方式、教学制度体系、教学组织形式、教学管理模式、隐性课程形式七个要素。刘化波（2012）认为，培养模式包含教育教学模式、师资队伍建设、实践教学环节、学风建设四个要素。

综上所述，培养要素是培养模式的充分非必要条件，不同的培养模式包含的培养要素并不一定相同。借鉴胡玲琳（2004）的梳理，本书中的培养模式有三层内涵：一是以新全球化变革背景下的人才需求为出发点，探讨我国在新全球化时代人才培养的理想化培养模式；二是本书中的培养模式主要是结构范畴上的"标准样式"，具有目标取向和内在逻辑，体现培养要素之间稳定的组合关系；三是本书中的培养模式是介于办学模式和教学模式之间的中观概念，即前者涉及办学体制、招生方式、过程管理等校级层面的宏观管理问题，后者涉及教学目标、教学内容、教学方式等教育教学的微观问题。因此，本书中的培养模式构成要素包括培养目标以及实现培养目标的培养要素及要素的组合方式。

（三）培养模式建构

在现代科学中，建模是一种有效简化问题并提取问题本质的方法。司显柱（2011）认为，培养模式是理论与实践的中介：一方面，培养模式能够将实践经验抽象为理论模型；另一方面，培养模式能够根据理论假设，明确操作条件和活动程序。大学在建构人才培养模式过程中，应遵循协调发展、柔性设计、整体优化、加强实践和可持续发展的原则（张德强，2010）。根据查有梁（1997）的研究和现有文献，建构培养模式通常可以总结为三种方法，如图1-1所示。

```
方法一：原型 ⇌ 模式 ⇌ 新型
方法二：问题 ⇌ 模式 ⇌ 求解
方法三：理论 ⇌ 模式 ⇌ 实践
```

图 1-1　建构培养模式的方法

图来源：根据查有梁（1997）相关内容绘制所得。

方法一，根据研究目的，从客观事物的"原型"出发，抽象概括出认识论意义上的"模式"，进而提炼"新型"；反之，"新型"也能加深人们对"原型"的理解。在这种培养模式建构研究中，通常"原型"与"新型"有相似的实践逻辑，但在政策背景和运用情境上有所差异，"原型"能够为"新型"的设计减少试错成本。例如，索磊（2017）根据美国教师驻校培养经验，建构了针对中国免费师范生的"政府—大学—中小学"教师教育共同体培养模式。李拓宇和叶民（2021）通过对八个典型案例进行扎根研究，建构了智能化时代Ⅱ型工程科技人才的培养模式。

方法二，从教育"问题"出发，建立相应"模式"，然后根据"模式"提出解决方案（"求解"）；反之，"求解"过程也可检验"模式"的合理性，进而明确教育"问题"。此类培养模式建构研究，通常以"问题"为导向，通过思辨研究或案例研究等方式考察成熟经验，进而建构培养模式以解决"问题"。例如，杨欣斌（2022）从职业教育本科"培养什么人"以及"如何培养人"两个问题出发，层层分解后明确了培养定位与能力目标，进而从课程体系和"教师、教材、教法"中提出了具体改革路径。

方法三，从教育"理论"出发，以"模式"为"理论"和"实践"的中介，用"模式"承上启下地指导"实践"；反之，通过"实践"反馈亦可修正"模式"，进而完善教育"理论"。此类培养模式建构研究通常有明确的理论基础，根据理论概念、内涵和具体指向建构培养模式，进而指导人才培养实践。例如，宋萑和王晓阳（2020）基于循证理论和专业教育的循证取向，提出了循证教育博士培养的理论模式。

第四节　研究方法

本书的研究方法主要有案例研究、内容分析、建模、统计分析和 fsQCA 方法。在开始研究前，笔者首先通过学校图书馆提供的纸质文献和数据资源（例如，CNKI、EBSCO、EI、Web of Science、ProQuest 等）以及其他网络途径（例如，UNESCO、OECD、PISA、Asia Society 和高校官方网站等）

搜集和研究主题相关资料。笔者系统考察了全球胜任力主题的相关学术著作、期刊论文、研究报告、新闻报道，并运用CiteSpace（科学文献可视化分析工具）对现有文献进行了梳理，在文献阅读和综述基础上，通过案例研究考察全球范围研究型大学领先的人才培养实践；其次，采用内容分析法和解释结构建模建立了全球胜任力培养模式的理论模型；最后，结合统计分析和fsQCA方法研究全球胜任力培养模式的影响因素。下面，本书将逐一介绍各研究方法的基本概念和使用步骤。

一、案例研究

案例研究是通过研究特定时空范围内的现象，如人物、事件、行动等单元，以理解更多类似现象的规律或方法（约翰·格宁，2007）。案例研究适用于回答"怎么样"（how）和"为什么"（why）问题，其研究对象一般是目前正在发生的且不受研究者控制的事件（Yin，2010）。这与本书试图考察全球胜任力培养实践的研究目的具有较高的一致性。

由于关于研究型大学本科生全球胜任力培养模式的研究资料较少，因此适宜采用探索性的多案例研究方法，从多个角度形成完整的理论假设或构建新理论（Eisenhardt，1989；Yin，1981；孙海法，2004）。多案例研究能够提供更充分的证据，便于进行跨案例比较和检验，具有较高的研究效率和较强的说服力，因此受到众多学者的推荐。单案例研究通常用于关键验证、极端破坏性、同类代表性、历史启示性、节点性等类型的研究（张梦中，2002；Yin，2010）。随着案例数量的增加，研究信度和效度提高的边际收益逐渐低于成本增加的速度，因此Eisenhardt（1989）建议案例数量应为4—10个，Yin（2010）认为在结果不矛盾的情况下，选择5—7个案例，若结果存在矛盾，则应选择6—10个案例。综上，本书最终选择了6个案例进行探索性研究，并收集了多个案例作为补充。

根据分析单位的不同，案例研究可分为整体性案例研究和嵌入性案例研究两类。整体性案例研究仅考察某一组织或公共政策的整体性质；嵌入性案例研究则考察整体及其下属的一个或多个次级单位（付真真，2010）。本书以研究型大学为分析单位，以二级学院和相关机构为次级分析单位，采用嵌入性案例研究方法，全面考察高校全球胜任力的培养实践。

二、内容分析

内容分析（content analysis）是以文本材料中的词语、概念或范畴为研究对象，采用定量与定性结合的分析方法，具有结构化、非介入性和过程客观等优点（库卡茨，2018）。著名社会科学研究方法专家艾尔·巴比（2006）认为，内容分析适用于回应是什么、对谁、为什么、有何影响等问题。本书首先要回答"研究型大学本科生全球胜任力培养模式的构成要素是什么"这一问题，因此采用内容分析方法处理案例资料和访谈文本，从中提炼全球胜任力培养模式的构成要素，为后续构建新全球化背景下的研究型大学本科生全球胜任力培养模式提供素材和依据。

三、建模

在利用内容分析方法提炼全球胜任力培养模式的构成要素后，还需要按照一定逻辑构建培养模式模型，而解释结构建模无疑能够提供相应的支持。解释结构建模（interpretative structural modeling，ISM）是由美国复杂性与系统科学领域专家乔治·梅森大学教授约翰·沃菲尔德于1973年开发的，用矩阵运算解决系统中交互关系的模型方法（Warfield，1974）。作为一名计算机科学家，约翰·沃菲尔德长期致力于利用计算机辅助工具解决复杂问题。ISM作为他的一个重要成果，最早被应用于现代工程分析和系统科学，随后逐渐扩展到管理学、经济学、教育学等领域，并日渐成熟（刘佳琳，2013；陈强，2021；Anshul，2021）。

ISM的基本原理是将复杂系统分解为若干构成要素，利用现有经验辨识系统之间的相互影响关系，并借助计算机辅助系统，将复杂系统转化为多级递进、结构良好且直观的可视化模型，从而使系统的内部关系更加清晰、有层次、条理化，进而展现其内部结构（Zheng，2021）。ISM特别适用于变量众多、关系复杂且结构不清晰的系统，能够用于比较、排序、解释等（Obi、Awuzie，2021）。ISM的具体应用步骤和流程可参见本书的第四章。在培养模式建构过程中，厘清培养要素之间的关系，并建立符合逻辑的培养模式至关重要。本书中，ISM通过数学模型的分解，提炼要素之间的复杂关系，并以图形化方式展示基本关系，从而帮助构建理想化的全球胜任力培养模式。

四、统计分析

在实证研究部分,为了分析影响研究型大学本科生全球胜任力培养的因素,本研究综合采用探索性因子分析、验证性因子分析和多元线性回归等方法处理问卷数据。第一,采用探索性因子分析和验证性因子分析评估问卷的信度、效度及结构,确保问卷质量能够支撑后续分析。第二,利用多元线性回归方法,以学校培养模式和混杂因素为自变量,考察它们对研究型大学本科生全球胜任力水平的影响。分析过程借助 SPSS 25.0 和 Mplus 等软件进行。

统计分析能够检验本书所构建的培养模式的有效性,并比较不同培养模式要素的贡献程度差异,有助于考察各因素对研究型大学本科生全球胜任力培养水平的影响。

五、fsQCA方法

多元回归分析能够考察培养模式要素和混杂因素对全球胜任力水平贡献的净效应,但无法挖掘两类因素能否或如何共同影响全球胜任力水平。因此,在回归分析的基础上,笔者又引入了模糊集定性比较分析(fuzzy-set qualitative comparative analysis,fsQCA)方法。fsQCA方法是美国学者Fiss等(2007)从类型学视角出发,以集合论与布尔运算为基础进行开发,最终经过大量学者完善和改进而来的方法。

与回归分析相比,fsQCA能够探讨核心与边缘条件的互动如何共同导致被解释结果的变化,从全局逻辑上分析复杂的管理问题。在本书中,该方法特别适合分析培养模式要素与混杂因素对全球胜任力培养水平的共同作用,并通过组态效应的形式揭示两类因素的协同关系,进而帮助大学管理者或教师动态优化全球胜任力培养模式,并制定更具有针对性的培养方案。

第二章 文献综述

第一节 全球胜任力的概念：辨析与演变

本书在第一章中已明确了全球胜任力的概念与本书的研究范畴。然而，既往研究中全球胜任力的译法较多，导致该概念含混不清，在比较教育、国际教育、跨文化教育、工程教育和人力资源管理等领域的内涵和表述也有所差异。因此，本节将系统梳理并辨析全球胜任力的概念。

一、全球胜任力的概念辨析

2011年，欧洲工程教育期刊 EJEE（*European Journal of Engineering Education*）编辑部在组织 global competence（《全球胜任力》）专栏时曾指出，在英文中 global competence 或 global competences，global competency 或 global competencies，global skill 或 global skills，global ability 或 global abilities，global capability 或 global capabilities 等词由于概念一致或接近，常被混用（Lemaitre，2011）。在 global competence 的基础上译介、衍生与扩展的中文表达有以下几类：一是概念内涵相同但形式不同的等位表达，如全球胜任力（赵中建，2019；姚威，2019）、全球能力（裴祎颖，2018）、全球化能力（吕林海，2013；陆根书，2020）、全球素养（孙旭欣，2020）等；二是概念相同但内涵缩小或扩大的上下位表达，如国际胜任力（杨金云，2006；李晓述，2018）、国际能力（刘扬，2015、2018）、国际化能力（刘岩，2019）、国际素养（王丹，2017）、国际化素养（王丹，2017）、国际理解教育（邓莉，2021）；三是概念不同但内涵接近的表达，如国际组织人才、复合型高级外语人才（戴炜栋，1999）、国际商务人才（王咏梅，2012）。

如上所述，全球胜任力和 global competence 这类概念的表达形式十分丰富。这可能是由于英文中 global competence 概念定义不清晰且内涵丰富所致的，且该概念被引入国内后，因翻译和理解上的差异，出现了许多新的表述方式：一类是对应英文中 global 和 international，采用"全球化"和"国际化"两种修饰词；另一类，将 competence、ability、skill 等词汇翻译为"胜任力""素养""能力"等。为了明确概念，本节先对"全球化"和"国际化"进行辨析,接着结合全球胜任力的概念源起与胜任力的内涵,澄清其表达形式和概念内容。

(一) 教育领域中的"全球化"和"国际化"之辨

"全球、全球的、全球化"与"国际、国际的、国际化"是两组意思接近的概念词。其中,动词的使用比名词和形容词更为频繁,因此我们从动词入手进行分析。当前,教育研究文献中一般不区分"全球化"(globalization)和"国际化"(internationalization)的概念。部分学者在使用时默认二者是等同的(付八军,2005),也有学者认为"国际化"是"全球化"的子概念,或者是"全球化"发展的潜在过程(许美德,2005)。著名国际与比较教育学者菲利普·阿特巴赫(2010)曾专门区分过这两个概念。他认为"全球化"是一种广泛的经济、政治、社会、技术和科学的趋势与力量,这种趋势直接影响高等教育的发展,并不可避免地影响当今世界,而"国际化"则是政府职能部门、学术系统、高等院校乃至各院系为应对全球化制定的各种政策和开展的各种项目。大型在线学习网站EDUCBA(2020)曾对"全球化"和"国际化"两个概念进行了细致的区分,具体如表2-1所示,从任务或结果、涉及范围、相关性、影响因素等多个方面进行了对比,最后认为"国际化"是"全球化"的中间状态和微观形式。

综合上述研究,本书认为"全球化"是一个在全球范围内实现经济、政治和文化一体化及紧密连接的过程,而"国际化"则是局部、偶发性地增强联系和交流的过程,"国际化"是"全球化"的中间形态。显然,使用"全球胜任力/素养/能力"的表述比"国际化胜任力/素养/能力"更为准确。

表2-1 "全球化"与"国际化"的概念比较

区别因素	全球化	国际化
任务或结果	是全球经济发展期望的结果	是可以实现全球化的任务或过程
涉及范围	是人们想要达到的状态	是该状态的一部分,因此也可称为全球化的子集
相关性	与国家经济关系更密切	与个人、公司或企业的商品和服务关系更密切
影响因素	基础设施设置、通信、物流等因素严重影响全球化进程	文化品位和偏好、地方传统等在国际化中至关重要

续表

区别因素	全球化	国际化
示例	全球化必须消除签证、关税及非关税壁垒，实现投资自由化等	从一个或多个国家或地区采购和生产原材料，然后在其他国家或地区设立分支机构或公司进行销售
过程	是一个经济过程	是一个随机过程
管理组织	国际货币基金组织、世界银行、世界贸易组织等	欧盟、亚太经济合作组织、北美自由贸易协定等

资料来源：根据EDUCBA（2020）中相关内容整理所得。

（二）教育领域中的胜任力、能力与素养之辨

胜任力的概念与内涵复杂，表达形式丰富，英文中competence常与ability、capacity、skill、capability、competency等词混用。这种混乱也延续到中文表述上：管理学中常将其译为胜任力、胜任特征、胜任素质、胜任能力、竞争力；教育学中常将其译为素养、修养、素质、能力等。概念的复杂性和翻译差别导致了理解和交流上的诸多不便。因此，本节首先从胜任力的英文词根入手，探讨基本差异，再简单梳理胜任力的源起、概念和内涵。

胜任力作为一个舶来品，从词根追溯胜任力的含义能够为我们提供一定的启发。英文中competence一词可以追溯到1585—1595年出现的拉丁文competentia一词，其含义为满足（agreement）和对称（symmetry）；1632年，法语中也出现了competence一词，其含义演变为生活舒适（sufficient living in ease）；1790年，英语中出现了competence一词，其含义进一步演变为处理某种情况或完成某项任务的能力（sufficiency to deal with a situation or task）（Celine，2017）。现代的competence延续了上述概念，主要指拥有所需技能、资质和能力而处于一种胜任的状态（the quality of being competent, possession of required skill, knowledge, qualification or capacity）（Dictionary，2019）。相关辨析如下。

第一，competence和ability。OECD（2005）曾专门对competence一词的含义进行了解释：competence不仅是知识或技能，它还包括在特定情况下调动和利用社会心理资源（包括技能和态度）来满足复杂需求的能力，如有效的沟通能力（ability）等，它依靠个人的语言知识、实际的IT（Information Technology,信息技术）技能以及与人沟通的良好态度而实现。这一含义

区分了胜任力（competence）和能力（ability），认为胜任力是能力束或能力的集合。

第二，competence 和 skill。CEDEFOP①认为，技能（skills）是执行任务和解决问题的一种能力（ability），而胜任力（competence）则被视为在特定环境中（教育、工作、个人或专业发展）充分运用学习成果的能力（ability）。胜任力（competence）不限于认知要素（包括理论、概念或隐性知识的运用），也涵盖了功能方面包括技术技能（technical skills）、人际关系属性（如社会或组织技能）和道德价值观。因此，胜任力（competence）概念更广泛，囊括了技能（skills）（以及态度，知识等）（Ontario Department of Education，2016）。

第三，competence 和 capacity、capability。capacity 是指人拥有的一切能力，包括现有的能力（可直接观察到的）、潜在的能力（不能直接观察到，但可以激发出来的）、待开发的能力（通过未来的学习和吸收可能获得的能力），强调能力的充分性和全面性（Free Dictionary，2020）。而 capability 指在力所能及（capacity）范围内通过学习、实践或经验积累能达到的能力状态或资格条件。capability 是 competence 在初始状态下的静态能力和取得良好绩效的起点，前者能够逐渐发展成为后者（Celine，2017）。

在上述词汇中，competency 的概念与 competence 较为接近，前者是指与高绩效相关的潜在特征，强调能力的潜在特质（underlying characteristics），是工作情境中作为参照的校标（criterion reference），与高绩效有因果关系（causal relation），是可数名词，在使用中可以是一种胜任特质（a competency）或多种胜任特质（competencies），而 competence 是 competencies 的组合，含义更广泛（Yue，2013）。郑学宝（2006）认为，competency 是相对于具体职务或工作而言的，与优秀绩效相关的行为维度（the dimensions of behavior）或行为特征（behavioral competencies），competence 具体到某个职务或任务上，可以提炼多个 competency。凌焱（2018）认为，competence 是一个笼统的概念，指个体在某一工作岗位或领域中胜任的条件或状态，而 competency 是个体在某一工作岗位或领域上高绩效的行为表现，是一种动态的行为表现过程。胜任力相关词汇的含义与辨析如表2-2所示。

---

①CEDEFOP 是德语首字母的缩写，其英文全称为 European Centre for the Development of Vocational Training（欧洲职业培训发展中心）。

表 2-2 胜任力相关词汇的含义与辨析

词语	含义	区别或用法
competence	有足够的知识、判断、技巧和力量等去胜任某事	指现有的技巧、能力、潜力（不可数名词）的动态评估
skill	后天习得的、精巧的、高级的能力，能够在执行任务时有效运用这种能力	强调后天开发出来的、具体的、专门的技能和技巧
capacity	当前或未来可能具有的全部能力、潜力	强调能力的大小
capability	可以开发或提升的能力、才能等	能够形容人或物，从截面状态出发，尤其指"潜力"
ability	从事体力或脑力劳动的能力，有"做得好"的意思	通常是有和无的区别，人天然具有ability，组织则无
competency	执行工作所需的技能、知识、经验或其他必备条件	强调在某种绩效水平上完成任务所需的能力

资料来源：根据Olivia（2011）、Kasser（2013）、Business Process Incubator（2016）相关内容整理所得。

从上述比较可知，competence含义更广泛，更强调综合性与动态稳定性。正如Shipman（2015）指出的，尽管胜任力的概念基于技能、知识、态度、性格和自我意识等一些常见主题，但它已经发展成为一个超越这些词汇及其原有含义的概念。因此，本书认为competence是知识、技能、价值观等的综合体，并在相应任务情境中具有动态稳定性。

通过上述辨析，我们可以得出以下结论。第一，无论是英文还是中文的概念，胜任力比能力更能体现动态、稳定和持续的特点。此外，许多文献认为，全球胜任力实际上包含了能力、知识和价值观三个基本元素。第二，素养更多用于基础教育研究领域，即通过训练和实践获得的一种道德修养，更侧重习惯和道德品质。从学术角度来看，素养侧重于教育意义，而胜任力则强调职业方面的技能和能力（马健生，2018）。实际上，PISA将全球胜任力定义为"在未来的工作和生活中，能够有效应对全球性议题并采取行动的能力"（OECD，2018），PISA强调global competence，即在未来的职业能力和技巧而非基本的品德素养。因此，全球胜任力的中文表达更符合英语词源和翻译习惯，并且与本书研究的内涵更为一致。

二、全球胜任力概念的起源

（一）全球胜任力概念产生的背景

全球胜任力教育可以追溯到第二次世界大战后的国际理解教育思潮。基于对两次世界大战的深刻反思，国际组织、社会团体和进步人士都认识到维护国际和平与安全、发展各国人民的平等权利和自由、促进国际经济等的重要性。为了从根源上弥合裂痕、消除冲突、促进合作，联合国积极推动国际理解教育的发展，并在1948年通过了国际理解教育的建议——《青年的国际理解精神的培养和有关国际组织的教学》。此后，联合国又多次推动形成相关建议和宣言，希望通过教育教学改革促进学生理解和欣赏其他文化，以加强国际团结与合作（陈洁，2003）。

全球胜任力教育的另一个起源与第二次世界大战后全球经济发展、国际交往增多以及对外语能力的要求提高等因素有关。1958年，美国颁布《国防教育法》（*National Defense Education Act*），强调了外语和区域外语复合型人才对国家政治、经济安全的价值。此后，美国又于1961年通过了《富布赖特-汉斯法案》（*Forbright-Hans Act*），提供资金支持语言和区域研究人才的培养。20世纪80年代，随着经济全球化的发展，越来越多的美国精英意识到，如果美国想要领导世界，其教育必须走向全球，适应全球经济竞争，这些政策为全球胜任力概念的提出奠定了基础（滕珺、张婷婷、胡佳怡，2018）。

（二）作为研究概念的全球胜任力的出现

目前可检索到的"global competence"一词大概出现在1983年。Hayden（赫登）发表了一篇题为《一个开端：建立全球胜任力》（*A beginning: Building global competence*）的文章。该文章颇具前瞻性地指出，要通过鼓励参与国际项目来提高对教师教育的要求，并为国际教育和文化遗产教学设定更高标准，这些改革将帮助人们为一个日益相互联系的世界做好准备。Hayden还督促美国教育部门无论如何都要培养一些关于其他民族、文化和语言的专家，以及能够进行跨国谈判的企业专家和政府官员。1988年，美国国际教育交流协会的会议报告《为全球胜任力而教：国际教育交流咨询委员会报告》指出，为了使美国人具备全球胜任力，涉及数学、科学、教育、商业、技术、经济学和国际事务等领域的学生应出国学习，学习其他国家学术领域内不同的观点（CIEE，1988）。此后，美国州一级的教育部门积极响应号召，如宾夕法尼亚州从自身建设"全球工坊"（workshop for the world）的目标出发，推出了《为了国际胜任力的宾夕法尼亚教育》（Education for International Competence in Pennsylvania）。一般认为，《为全球胜任力而教：国际教育交流咨询委员会报告》正式提出了"全球胜任力"的概念（Asia Society，2011）。

全球胜任力的概念在20世纪80年代初步形成，直到20世纪90年代才真正引起学术界和教育实践者的关注。1993年，美国国际教育交流协会举办的国际研讨会首次设立了一个分论坛，专门讨论全球胜任力。美国国家外语中心（national foreign language center）主任理查德·兰伯特（Richard Lambert）在会上指出，全球胜任力是一种民族相对性（包括知识、移情能力和对他国访问的积极态度）、外语能力和互动应对能力的结合，它包括五大要素：知识（knowledge）、同理心（empathy）、支持（approve）、外语胜任力（foreign language competency）和工作绩效（work performance）（Lambert，1993）。1995年，美国教育委员会发布了《为变化的世界而培养的美国人：高等教育国际化的十个基本法则》，文中指出，由于"冷战"的结束，全球交往的政治阻力大大减弱，青年学子只有具备在全球环境中的交往能力，才能在21世纪取得成功（ACE，1995）。1998年，美国教育委员会发布了《为全球胜任力而教：美国未来的通行证》（Educating for Global Competence: America's Passport to the Future），指出了新的国家安全观、新的全球与区域问题及就业形势环境下，美国联邦政府、州政府、大学以及业界应当通力合作，培养学生的全球胜任力。这些报告进一步推动了全球胜任力概念的研究，并丰富了其内涵。

（三）全球胜任力逐渐成为学生的必需品

进入21世纪后，全球化趋势进一步加强，全球胜任力逐渐被视为学生必备的个人素质。2011年，民间政策研究机构美国亚洲协会（Asia society）和哈佛大学研究员Veronica Boix Mansilla（维罗妮卡·博伊克斯·曼西拉）和Anthony Jackson（安东尼·杰克逊）发布了《为全球胜任力而教：为我们的青年参与世界做好准备》（Educating for Global Competence: Preparing Our Youth to Engage the World）的报告，从多个维度论证了培养全球胜任力的重要性，同时从教学、学校组织、公共政策等多个角度解释了全球胜任力的概念、意义和培养方法。2012年11月，美国联邦教育部发布的《通过国际教育和国际参与在全球范围内获得成功》指出，增强全美所有学生，包括传统精英群体的全球胜任力，是美国国际教育战略的目标之一，因为全球胜任力不再是少数人的奢侈品，而是对每个人都至关重要的必需品。2017年，经济合作与发展组织（OECD）发布工作报告——《为了一个包容世界的全球胜任力》（*Global Competence for an Inclusive World*），宣布从2018年起，国际学生评估项目（PISA）将测试全球胜任力，并在报告中给出了全球胜任力的测试框架，阐释了考核维度及价值取向（OECD，2017）。

这一时期，学术界对全球胜任力的概念和内涵的研究也非常丰富。Hunter（2006）认为，一个具有全球胜任力的人会拥有积极寻求进取的心态，期望了解文化规范和他人，并能够运用所获得的知识在自己熟悉的环境之外进行有效互动、交流和工作。Mansilla（2011）指出，全球胜任力是一种理解和处理全球标志性事件的能力（capacity）或性情（disposition）。在线教育机构 World Savvy（全球睿智）（2021）在 Mansilla 的定义上做出了补充，认为全球胜任力是理解重要全球议题并采取行动的能力，具备全球胜任力的人能够运用这些品质、性格和能力去实现全球学习和参与。PISA 认为，全球胜任力是指审视本地、全球和跨文化问题，理解和欣赏他人的观点，能够与来自不同文化背景的人们进行公开、适当和有效的互动，并为集体福祉和共同精神而行动的能力（OECD，2019）。自此，全球胜任力及全球素养等相关概念开始进入社会公众和研究者的视野。

第二节 全球胜任力结构模型及内涵

内涵是指事物本质属性和组成要素的总和。厘清全球胜任力的内涵有助于明确人才培养的具体方向。当前，研究者尚未就全球胜任力的内涵达成一致意见，而是从不同理论视角和学科出发，提出了包含不同要素的全球胜任力模型。由于缺乏系统的理论来整合全球胜任力培养举措，因此明确全球胜任力的内涵对构建全球胜任力培养模式具有重要意义（谭卿玲，2021）。在实证主义者看来，全球胜任力可以被拆解成知识、价值观和技能等清晰的具体要素。但从现象学或阐释学视角来看，全球胜任力是一个内部相互依赖的整体性构念。综合考虑后，本节将首先整体阐述全球胜任力的结构模型，进而将其内涵分解为知识、价值观、能力三个要素进行阐述。

一、全球胜任力的结构模型

随着研究的增多，全球胜任力的应用场景愈加丰富，学者不断为其增添新的内涵要素。要素的数量从最初的三种、四种，发展到最多十三种；要素的类型也从通用要素扩展到领域要素、场景要素等。根据要素的数量和整体结构关系，我们可以将现有文献中的全球胜任力理论结构模型归纳为三要素模型、四要素模型和多要素模型。

（一）三要素模型

全球胜任力研究的较高被引学者 Hunter（2004）在其博士论文中提出了全球胜任力的三要素模型，包括知识、技能/经验、态度/价值观。在后续研究中，Hunter 还建立了全球胜任力的"洋葱"模型，如图 2-1 所示。其中，态度/价值观（如认可差异、多样性、开放性、非判断性反应）是核心因素，知识是中间因素（世界历史和全球化），技能/经验是外显因素（能进行跨文化合作、能识别文化差异和参与全球竞争、能评价跨文化行为、能有效参与全球社会与商务活动）。

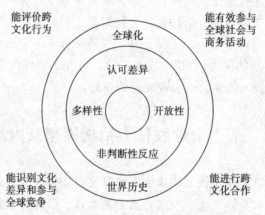

图 2-1 Hunter 的全球胜任力模型

图来源：根据 Hunter（2004）博士论文绘制所得。

哈佛大学国际教育学者 Reimers（雷默斯）（2009）认为，全球胜任力包括积极处理文化差异和全球价值观问题的能力，以及在非母语国家听、说、读、写、思考的能力，能够深入理解和思考涉及全球性（如气候变化、恐怖事件等）话题的能力。在线教育机构 World Savvy（2021）认为，全球胜任力涵盖行为、价值观、态度和技巧。Duarte（杜阿尔特）（2011）提出，全球胜任力包括三个要素：自我意识，即学生认识到自己在跨文化活动中的局限性和能力；跨文化交流能力，即学生掌握的各种跨文化沟通技巧，能够成功参与跨文化活动；全球知识，即学生展现出对世界的兴趣，并具备相关知识。Stevens（2014）认为，全球胜任力清单（global competencies inventory）

包括知觉管理、关系管理和自我管理三个维度。世界卫生组织（WHO）（2020）提出了一个适用于WHO及其下属机构的全球胜任力模型，涵盖了核心胜任力、管理胜任力和领导胜任力。Jeon（2012）提出的要素模型包括全球理解、跨文化敏感性和外语专长。威斯康星大学的David Schejbal（大卫·谢贾布尔）（2009）将全球胜任力的要素分为三类：功能/技术胜任力（与专业能力相关）、通用胜任力（与沟通、思维方式和任务处理能力相关）以及国际/跨文化胜任力（与国际化和跨文化的价值观及态度相关）。

全球胜任力的要素研究还受到"知识—技能—态度"（KSA或KSAs）经典模型的影响。Lambert（1993）较早从这三个维度来刻画全球胜任力，他认为，"知识"指学生具备目标语言文化的一系列知识，并能从行为中分辨文化特质和真实模式；"技能"指学生能够在多样化环境中与来自另一种文化的人或观点进行积极的交互；"态度"指学生有意愿去学习和接纳目标文化的相关行为或观点。Park（1997）、Lee（1997）、Green（2003）、Park和Song（2008）、Li（2013）也曾分别提出了基于"知识—技能—态度"三要素的全球胜任力模型或定义，其中的具体要素如表2-3所示。

表2-3 基于"知识—技能—态度"三要素的全球胜任力模型

来源	知识（knowledge）	技能（skill）	态度（attitude）
Park（1997）	全球素养和常识；跨文化管理能力；战略思维	国际礼仪和礼节；个案分析能力；解决战略问题的技巧；信息处理能力	首创精神；全球心智；对其他文化的开放性
Green（2003）	了解世界地理、自然条件和历史事件；明白全球性议题和重大事件的复杂性；理解构成当前世界体系的历史力量	批判性思维；创造性思维；比较分析技巧；整合知识的能力；跨文化沟通技巧	文化敏感性；尊重文化差异；共情能力；能在陌生环境下处理事务
Lee（1997）	了解其他文化；综合管理知识；特定任务知识	英语和其他外语能力；适应能力；信息搜集和分析能力；冲突管理能力；系统思维	全球商业思维；自主性；个性

续表

来源	知识 （knowledge）	技能 （skill）	态度 （attitude）
Park 和 Song（2008）	理解全球化；理解全球经济的运行；了解其他文化	为全球业务做好准备；沟通能力；国际礼仪与礼节；语言；IT 技能；形象思维	开放性和灵活性；诚实与热情
Li（2013）	在全球化背景下，了解其他文化（包括信仰、价值观、实践和产品等）；了解全球问题、解决流程、趋势以及系统之间的相互依赖性	能够在不同的知识和文化框架下进行思考；与不同文化背景的人进行有效沟通和交流；利用其他文化的知识积累个人经验，提升理解能力	具有国际（跨文化）合作的开放性；尊重并接受文化差异

资料来源：根据 Park（1997）等文献整理所得。

国内也有学者采用 KSA（或 KSAs）三维结构来刻画全球胜任力[①]。例如，北京航空航天大学刘扬博士对我国大学生（2015）、研究生（2018）、高校教师（2020）、工科生（2020）的国际能力构成，以及国际能力的影响因素（2015），国际能力对出国访学博士生科研绩效的影响都进行了深入研究。他还在文献考察的基础上提出了大学生全球素养的结构、影响因素和评价方式并开发了研究生 global competence 的测评工具（Liu，2020）。

尽管表述方式不同，刘扬博士在研究中提及的国际能力、全球素养和 global competence 仍可视为同一概念[②]，绝大多数模型也都包含了知识、技能、态度三要素。此外，国内学者胡德鑫（2017）、路美瑶（2018）、刘卓然

[①] 刘扬、吴瑞林于 2015 年发表在《复旦教育论坛》的《高等教育国际化：大学生国际能力评价量表设计和检验》一文较早在国内采用了"知识—技能—态度"的三要素模型。根据前文对国际能力概念的梳理，以及 Hunter 的国际能力理论，结合对"全球公民"关键要素和《能力的定义与选择：理论与概念基础》（*Definition and Selection of Competencies: Theoretical and Conceptual Foundations*，DeSeCo）计划关于基本能力的分析，我们确定本书中的"国际能力"包含知识、技能和态度三个维度。

[②] 在《复旦教育论坛》《高校教育管理》《高教探索》和《河南大学学报（社会科学版）》等上发表的论文中，global competence 被称为"国际能力"。在《现代教育管理》中，global competence 被称为"全球素养"。虽然表述方式存在明显差异，但从内涵要素来看，它们显然指向同一概念。无论是中文期刊论文中的英文标题和摘要，还是英文期刊中的论文，都统一采用了"global competence"这一表述方式。

(2020)、郝瑛（2019）等在相关论文中也基本沿用了这一思路。

在工程教育领域，一些学者根据工程活动的特殊性提出了适合工程类学生的全球胜任力三要素模型。例如，Cutler（2010）认为，工程类学生的全球胜任力包括：了解来自不同国家的工程师和非工程师之间异同的知识（knowledge）；能够分析来自不同国家人民的生活经历如何影响工程活动进展的能力（ability）；能够在定义和解决问题过程中运用身边有价值的观点（perspective）。参考"洋葱"模型，徐爱萍（2020）提出了国际化工程人才胜任力模型，包含三个维度：专业技能性胜任力（如工程知识、领导力、分析能力等）、特质性胜任力（如学习能力、主动性、客户意识、职业精神等）和国际性胜任力（如国际规则、跨文化胜任力、国际视野等），共涉及十多种要素。其中，特质性胜任力是深层要素，国际性胜任力是外显要素，专业技能性胜任力是中间层要素。

（二）四要素模型

为了提升模型的解释力，大量学者在原有的"知识—技能—态度"三要素的基础上，增加了与行为表现相关的要素，形成了四要素模型。作为哈佛大学和PISA项目全球胜任力框架的开发者，Veronica Boix Mansilla（维罗妮卡·博伊克斯·曼西拉）协助OECD（2019）开发的全球胜任力框架包含四个要素：审查本地、全球和跨文化议题（examine issues of local, global and cultural significance）；理解、认可并欣赏他人的观点和世界观（understand and appreciate the perspectives and world views of others）；与来自不同文化背景的人进行公开、适当和有效互动（engage in open, appropriate and effective interactions across cultures）；有为本地和全球集体福祉与可持续发展采取行动的能力（take action for collective wellbeing and sustainable development）。

肯塔基大学的Kathryn Brantley Todd（凯瑟琳·布兰特利·托德）博士（2017）提出的全球胜任力模型包括四个要素：性格/情感（disposition/affective）、知识（knowledge）、技能（skill）和行动（action），强调个体是否具备担任文化调解人和世界公民角色的能力。卡佩拉大学的Hala（2014）博士提出的全球胜任力KSAOs要素，包含知识（knowledge）、技能（skills）、能力（abilities）和其他特点（other），具体如表2-4所示。其中，"能力"主要与行为相关。

表 2-4　Hala（2014）博士提出的全球胜任力 KSAOs 要素

要素	具体内容
知识	具有全球胜任力的实质性知识；了解一般文化和特定文化的知识；了解国际商务相关知识
技能	跨文化交流能力；外语能力；高级思维能力（创新与创造力）；团队建设与合作能力；冲突解决能力；跨文化胜任力；领导力
能力	跨文化共情能力（对不同文化和全球价值观进行积极理解的能力）；人际影响力（通过推理、语言和认知能力融合不同观点并建立合作网络的能力）
其他特点	全球心智；开放性；灵活性与适应性；种族中心主义意识；冒险精神；诚实与正直

资料来源：根据 Hala（2014）博士论文相关内容整理所得。

美国亚洲协会（2021）认为，全球胜任力包括四个要素：探究世界（investigate the world）、了解观点的独特性（recognize perspectives）、思想交流（communicate ideas）和采取行动（take action）。美国国家工程院（National Academy of Engineering，NAE，2020）提出，工程人员的全球胜任力模型包括四个要素：国际意识（international awareness）、欣赏文化多样性（appreciation of cultural diversity）、有竞争力的技能（competitive skills）和掌握外语（proficiency in foreign languages）。印第安纳大学博士生 Jian（2016）认为，全球胜任力包含全球知识、全球技能、全球态度、全球经历四个要素。刘扬（2018）通过对既有文献，尤其是对 PISA 的分析，提出了包含知识与理解、技能、态度与价值观、经验四个要素的全球素养指标体系。与前述学者的研究成果相比，李隆盛的指标体系更加侧重数字技能，并考虑到学生未来职业生涯发展的能力需求，因此对在校大学生的培养具有一定的参考价值。

（三）多要素模型

在实际应用中，针对具体情境和行业，我们还需要对全球胜任力进行更细致的刻画。因此，也有学者提出了包含以上四个要素的全球胜任力模型。较早提出全球胜任力概念的学者 Lambert（1993）认为，全球胜任力包含知识（knowledge）、同理心（empathy）、支持（approve）、外语胜任力（foreign language competency）、工作绩效（work performance）五大要素。2008

年,在美国国家科学基金会(National Science Foundation,NSF)工程教育与全球化峰会上,NSF主席提出,全球胜任力包括五个要素:欣赏其他文化、具备高水平的业务能力并能领导多元化团队、跨文化交流能力、实践经验,以及能够有效处理文化或民族差异问题的能力(Fola,2011)。Lisa(2017)构建了一个适合高中学生培养全球胜任力的方法模型,包括多元文化社会与情绪学习(multicultural social and emotional learning)、多元文化知识(multicultural knowledge)、多元文化技能(multicultural skills)、多元文化沟通能力(multicultural communication)和多元文化活动参与(multicultural engagement)。邵亚琼(2020)也提出了一个关于师范生全球胜任力的五因素模型。

随着情境的具体化,一些学者和教育家还将具体维度进一步拆解,导致要素越来越多。Shams(2006)指出,全球胜任力包含:了解世界地理、状况和事件;了解复杂性和世界问题的相互依存关系;了解塑造当前世界体系的历史力量等八种要素。美国知名演讲家Tom(2017)认为,全球胜任力包含欣赏文化(appreciation of culture)、评估信息(evaluation of information)、跨文化交流技巧(cross-cultural communication skills)、发散思维(divergent thinking)、技术素养(technological literacy)等因素。Gregg(2010)基于文献分析,提出了工程师全球胜任力的八要素模型,除常规要素,还包括国际商业、法律和技术的相关知识,在跨国工程环境中生活和工作,以及在国际团队中协作等。杨百翰大学的Alan Parkinson(2009)提出了一个在工程教育领域广泛引用的全球胜任力的十三个因素。

本节从整体结构的视角展示了全球胜任力模型的内涵。我们可以发现,无论是哪种模型,或是模型中包含多少要素,全球胜任力至少包含知识、技能和态度。为了加深对全球胜任力内涵要素的理解,下文将对全球胜任力的各要素进行综述。

二、全球胜任力的内涵

如上文所述,经典的全球胜任力模型主要包含知识、技能和态度三个要素,限于篇幅,本节主要描述这三个要素。

(一)要素一:全球化知识

全球化知识是全球胜任力基本的构成要素,是学生认识全球问题、形成正确的全球态度和价值观的前提,也是培养学生全球化技能的基础。

在里海大学 Hunter 教授（2004）的全球胜任力模型中，全球化知识包括五个具体要素：了解自身所在文化的规范和期望；了解其他文化的规范和期望；理解全球化概念；了解世界时事；具有世界历史知识。Park（1997）认为，全球胜任力应包含全球素养和常识、跨文化管理、战略思维三类知识。Green（2003）认为，学生应当了解世界地理、自然条件和历史事件、明白全球性议题和重大事件的复杂性和相互依存性、理解构成当前世界体系的历史力量。Lee（2004）提出，学生要了解其他国家的文化，具备综合管理的知识和执行特定任务的知识。Song（2008）认为，学生要具有理解全球化、全球经济的运行以及其他文化的相关知识。Duarte（2011）认为，学生必须对全球发生的重大事件有了解和兴趣才算具备全球知识。Li（2013）认为，学生要能够在全球和比较背景下了解其他国家文化的基本事实，如信仰、价值观、观点、实践和产品等，还要了解全球问题、流程、趋势和系统的依赖性等。Jeon（2012）认为，学生必须具备全球理解方面的知识，如关于全球的实质性知识、对全球化的感知和理解、跨文化交流相关知识等。刘扬（2015）提出，学生在知识维度需要具备世界其他国家的地理、政治和经济知识以及了解全球化的运行规律等，同时要具备相关专业知识。

（二）要素二：对待全球化的态度、情感与价值观

学生在获取全球化知识的同时，会逐渐形成稳定地看待全球问题的情感态度和价值观念。在 Hunter 教授（2004）的全球胜任力模型中，态度、情感与价值观维度包括五个具体要素。在 World Savvy（2021）的全球胜任力三要素模型中，价值观和态度维度包括十个具体要素。威斯康星大学的 David Schejbal（2009）重点强调了对跨文化议题的态度，如对跨文化学习和其他文化的人持开放态度等。Park（1997）认为，应当具有首创精神、全球心智以及对其他文化的开放性态度。Green（2003）认为，全球胜任力应当包括文化敏感性、尊重文化差异、共情能力以及在陌生环境下处理事务的主动态度等。Lee（2004）认为，全球胜任力应包括全球商业思维、自主性和个性品质。Song（2008）认为，学生应具备开放性、灵活性、诚实与热情的国际化态度。Li（2013）认为，学生应具有对国际以及跨文化机会的开放性，尊重并接受文化差异。

（三）要素三：处理全球问题的技能

在全球化背景下，学生需要具备基本的处理全球问题的技能，从而在全球性舞台上取得成功。例如，Hunter（2004）指出，学生需要具备六个方面

的技能。David Schejbal（2009）十分重视跨文化技能，他认为学生应当具备能够在一个或多个外国商业文化中工作，了解不同国家的政治制度、世界地理、全球环境问题、宗教差异、外语等的多种技能。Park（1997）认为，学生应当知晓国际礼仪和礼节，具备个案分析能力、解决战略问题的能力、信息处理能力等。Green（2003）认为，学生应当具备批判性思维、创造性思维、比较分析技巧、整合知识的能力以及跨文化沟通技巧等。Lee（2004）认为，学生需要具备英语和其他外语能力、跨文化适应能力、信息搜集和分析能力、冲突管理能力、系统思维能力和较强的个人动机。Song（2008）认为，个人需要为全球业务做好准备、具有较强的跨文化沟通能力、通晓国际礼仪与礼节、具备语言专长、IT技能和形象思维（image thinking）能力等。Li（2013）认为，学生要能够在不同的知识和文化框架下思考、与其他文化背景的人进行沟通和交流、使用其他文化知识来拓展个人经验并提升理解能力。

在工程领域，Cutler（2010）和徐爱萍（2020）等提出，个体应具备跨国跨文化的工程沟通与协作能力、工程领导力等。在管理领域，赵曙明（2007）等提出，个体应具备跨文化管理能力、运营跨国企业的能力等。

综上所述，本书将全球胜任力模型中"知识—技能—态度"三个维度的必备要素进行了总结，如表2-5所示。综合来看，知识维度应包含全球化的知识、其他国家和地区的知识、有关不同国家和地区的文化知识。技能维度应包括外语能力、跨文化沟通能力、跨文化礼仪和其他重要的思维或能力。态度维度应包括尊重多样性的态度，如具备开放性（不对其他国家和地区的文化做先入为主的判断）、灵活性（根据情境分析文化现象）、尊重文化差异等以及共情能力、价值认同等。

表2-5 全球胜任力"知识—技能—态度"要素必备要素总结

维度	要素
知识	（1）全球化的知识，如全球化的动力、影响和发展趋势等； （2）其他国家和地区的知识，如经济、政治、历史和地理等知识； （3）有关不同国家和地区的文化知识，如宗教信仰、价值观和重要规范等
技能	（1）外语能力，能够用外语开展日常工作的能力； （2）跨文化沟通能力，知晓沟通的基本技巧和方法； （3）跨文化礼仪，能够判断行为是否符合其他国家和地区的文化规范； （4）其他重要的思维或能力，如问题分析与解决能力、批判能力以及主动精神等

续表

维度	要素
态度	（1）尊重多样性，如具备开放性、灵活性、尊重文化差异等的态度； （2）共情能力，能够从其他文化、种族或个体的角度进行思考和分析，尊重他人的情感需求； （3）价值认同，即在全球化环境下，合理认识本国文化的价值

资料来源：根据文献综述内容整理所得。

第三节 全球胜任力及其培养的研究现状

一、全球胜任力的研究论文发表现状

在明确概念和内涵后，为了解当前全球胜任力的研究情况，本书采用了Web of Science在线检索分析以及CiteSpace的引文分析功能，搜集了相关研究论文的发表情况。研究数据来源于美国科学信息研究所（ISI）的科学引文数据库Web of Science（WOS）核心集。

根据上文中对全球胜任力的概念分析，为确保文献的全面性，本书采用global competence、global competency、global skill、global ability、global capability等常见主题词进行检索，文献类型选择"期刊和会议论文"，时间跨度为1983—2022年[①]，筛选后共获得文献517篇（检索时间截至2022年1月1日）。Web of Science数据库中较早收录的相关论文是1984年Shaw发表于《人类学通讯》上，讨论全球经济时代全球胜任力的重要性及该研究议题对人类学发展的价值的文章。1984年以后，关于全球胜任力研究的论文数量逐渐增加，2017—2019年稳定在50—60篇。下文将根据全球胜任力相关文献发表情况对其研究现状进行全面分析。

第一，考察相关文献的出版源分布。对文献出版源进行分析后，我们可以发现全球胜任力的研究论文分别发表于422种出版源上。表2-6中列举了部分出版源。可见，目前相关研究论文主要发表于工程教育相关期刊和国际会议上。美国工程教育协会（American Society for Engineering Education，ASEE）的系列会议及其下属会刊《工程教育杂志》（*Journal of Engineering Education*，JEE）共发表了约53篇相关论文。电气电子工程师学会（Institute of Electrical and Electronics Engineers，IEEE）的系列会议共发表了约39

[①] Web of Science中较早的文献发表时间为1983年，各年份数据均为全年的数据。

篇相关论文，发表量仅次于ASEE。此外，国际教育和人力资源管理领域的期刊上也有较多的发文。

表2-6 全球胜任力研究的主要出版源（>9篇）

出版物名称	发文量	占比	检索情况（IF）
《美国工程教育年会与博览会（论文集）》（ASEE Annual Conference Exposition）	45	8.70%	EI
《IEEE教育前沿会议（论文集）》（IEEE Frontiers in Education Conference）	13	2.51%	EI
《欧洲工程教育杂志》（European Journal of Engineering Education）	11	2.13%	SSCI
《国际技术、教育与发展会议（论文集）》（International Technology, Education and Development Conference Proceedings）	9	1.74%	—
《工程教育杂志》（Journal of Engineering Education）	9	1.74%	SSCI/SCI

注："占比"为各出版物发文量与笔者筛选文献量（517篇）的比值。

第二，考察全球胜任力研究的核心作者分布，了解哪些研究者或研究群体推动了研究主题演变和学科发展。文献计量发现，全球胜任力研究的核心作者主要集中在美国，包括普渡大学的Jesiek、宾夕法尼亚州立大学的Esparragoza、杨百翰大学的Magleby等。

第三，考察全球胜任力研究的核心机构分布。本书中517篇文献的研究机构分布较为广泛，并未形成突出的核心研究机构或群体。发文数量居前五位的研究机构分别是宾夕法尼亚州立高等教育系统、佛罗里达州立大学、普渡大学、伦敦大学、杨百翰大学。

第四，考察全球胜任力研究的学科分布，了解全球胜任力研究的知识归属和研究网络的形成。根据学科大类的分布情况，可以大致将全球胜任力的研究归纳为教育学、工程学、管理学、医学四个大类。全球胜任力研究的学科分布如表2-7所示。

表 2-7　全球胜任力研究的学科分布

序号	分学科名称	发文量	占比
1	教育与教育研究（education and educational research）	140	27.08%
2	教育科学学科（education scientific disciplines）	80	15.47%
3	工程多学科研究（engineering multidisciplinary）	44	8.51%
4	电气电子工程（engineering electrical electronic）	37	7.16%
5	管理学（management）	33	6.38%
6	计算机科学（computer science）	27	5.22%
7	商业（business）	22	4.26%

注：(1)"分学科名称"是数据库自动分类的结果；(2)表2-7仅展示了Web of Science中发文量超过20篇的学科分类，为了节省篇幅，数据未完全展示。

二、全球胜任力国际研究热点、趋势与重要文献

（一）全球胜任力研究的热点

文献计量学方法能够通过知识图谱分析特定研究领域的热点与前沿问题，以直观、定量、形象且客观的方式展示研究演进特征。本书采用由德雷赛尔大学（Drexel University）陈超美博士开发的CiteSpace V5.5.R2信息可视化软件系统进行关键词共现和共被引分析，探究高频词之间的关系，挖掘研究热点和研究趋势。CiteSpace软件主要通过高频关键词分析研究热点，帮助研究者快速了解研究领域的整体内容和主要特征。中心性指的是某术语与其他术语的关联程度，某文献被引用的频次越高，其中心性越大。频次指的是该术语在文献标题（title）中出现的次数。表2-8是高频关键词的频次和中心性统计，结合频次和中心性可以了解某一术语的使用范围和热度。

表 2-8　全球胜任力研究领域高频关键词的频次和中心性统计

序号	频次	中心性	年份	关键词
1	37	0.19	2006	全球胜任力（global competency）
2	35	0.36	2006	教育（education）
3	34	0.14	2011	全球胜任力（global competence）
4	26	0.1	2002	绩效（performance）
5	19	0.21	2015	高等教育（higher education）

续表

序号	频次	中心性	年份	关键词
6	14	0.12	2006	胜任力（competence）
7	13	0.25	2008	全球化（globalization）
8	13	0.08	2006	国际工程教育（global engineering education）
9	13	0.26	2011	全球公民（global citizenship）
10	11	0.14	2002	项目（program）

数据来源：根据检索分析结果统计所得。

结合 CiteSpace 的可视图表分析可知：第一，从出现频次来看，全球胜任力（global competency）、教育（education）、全球胜任力（global competence）、绩效（performance）、高等教育（higher education）等词汇在全球胜任力的研究文献中较常被提及；第二，从中心性来看，教育（education）、全球公民（global citizenship）、全球化（globalization）、高等教育（higher education）等关键词可能是全球胜任力研究的重要依托和演进拐点；第三，从年份来看，大部分关键词均出现于21世纪尤其是2006年以后，表明全球胜任力的研究主题在此阶段已经逐渐成形，主要围绕上述高频关键词展开。

为了进一步揭示研究的主题和热点，本书通过 CiteSpace 软件对关键词共现聚类与突现主题词形成的叠加图进行分析。综合高频关键词和中心性、高频关键词共现图谱、高频关键词共现聚类分布来看，可以将全球胜任力的研究热点分为以下几个方面。

第一，讨论在全球化时代全球胜任力的概念、内涵和价值，推动社会加强全球胜任力教育。全球化程度提升研究兴起的根本原因在于美国教育委员会在一份报告中指出，冷战结束让美国自第二次世界大战后第一次真正有机会和除美国和苏联（已解体）的世界建立联系，经济和社会高度全球化让全世界成为"大熔炉"（melting pot）（Hanson，1995）。这种变化让教育研究者意识到未来的孩子会和来自不同社区、有着不同信仰和不同文化背景的人竞争或合作，全球胜任力能够让他们在国际就业竞争中取得优势（Zhao，2010）。此外，联合国教科文组织（United Nations Educational, Scientific and Cultural Organization，UNESCO）指出，全球胜任力有助于提升学生的全球公民意识，并使学生获得作为全球公民所需的技能，如批判性思维、冲突解决和沟通能力等（UNESCO，2014）。OECD指出，全球胜任力有助于青少年利用新旧媒体开展有效、负责任的交流和学习。这一研究主题可以从全球化、全球公民、全球公民教育、职业成就等关键词中提取。

第二，讨论通过学校教育培养全球胜任力的具体方法，促进全球胜任力培养实践。在这类研究主题中，主要涉及以下几个方面：一是讨论国际经历对学生全球胜任力的价值，以及如何利用国际交流去培养学生的全球胜任力（Li，2016）；二是全球胜任力的教师教育，包括如何利用相关机制去培养具有全球胜任力的教师（Kopish，2016），从事全球胜任力教学的教师有何特征以及教师如何开展教学（Badley，2000）；三是全球胜任力的教学，这类教学在工程教育领域研究尤为充分，比较关注如何利用海外交流或国际项目培养工科学生的全球胜任力（Jesiek，2014）。与国际经历相关的关键词包括国际经验、跨文化意识、短期国际游学、国际寄宿、美国高中、中国学生等；与教师教育相关的关键词包括教学胜任力、教师教育、发展跨文化意识、战略沟通能力等；与教学相关的关键词包括教学法、大学学习等。

第三，讨论全球胜任力的测量与评价，以发现全球胜任力培养的不足，提升培养效果。全球胜任力的测量和评价是当前研究的另一重要主题。通常需要厘清全球胜任力的内涵，进而构建全球胜任力模型，再设计评价方法。全球胜任力的内涵越多，测量就越困难（Letelier，2003）。在Hunter（2006）的全球胜任力概念基础上，Todd（2007）构建了全球胜任力调查模型，提出了相应的测量方法。涉及此类主题的关键词包括测量全球胜任力、评估工具、全球胜任力框架、调节作用、中介模型、学习成果框架、关键评估、全球胜任力构建、主观评估、预测研究趋势、非技术胜任力、基础胜任力、认知胜任力、评估研究等。

第四，讨论全球胜任力与工作绩效之间的关系，明确全球胜任力培养面向的工作情境，加强培养过程的针对性。由于胜任力研究是为了提高职务绩效，加之大量研究者和报道指出全球胜任力能够提升学生的就业竞争力，因此一些研究专门围绕全球胜任力与工作绩效的关系展开。例如，管理者职业技能是否应该包含全球胜任力（Joost、Erik，2010），商业和管理全球化对管理工作人员的素质要求的变化（Saner，2000），全球胜任力对跨国企业员工工作绩效的影响（Becker，2006；Vance，2011）等。与此类主题相关的关键词包括劳动力胜任力、职业优先、差异胜任力量表以及基于全球胜任力的护理、产出绩效、职业成功、药剂师能力、全球化的专业服务公司、工科本科生等。

（二）国际研究的重点文献

CiteSpace还能通过共被引分析的方式提取研究领域的经典文献，从而寻找领域中的研究共识，快速加深研究者对领域的认识。根据共引与聚类分析，我们可以提取出经典文献，如表2-9所示。从节点分析来看，较重要的文献是理海大学的Hunter（2006）发表于《国际教育研究杂志》（*Journal of Studies in International Education*）上的《具备全球胜任力意味着什么？》（*What does it mean to be globally competent?*），该文对全球胜任力的课程实践、概念定义等研究进行了批判性回顾，对全球胜任力的相关概念进行了区分和解释，并在明确全球胜任力定义的基础上建立了全球胜任力的"洋葱"模型。截至2022年1月1日，该文的引用量高达559次。

表2-9 全球胜任力研究的高被引文献（前5篇）

文献名称	文献来源（作者）	被引次数	中心性	年份
What does it mean to be globally competent?	Journal of Studies in International Education（Hunter B., White G.P., Godbey G.C.）	559	0.04	2006
The globally competent engineer: working effectively with people who define problems differently	Journal of Engineering Education（Downey G.L., Lucena J.C., Moskal B.M., et al.）	402	0.02	2006
Defining, developing and assessing global competence in engineers	European Journal of Engineering Education（Lohmann J. Rollins H.A., Joseph H.J.）	199	0	2006
Global competency for an inclusive world	OECD	25	0.08	2016
Educating for global competence: preparing our youth to engage the world	Asia Society（Mansilla V.B.）	408	0.01	2011

注：(1) 为了提高引用率的准确性，表2-9中的"被引次数"均以谷歌学术为准；(2) "被引次数"截至2022年1月1日。

资料来源：根据检索分析结果整理所得。

第二篇和第三篇文献都发表于工程教育领域的顶级期刊中，均对工程师全球胜任力的价值、培养方式展开了分析。Downey（2006）重点阐述了工程师全球胜任力的概念以及评估工程师是否具有全球胜任力的标准，而Lohmann（2006）则在自行开发的全球胜任力模型的基础上全面总结了工程师全球胜任力的培养方式。但这两篇文献的中心性都较低，表明其影响力可能局限于工程教育领域。究其原因，工程教育中探讨的"胜任力"一词更加侧重外部的职业需要，而一般全球胜任力研究则更加侧重教育的本体诉求（马健生、李洋，2018）。这种职业导向和教育诉求的差异导致工程教育领域的研究很难成为全部研究的知识基础。第四篇和第五篇文献则是由OECD和美国亚洲协会发表的，它们是基础教育领域全球胜任力研究和实践的主要推动者，主要关注全球胜任力对青少年价值观和全球参与能力的影响。

三、全球胜任力的培养理念

在全球化和全球经济快速发展的背景下，众多大学和中小学都开展了全球胜任力培养工作，根据培养对象的覆盖面和培养目标的差异，整体上形成了三种理念：全面覆盖培养、精英人才培养、专业嵌入培养。

（一）全面覆盖培养

全面覆盖培养的理念通常以学校为单位，对校内所有成员开放，不进行严格选拔，通常采用多样化形式培养全体学生的全球胜任力（Magwa, 2015）。为大范围促进全球胜任力培养，欧美等采取了多项改革举措：针对国际职业生涯进行学术训练，为学生进入政府或非政府国际组织做准备；发展形式多样的语言教学，通过"夏季语言研究所"和在线方式集聚教育资源；实施国际教育服务计划，满足企业对国际人才的需求；与其他国家分享教育资源和教学策略；鼓励学生出国留学，加强国际和地区教育研究等（楚琳，2009；Gen，2013）。

国际理解教育（education for international understanding）的开展为大范围的全球胜任力教育奠定了基础。国际理解教育旨在解决全球性问题，促进跨国、跨文化和国际合作，提升学习者的知识、技能和态度（陈洁，2003）。国际理解教育更强调知识储备和思维认知能力，强调学习者主动认识"他者"，并建构"他者"形象的过程。因此，国际理解教育常被视为全球胜任力培养的初步形态（赵中建，2019）。

经过长期探索，以国际理解教育为依托的全球胜任力培养形成了三条主要途径：调整课程设置和加强教学渗透；提升学生跨国和跨文化交流能力；培育具有多元文化的校园环境（郭峰，2012）。在课程教学中，主要强调在课堂内开展"国际理解知识渗透"，如表2-10展示的三类课程和两种渗透方式：一种是围绕特定议题展开的，如人权、地区冲突和气候变化等；另一种是将问题融入具体专业或原有课程中，如将社会发展问题融入历史课程，或在舞蹈和音乐课程中介绍国外的情况等（翁文艳，2004；白雯，2016）。此外，还可以充分利用国际学者、留学生以及国际会议等优质资源，促进学生在校内接触跨国文化和国际事务（张伟，2017）。例如，斯坦福大学和西点军校通过建立多元化的课程体系、举办系列讲座和实施社会服务机制，有效促进了国际资源在本地的应用，提升了人才培养的价值（许霄羽，2013；房雯，2018）。

表 2-10　全球胜任力教育课程举例

课程类型	课程名称
国际类课程	（1）国际经济学、经济全球化； （2）国际政治与国际关系以及人权、地区冲突、战争； （3）国际环境、可持续发展、水资源分配、气候变化等
人文类课程	（1）语言类：小语种学习； （2）历史类：地区历史、社会问题与发展现状； （3）艺术类：考古、舞蹈、音乐、戏剧和电影等
教育类课程	（1）国际教育问题研究、比较教育； （2）大学国际教育项目、教育实践与调查活动等

资料来源：根据白雯（2016）论文相关内容整理所得。

（二）精英人才培养

精英人才培养的理念通常面向特定群体和培养目标，如面向国际组织、重点跨国企业或其他自行设计的培养模式。Doerr（2020）认为，全球胜任力的培养受到"精英主义传统"的影响，呈现过分注重出国交流、强调中产阶级和富裕群体在全球的流动等。总体来看，精英人才培养的理念通常遵循高强度选拔、高标准考核与分流、高水平推动就业等，培养过程具有一定的"精英色彩"。

一是面向国际组织，目的是培养高层次全球治理人才。国际组织承担着国际治理规则制定、国际资源分配等一系列重任。国际组织人才培养是国家人才战略的重要一环，对维护国家利益和塑造国家形象至关重要（金茜，2020）。为此，2010年，中共中央和国务院印发的《国家中长期人才发展规划纲要（2010—2020年）》指出，积极支持和推荐优秀人才到国际组织任职。2016年，中共中央办公厅和国务院办公厅印发的《关于做好新时期教育对外开放工作的若干意见》指出，加快培养拔尖创新人才、非通用语种人才、国际组织人才、国别和区域研究人才、来华杰出人才等五类人才；提升发展中国家在全球教育治理中的发言权和代表性，选拔推荐优秀人才到国际组织任职。国内一批研究型大学开展了国际组织人才培养实践，如以浙江大学等为代表的综合性大学，以北京外国语大学、上海外国语大学等为代表的外语类大学，以上海财经大学等为代表的财经政法类大学等（张海滨，2019；徐雪英，2020）。

二是面向跨国企业，为跨国企业提供高层次国际化的技术或管理人才。在"本土化"到"国际化"的过程中，跨国企业往往面临着巨大的人力资源短缺问题。同时，跨国企业国际化的工作环境对员工的沟通、协作和管理能力等提出了新的要求，进而员工需要具有全球胜任力（Hugh，1999；赵中建，2006）。为此，大量跨国企业通过跨文化培训和全球胜任力提升项目提升员工的全球胜任力，从而提高跨国企业的海外业务能力（Aashish，2015）。例如，西南交通大学为中国铁建国际工程开设的后备人才班，由中国铁建为学生提供学费、住宿费和培养费，学生在校期间学习国际工程项目理论知识与技巧，毕业后从事境外工程项目工作等（西南交通大学，2021）。

（三）专业嵌入培养

专业嵌入培养的理念是指在专业或课程培养中融入相应的培养内容，以实现培养全球胜任力的目标。全球胜任力并非一门课程或一个专业，而是一种融入大多数课程和学习过程中的目标。学生可以通过跨学科学习的方式提升自身的核心素养，并树立改变世界、让人类生活更美好的信念（新浪教育，2020）。根据对 Web of Science 数据库中文献的研究，"嵌入式"全球胜任力培养理念较为常见，通常依托工程等学科开展。

第一，工程学。在全球化时代，工业产品如一部 iPhone（苹果）手机可能需要三十多个国家的设计、生产、售后和供应商协作完成，因此工程师的全球胜任力显得十分重要（Lohman，2006）。具备全球胜任力的工程师对实现联合国可持续发展目标（Sustainable Development Goals，SDGs）也有巨大帮助（Ortiz-Marcos，2021）。为了提升工程人才的全球胜任力，大量学校在工程课程中有针对性地嵌入了跨文化交流、国际地理、历史等模块的内容，或通过海外交流等方式帮助工程人才提升全球胜任力（Dibiasio，2004）。在对国际期刊发表情况的研究中，我们可以发现，以 global competence 为主题的经典高被引文献通常探讨的是国际工程人才培养问题。工程教育研究界的重要会议和学术期刊，如《美国工程教育年会与博览会（论文集）》（*ASEE Annual Conference Exposition*）、《IEEE 教育前沿会议（论文集）》（*IEEE Frontiers in Education Conference*）、《欧洲工程教育研究杂志》（*European Journal of Engineering Education*）等曾大量讨论如何培养工程人才的全球胜任力。

第二，管理学。随着跨国企业数量的增加和跨国企业经营利润的提高，越来越多的管理学领域研究者开始关注跨国企业中的国际人力资源情况，包括如何改善跨国企业的人员结构，提高人才成效。管理学领域的重要期刊《国际人力资源管理杂志》(*The International Journal of Human Resource Management*)曾多次刊文探讨全球胜任力对跨国企业人才资源的影响。海外和国内员工在文化、社会和心理背景以及组织经验、职业期待上都有较大差异。因此，管理者自身必须具备管理跨文化团队以及管理海外员工和外派人员的能力(Harvey，1997)。随着全球事务的日益增多，全球胜任力逐渐成为跨国企业甚至本土企业管理者的必备能力(Bücker、Poutsma，2010)。有研究者认为，亚太地区和新兴经济体的崛起导致了营商环境的巨变，管理者具备全球胜任力能够更好地应对这种变化从而避免失败(Saner，2000)。Morley(2010)研究了管理者的全球胜任力，认为至少包含全球心智、跨文化胜任力、跨文化敏感性、文化智能四个要素。Wu(2007)开发了一种专门提升全球管理者胜任力(global managers' competencies)的方法。Ras(2011)比较了印度、日本与荷兰跨国管理者的管理风格，指出不同文化背景下的跨国管理者可能具有不同的全球胜任力。此外，全球化不仅会对跨国企业高层管理者的全球胜任力产生影响，对一般管理者和服务人员的全球胜任力也提出了要求。David(2009)指出，在全球化时代，随着酒店行业的扩张，以及旅客、员工等人员构成的国际化和多元化，社区大学的酒店管理专业人才培养也需要引入全球胜任力课程。

第三，医学。我们需要重点关注医学、药学和护理学教育中学生的全球胜任力培养问题。SDGs的第三项是"确保健康的生活方式、促进各年龄段所有人的福祉"。实际上，人类面临着大量超越国界的全球性健康问题，这些问题的解决有赖于将全球胜任力融入人才培养体系中，帮助学生形成创造性解决全球卫生(global health)问题的能力(高婧，2020)。因此，鲁曼等(2021)采用德尔菲法构建了医学生的全球胜任力评价指标体系。随着"一带一路"倡议的提出，"健康之路"建设成为沿线地区人才需求较为旺盛的方向，这对新时代医学人才的全球胜任力培养提出了新的要求(张迪，2020)。

第四，其他学科。在PISA推出了全球胜任力的测评之后，教育领域尤其是基础教育领域掀起了一股研究热潮(Delafield，2018)。在重要学术会议和学术期刊中，如《国际教育、研究和创新会议(论文集)》(*International Conference of Education, Research and Innovation Proceedings*)和《国际教育研究杂志》(Journal of Studies in International Education),都大量探讨了如何在科学、地理、历史等学科中嵌入全球胜任力培养内容。

四、全球胜任力培养研究的视角

近年来,全球胜任力培养作为热点话题,文献数量激增。不同专业或职业对全球胜任力的要求差异较大,因此学者从各自的视角出发,探讨了全球胜任力的培养。本书将这些研究视角总结为人才需求视角、教育教学视角和职业发展视角。

(一) 人才需求视角

全球胜任力培养的现实意义驱动了不同主体对全球胜任力的研究,从而形成了不同视角下的全球胜任力概念和内涵。从宏观需求来看,国际组织、国家公共部门和商业组织对全球胜任力培养的需求较为迫切,形成了对全球胜任力的不同理念。

国际组织立场,以 OECD、WHO 和 UNESCO 为代表,强调培养青少年(young 或 youth)的全球胜任力对实现联合国可持续发展目标、促进人类福祉的价值。例如,UNESCO(2014)指出,全球胜任力有助于培养青年学生的全球公民意识,并获得作为全球公民所需的技能,如批判性思维、冲突解决和沟通能力等。OECD(2017)的 PISA 项目,通常以初三毕业生(15岁)为测试对象,考查学生分析全球和跨文化议题以及理解与欣赏不同视角和世界观并采取行动的能力。

国家利益立场,以美国和欧盟为代表,强调全球胜任力对国家参与全球治理、经济竞争力和社会治理能力的价值。例如,哈佛大学教授 Reimers(2009)指出全球胜任力对美国这样的移民国家意义重大,能够促进来自不同洲、文化和背景的人相互理解,在变化的世界中解决问题。美国林肯基金会等机构和专家认为,全球胜任力对美国的经济发展、国家安全、国家形象有举足轻重的作用,有助于维持美国的全球领导者地位(Gen, 2013; Lincoln Foundation, 2018)。

组织发展立场,以人力资源研究者为主,强调企业职员或行业从业人员的全球胜任力对组织发展的影响。例如,赵曙明(2007)指出,中国企业国际化进程中的一个较大障碍是企业管理者缺乏全球胜任力。然而,目前仍不清楚中国文化对企业家全球胜任力成长的影响,也不明确中国文化情境下全球胜任力领导者的特征。李明(2007)认为,企业家的全球胜任力是企业全球化战略的重要组成部分，会影响企业的国际化机制和领导能力。Harvey（1997）认为，全球胜任力会影响企业外派管理者的工作绩效。Cascio（2016）认为，国际人力资源管理实际上就是在寻找具有全球胜任力的人才。Lucena（2006）探究了跨文化背景下组织变革对工程师发展的影响，发现工程师的软技能、商业和管理教育缺失对组织的国际化发展存在负面影响。

（二）教育教学视角

教育教学视角主要从不同教育阶段出发，探讨全球胜任力的培养规律和影响因素，主要形成了三个研究主题。

第一，面向基础教育阶段的全球胜任力研究，主要探讨培养青少年全球胜任力的意义和途径，如 PISA 和 UNESCO 的相关研究。同时，也有研究者关注幼儿阶段（6岁以内）学生的全球胜任力培养（Laura，2017）、基础教育阶段全球胜任力的培养（Delafield，2018），以及基础教育阶段跨文化议题和全球问题的教学等（Petro，2017）。

第二，面向高等教育阶段的全球胜任力培养研究，主要讨论培养本科生和研究生全球胜任力的意义和方法（Meng，2017），以及如何测量本科生或研究生的全球胜任力，影响本科生或研究生全球胜任力的因素等（常善桐，2013；胡德鑫，2017）。

第三，面向教师教育的全球胜任力研究，包含两类主题。一是讨论适合全球胜任力教学的教师有何特点，如何培养和评价（Badley，2000）。对此，不少学者对特定地区和国家教师的全球胜任力进行了研究，如中国珠三角地区中学教师全球胜任力培养等（张雅，2019），加拿大教师全球胜任力培养（龚灵，2020），美国俄亥俄州大学教师全球胜任力课程（张沿沿，2017；徐梦圆，2021）。二是教师如何开发以全球胜任力为核心内容的课程等（Stephanie，2016；胡钰，2018）。

（三）职业发展视角

大量学者还研究了全球胜任力对个人职业发展的影响。根据研究涉及的职业领域和行业归属，职业发展可被分为管理、工程和医疗三类。

企业国际人才储备与企业发展：主要研究全球胜任力对企业人力资源的影响，对管理者胜任力的价值（Cascio，2016），如何基于全球胜任力构建适用于跨国企业的人力资源管理系统等（Adler，1992），用于企业内部的人力资源评估等（Aashish，2015）。

工程师职业能力：随着产业链的全球化布局，工程活动的设计、生产、维护等常常分布在不同的国家和地区，工程师未来将面临更多的跨文化沟通挑战。Graaff（2001）探索全球化背景下的全球胜任力对工程师职业发展的价值和影响，Emilsson（2008）分析如何面向未来培养工程师，以及工程师需要哪些新的能力，以满足未来企业跨国工程合作的人才要求。Ortiz-Marcos（2020）认为，在联合国SDGs的背景下，工程师全球胜任力的培养应考虑到全球可持续发展的需要，建立统一的工程师全球胜任力框架（framework of global competence for engineers）。Kjellgren（2021）提出，为了实现联合国SDGs，构建可持续发展的未来，应面向工程师全球胜任力发展建构整体性策略。

医疗保健人才发展：人员跨国流动的增加带来了更多跨文化医疗和照护服务的需求，对医疗服务人员的全球胜任力提出了新的要求。跨国医疗人才的职业能力要求有哪些（American Association of Colleges of Nursing，2010）以及全球胜任力对国际医疗服务质量的影响等都需要深入研究（Epstein，2002）。马鑫（2020）对Web of Science中"跨文化交际"领域的文献进行计量分析后发现，医患之间的跨文化沟通是跨文化交际研究中较热门的领域之一，这也从侧面说明了全球胜任力在医学人才培养中的价值。

第四节　全球胜任力的培养模式与要素

目前，关于全球胜任力培养模式的研究比较少，不同模式之间还可能存在交叉。因此，本书只针对特定模式的主要特征进行叙述。Lohmann（2006）较早对全球胜任力的培养模式进行了归纳，将其分为以学位（双学位、辅修学位）为主、以课程为主（证书课程、讲座等）和以国际交流经验为主（海外交流、海外实习、国际活动）等类型。Davide（2022）从教师角度出发，指出全球胜任力的培养有合作学习、包容性学习、社会参与、多元文化对话等。

2008年，美国工程界在罗德岛州纽波特市（Newport, Rhode Island）召开了"全国工程教育全球化峰会"（National Summit Meeting on the Globalization of Engineering Education）并发布了《将工程师培养为全球公民：行动倡议》（Educating Engineers as Global Citizens: A Call for Action）的报告，系统总结了美国工程领域国际化人才的培养问题、对策和建议，并将当前美国全球胜任力培养的模式归纳为表2-11所示的八种类型（Grandin，2009）。

表 2-11 美国全球胜任力培养的类型

类型	典型学校/项目
双主修或双学位课程 (double major or dual degree programs)	宾夕法尼亚州立大学、爱荷华州立大学和罗德岛大学
辅修学位或证书课程 (minors or certificates)	佐治亚理工学院、爱荷华州立大学、普渡大学、伊利诺伊大学、密歇根大学、匹兹堡大学
国际实习、国际合作 (international internships, international cooperation)	佐治亚理工学院、麻省理工学院、罗德岛大学、辛辛那提大学
国际项目 (international projects)	伍斯特理工学院
海外学习及学术交流 (study abroad and academic exchange)	明尼苏达大学、伦斯勒理工学院以及全球工程教育交换项目 (Global E3)
与国外合作伙伴的合作研究项目和全球合作 (collaborative research projects and global teaming with partners abroad)	普渡大学、哈维穆德学院
国外服务学习项目 (service learning projects abroad)	南佛罗里达大学、伍斯特理工学院、戴顿大学、杜克大学
研究生国际项目,如国外研究经历、与国外同事合作研究以及国外大学联合/双学位项目 (graduate-level international programs)	罗德岛大学双学位硕士和博士项目、NSF PIRE 和 IREE 项目

注:(1) Global E3 为工程教育交换项目 (global engineering education exchange),由多所世界一流大学联合成立于 1995 年,以应对工程专业毕业生对国际经验的需求,鼓励成员大学的工程专业学生申请在符合条件的海外成员大学学习;(2) PIRE 为国际研究与教育合作伙伴关系 (partnerships for international research and education),IREE 为工程教育的国际研究 (international research for engineering education),两个项目都是由 NSF 支持的高质量国际合作项目,前者面向所有学科,后者专门针对工程类学科。

资料来源:根据 Grandin (2009) 论文相关内容整理所得。

参照 Grandin (2009) 的分类,我们可以将当下常见的培养模式分为五类:全球胜任力学位项目、课程中渗透全球胜任力培养、跨境国际交流促进全球参与能力、国际化校园提升国际视野、提高教师全球胜任力水平。如表 2-12 所示,这五类模式特征较为明显,尽可能地减少了不同模式之间的交叉。根据每种模式的特点，可以发现它们的优势和不足，体现了全球胜任力培养模式和路径的多样性。

表2-12 全球胜任力培养的模式类型比较

类型	优势	不足
全球胜任力学位项目	(1) 知识体系比较完善； (2) 跨文化和全球技能比较系统； (3) 适应能力强，就业面广	(1) 培养时间长、成本高； (2) 容易成为有技能（skill）而无专长（professional）的人
课程中渗透全球胜任力培养	(1) 灵活多样，适合不同专业和发展方向的学生； (2) 能够围绕特定主题进行深入研究，成为具备"全球胜任力+专业特长"的复合型高层次国际化人才	(1) 知识可能不够系统，对全球化的认知视角较为单一； (2) 能力训练容易局限于特定学科，缺乏足够的适应能力
跨境国际交流促进全球参与能力	(1) 通过对国际化的切身体验，学生能够直接感受文化差异，拓宽全球视野； (2) 能够有效提升学生的外语能力、跨文化适应能力和全球参与意识等	(1) 成本较高，手续繁琐且时间较长； (2) 交流质量受学校国际合作网络影响较大； (3) 跨境交流的覆盖面较为有限
国际化校园提升国际视野	(1) 覆盖面较广，参与度较高，成本较低； (2) 能够扩大学生的国际视野，提升学生的跨文化敏感性	(1) 学习密度较低； (2) 学习效果未知
提高教师全球胜任力水平	(1) 成本可控，能够有效提升教学质量； (2) 有助于教师优化教学方法和内容	(1) 对学生的影响难以评估； (2) 教师参与的积极性存疑

资料来源：根据相关研究整理所得。

一、全球胜任力学位项目

全球胜任力学位项目是指围绕全球胜任力主题，进行系统培养，最终授予国际政治学、外语、国际经济学等相关学位，通常以辅修为主。例如，罗德岛大学采取了"主修专业学位＋辅修学位（全球胜任力相关）"的模式，其学位项目时长为五年，学生在同时满足工程学科和语言学科（德语、法语或西班牙语等）的要求下，还要通过国外实习、交流等提升经验。罗德岛大学的做法在美国高校的工科专业中比较常见。宾夕法尼亚州立大学和爱荷华大学也在主修专业外，设置了"第二外语＋国际研究＋国际交流经历"的辅修课程（Lohmann，2006）。

为了避免在本科阶段的辅修学业压力过大，一些学校还设立了"学士＋硕士"或"硕士（主修）＋硕士（辅修）"等模式的项目。例如，杨百翰大学的双硕士学位项目和延长型硕士学位项目（即在本科学习的基础上拓展，最终直接颁发硕士学位），帮助学生在本专业之外，提升目标国的语言、文化和历史方面的知识与能力储备（Parkinson，2007）。此外，Borri（2007）指出，还可以实行跨校辅修、产业实习实践、联合培养颁发学位等模式，以满足学生、学校和产业的国际化需求。

总体来看，由于学位项目的周期较长、标准较高、落地协调困难，故以此方式来培养全球胜任力的做法并不多见。Alan Parkinson（2007）梳理了美国工程领域的学生国际化培养项目，发现大部分以交流（exchange）、实习（internship）、研学旅行（mentored travel）、场地实习（field trip）等为主，仅有佐治亚理工学院、杨百翰大学、罗德岛大学等学校授予全球胜任力相关学位。

二、课程中渗透全球胜任力培养

大学可以通过课程体系和内容改革，尝试在课程中渗透全球胜任力。这种方式能够降低培养成本，扩大受众覆盖面，并强化知识和技能。根据课程类型和内容的不同，通常可以从国别类、工作情境类和具体课程入手。

首先，国别类和国际研究类课程以目标对象国或地区为主题开设政治、经济、历史和文化等课程，同时提升学生的知识和语言能力。Hayward（2000）曾提出，开设国际研究（international studies）相关课程，同时培养学生的外语专长。例如，密歇根大学和伊利诺伊大学开设的系列辅修课程（第二外语＋两到三门国际课程＋国际课外实习），匹兹堡大学开设的"外语＋国际课程"，这些课程体系能帮助学生在短时间内了解相关知识并掌握所需技能（Lohmann，2006）。Meng（2017）通过调查发现，中国研究型大学的学生虽然具有较好的全球化态度，但缺乏必要的全球化知识。参与全球化和国际研究类课程是较为有效的改善途径。

其次，针对具体工作情景设计课程体系。例如，Saner（2000）针对全球化和国际贸易发展对经营管理者带来的挑战，提出通过开设国际法、国际经济、国际和跨国组织、区域与国别研究等课程，提升管理者的全球胜任力。Hunter（2006）强调，在全球胜任力模型的基础上开设相应的课程，能够提升工程类本科生的全球胜任力。

最后，依托具体课程，调整课程内容和评价标准，开展全球胜任力培养。文学类课程如写作、小说和戏剧等，社科类课程如历史和地理，自然科学类课程如能源、病毒、温室效应等主题，都能提升学生对全球化知识的接受度（姜建瓴，2021）。也可以依托外语开设第二课堂，通过专业英语教学、专业课程英语授课、跨文化生活模拟实践等方式提升学生的全球素养（黄立鹤，2014；邹文莉，2016）。地理课程得到了较多关注，如王贝贝（2017）认为地理课程与全球胜任力培养在理念上具有高度的一致性和教学可能性；王鑫鹏（2021）围绕地理类课程构建了以全球环境问题、全球发展问题、国际合作与国家安全问题为核心的培养体系；周鑫（2020）构建了基于地理类课程的全球胜任力培养评价体系。

全球胜任力培养不仅需要调整课程内容和体系，还需要相应教学策略的支持。例如，Ravesteijn（2006）认为采用项目制教学方式，能够提升不同文化背景学生的合作与沟通能力，从而培养他们全球胜任力。

三、跨境国际交流有利于提升全球胜任力

跨境国际交流是一种常见的国际化人才培养方式（Sherilyn，2014），也是"教育外交"的重要手段，即通过学生之间的接触和交流保持国与国之间的良好关系（Batey，2014），因此跨境国际交流被视为重要的全球胜任力培养方式。当代社会面临着一系列的全球性问题和挑战，大学需要具备更多的全球意识和全球责任感，大学生则应该有更多的灵活性（flexibility）、多样性（diversity）和适应性（adaptation），从而在全球化背景下取得成功，这是大学开展国际交流的动力之一（Irandoust，2001）。"9•11"事件发生后，美国教育界开始重视来自不同文化背景学生之间的相互理解与团结合作能力，积极推动国际交流，以丰富学生的全球知识和跨文化合作能力（Egginton，2007）。海外国际交流通常包含双学位、短期互访、交换生等形式（Parkinson，2007）。学生在进行国际交流时，可能会遇到一系列跨文化问题，这促使他们去学习相关知识从而提升学生从事跨文化商务活动的能力（Vance，

2011)。也有研究表明，企业家获得的海外学位以及在学历和非学历教育阶段的海外研修、学习和培训经历等，作为中介因素，会对企业的国际战略产生积极影响（李明，2010）。

相比于学位学习和课程学习，国际交流的学习效果差异较大，且对全球胜任力的影响难以直接评估。Egginton（2005）指出，学生在国际交流中往往会避开激烈的冲突、宗教信仰差异、特殊文化差异等，这导致他们无法从政治、经济、环境等角度深层次地理解这个世界。Denney（2015）提出，在国际交流中要关注学生的个体差异、家庭支持、支持网络、文化参与度等，并在交流开始前半年开展培训工作，以确保国际交流效果。Cutler（2010）认为，实习时长、实习国家的多样性（语言、文化等）、研究方向的差异等能够显著影响全球胜任力的培养效果。

跨境国际交流能够从多方面提升学生的全球胜任力。Rosenberg（2011）详细总结了美国NSF资助的IREE项目带来的影响：第一，技术影响（technical impact），表现在给合作伙伴和终端用户带来便利，提升研究的生产力，获得新的研究工具，拓展研究视角，提升研究质量和创新程度，扩大研究成果的使用范围，提高研究问题和结论的可靠性；第二，职业影响（professional impact），表现在提升项目管理能力，促进与跨文化团队的合作，提高沟通能力，建立全球网络，加强教职工与学生之间的互动；第三，全球/跨文化影响表现在维持跨文化合作的典范，提供解决文化差异的创新方案，拓展美国以外的研究共同体，提高外语能力，以更好地应对全球性问题（global grand challenges）。

国际交流和学习能够帮助学生为全球化的就业市场做好准备，但这种模式成本过高，需要消耗大量时间，并可能与学校课程安排产生冲突（Warren，2011）。为了降低交流成本并扩大受众范围，线上国际交流成为一种重要的替代方式。Bagiati（2015）认为，线上交流有助于学生获取语言学习资源和跨文化交流机会。Li（2013）的研究表明，中美学生通过合作解决国际商务问题，可以提升双方学生的全球知识。Dominik（2015）发现，可以通过在线角色扮演将工程问题情景化，以提升学生的全球胜任力。在线学习和交流虽然能够突破时空界限并提升便利性，但技术条件、时差和语言问题仍不容忽视。Kang（2017）发现，在线跨文化交流项目虽然能够提升学生的全球胜任力，但也会受到技术、时差和语言等的影响。

四、国际化校园文化提升国际视野

具有多元文化的校园环境能够让学生浸润在国际化氛围中,以非正式学习的方式提升全球胜任力。然而,跨境国际化的交流活动对学生全球胜任力的提升效果并不显著,尤其是在延长交流时间的情况下,学生全球胜任力提升效果的边际效益会下降(刘卓然,2020)。多元文化和国际化的校园文化恰好能够弥补课程学习和国际交流的不足。积极提升校内国际化人群的比例,并加强不同文化背景和国籍群体之间的交流活动,是提升全球胜任力的有效途径(Egginton,2005;Meng,2018)。

提高学校教职工跨文化胜任力也是提升校园文化水平的有效途径之一。Andrew(2012)指出,提升学校职工(staff)的全球胜任力,能够提升学校的国际化水平。Andrew还指出,持续的小规模培训,如理论知识、在线学习、礼仪礼节、国际经验和学生事务等能有效提升职工的全球胜任力。

充分利用学校所在城市或社区的国际化资源来提升学生的全球胜任力,可以弥补国际化资源短缺,从而实现"本地培养,面向全球"的目标。美国教育评论家Vander Ark(2012)认为,可以通过多种方式让学生在城市中提高全球胜任力,如能够流利地运用一门世界通用语言表达,提升学校的多样性,关注地方性与全球性话题,包括消除饥饿和贫困等。

五、提高教师全球胜任力

无论是进行大规模的全球胜任力培养改革,还是开设一门普通的全球胜任力课程,都需要合格的师资力量作为"星星之火"带领学生去认识全球化(Reyes,2010)。提升教师全球胜任力,即要开展全球胜任力教师教育,此项研究通常包括大学在职教师的全球胜任力和师范生的全球胜任力培养等。

大学国际化建设、开展海内外科研合作、为学生开设全球胜任力课程等,都需要教师具备相应的教学技巧和全球化知识。密歇根州立大学、印第安纳大学、威斯康星大学、俄亥俄州立大学等都开设了教师全球路径准备课程(preparation courses with a global approach)。为了让教师能够教授全球胜任力课程,大学还需要提供必要的支持,提高教师的授课技巧、教学方法,尤其是教师自身的全球胜任力(NAE,2020)。Kopish(2016)认为,应当让教师(准教师)参与更多的国际文化交流活动,提升他们的全球胜任力知识。美国外语教学委员会指标分会主席 Redmond（2014）认为，全球胜任力的培养必须嵌入具体课程，让专门的教师（如英语教师）去负责。Zhao（2010）认为，教师应该具备全球胜任力，并能够积极应对教育实践中的全球化和国际化挑战，适应越来越多元化的学生群体。王欢欢（2010）构建了一个大学教师国际化核心素养指标体系。刘云云（2020）分析了美国研究型大学教师国际化能力建设情况，发现当前我国大学存在对教师国际化能力的认识不足、缺少理论基础和政策支持、片面注重国际化科研能力培养、未形成专有的教师国际化能力建设体系等问题，对此刘云云提出采取加强国际化理论建设、开展多主体参与的国际产学研合作、形成国际能力建设体系和评价机制等措施。

也有研究者专门探索了师范生的全球胜任力培养，并尝试传授师范生全球胜任力的教育教学方法。美国亚洲协会与哥伦比亚大学师范学院共同开发了美国全球胜任力证书项目（Global Competence Certificate，GCC），该项目专门针对基础教育阶段的教师开展在线培训，具有打破学科界限、提高教师综合素质等一系列创新特点（张沿沿，2017）。AFS（2020）也曾推出相应计划，帮助学校培养具有全球胜任力的教师，帮助新教师从多个角度掌握新素养（如数字素养、信息素养、媒体素养等），提升对不同文化、价值观、信念和体系的理解与沟通能力，并学习如何有效融入当地生活。瑞德福大学教育与领导学院专门针对小型、偏远地区的乡村学校教师推广全球胜任力教育，帮助乡村教师提升全球胜任力，并提高全球胜任力的教学效果（Patricia，2017）。总体来看，目前对全球胜任力的教师教育研究尚处于起步阶段，因缺乏相关研究和培训支持，教师对全球胜任力的认识不足，且在课程组织与开发等方面显得力不从心。

六、跨文化培训模式

跨文化胜任力是全球胜任力的要素之一，因此跨文化培训成为一种便捷途径。跨文化培训在企业外派管理和技术人员培训中应用较为广泛。Dehghan（1977）为短期培训制订了相应的培训计划，强调针对不同目标设计培养方法、内容、辅导和评估体系。我国在"一带一路"项目建设中也常常面临人才短缺问题，为了在较短时间培养一批具有全球胜任力的员工，企业在人力资源开发上投入了相当多的精力。Ranjit（2017）总结了"一带一路"框架下的南亚地区短期、中期和长期国际化人才培养模式。综合上述研究，我们可以对提升跨文化或专业常识的培训进行总结，如表2-13所示。影响跨文化培训的因素通常包括：文化因素、学习风格、个体文化融入策略等（Tjitra，2016）。相关研究较多，此处不再赘述。

表2-13 提升跨文化或专业常识的短期培训计划

培养类型	时间	培养目标或内容	系统/方法
常识与工作能力	3天	基本常识与文化风情、跨文化交流、健康与卫生	研讨会、网络培训、沙龙讲座、PPT展示、新生训练、问答环节
	15天	投资方法、地方法律法规、习惯与风俗	研讨班、集体活动、案例学习、角色扮演、讲座模拟、讨论分享
	180天	实践能力、专业问题解决能力、本土人才管理能力、团队管理和领导能力	真实案例研究、假期培训、角色扮演与模拟、讨论分享等
语言知识	30天	日常用语（口语、听力）	日常基本训练（每天2—3h）
	90天	中级语言（口语、听力、阅读）	日常基本训练（每天2—3h）
	180天	专业语言（口语、听力（专业词汇））	特殊目的语言训练及实习

资料来源：根据Dehghan（1977）和Ranjit（2017）等论文中的相关内容整理所得。

第五节 研究的理论基础

全球胜任力的培养模式是一个复杂且涉及众多概念的议题，因此在研究中需要借助相应的理论来梳理研究内容。在本书中，我们采用了组织一致性模型和胜任力开发理论。其中，组织一致性模型用于梳理案例研究内容，并搭建内容分析框架；胜任力开发理论用于解释案例中的具体培养策略，指导培养过程的设计。

一、组织一致性模型

当组织的目标发生变化时，组织必须重新整合资源并调整结构，实现有效的组织转换。大学从传统全球化人才培养目标向新全球化人才培养目标过渡，或建立新全球化人才培养目标时，都面临着办学理念调整、资源整合等一系列转型挑战。组织一致性模型理论能够有效指导分析组织转型过程（Nadler，1980）。

（一）组织一致性模型：概念与结构

组织的生存与发展有三个基本要素：明确的目标、相应的资源和特定的结构（陈春花，2020）。随着内外部环境的变化，组织目标面临调整，组织必须重新整合资源和调整结构，即开展组织变革（organizational change）。Harris（1977）认为，组织变革是从组织的当前状态（current state of organization）向组织的理想状态（desired future state of organization）转变的过程（transition state）。Harris的组织变革理论能够系统地、有效地指导组织变革，然而该理论对管理者而言过于抽象，因此组织变革理论的研究者尝试从实用主义和系统范式的视角开发新的指导组织变革的理论（Nadler，1980）。

组织一致性模型是组织变革与诊断模型的一种，它以开放系统理论为基础，对组织运行要素进行分类并给出清晰的组织运行路径（屈廖健，2020）。开放系统理论是指，任何组织都不能孤立存在，要不断地与特定环境发生物质、能量和信息交换。开放系统具有个体、结构和组织三个层次：个体层次关注组织内个体参与者的行动或人际关系；结构层次主要关注组织的结构或过程，如部门、群体和权力等；组织层次从更大的系统中考察具体组织与环境或组织之间的关系（陈淑伟，2007）。显然，组织一致性模型是从结构层次分析组织内诸多要素之间的交互过程和运行机制的。

组织一致性模型是由美国学者Nadler和Tushman（1980）等人提出并完善的。如图2-2所示，他们将组织的运行过程分为三个部分：一是投入，包括环境、资源和历史；二是转换过程，包含任务、非正式组织、正式组织安排、人员；三是产出，包括组织、小组和个体。Nadler还在一系列研究中完善和丰富了这一理论，使它能够更好地指导组织在新环境、新战略目标下开展组织变革，以保障组织变革的有效性。

（二）组织一致性：分析框架

为了更清楚地界定组织一致性模型，并在实际管理中运用该模型，

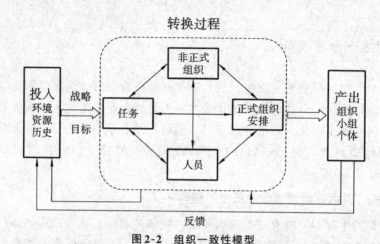

图 2-2 组织一致性模型

资料来源：根据 Nadler 和 Tushman（1980）的研究内容整理所得。

Nadler（1981、1997）又清晰地定义了组织一致性模型的要素分析框架。该框架包括投入、转换机制和产出要素，以及模型的定义和分析要点，如表2-14 所示。

综上所述，我们可以发现组织一致性模型的理论概念能够帮助研究者分析组织变革的过程，对变革的具体举措进行"盘点式"诊断。因此，本研究采用组织一致性模型作为理论基础，用于分析探索性案例，并基于该理论构建内容分析框架。

表 2-14 组织一致性模型中的要素定义

类别	关键要素与定义	分析要点
投入	环境（environment）：对组织可能产生影响的全部要素，如制度、群体、个体等	环境对组织提出了什么要求；环境怎样限制组织的活动
	资源（resource）：组织拥有的一切资源，如人力资源、资本、技术、信息和无形资产等	组织能够获取的资源质量如何；在配置过程中该资源在多大程度上是固定的（fixed）而非灵活的（flexible）
	历史（history）：过去的行为、活动和组织的有效性可能会影响组织功能的发挥	组织发展过程中有哪些重要阶段；组织发展的历史因素对当下的战略决策、关键领导者行为、危机和规范等有何影响

续表

类别	关键要素与定义	分析要点
投入	战略（strategy）：在组织的历史背景下，采取的能够满足需求、约束和机遇的资源配置决策	组织的核心使命是什么；致力于服务哪些市场；提供何种产品或服务；支撑战略的核心使命或关键资源是什么；组织的输出目标是什么
转换过程	任务（task）：组织需要完成的基本任务	工作提出的技能和知识要求有什么；工作能够提供的奖励有什么；工作的不确定性、相互依赖性和日常事务有哪些；工作的绩效要求（取决于战略）有哪些
转换过程	人员（individual）：组织内部的人员特点	人员的知识和能力；人员的需求和偏好；人员的洞察力和期待；背景因素
转换过程	正式组织安排（formal organizational arrangements）：正式组建的能够帮助个人完成任务的各种结构、过程、方法等	包括功能群体、自组织结构和协调控制机制等在内的组织设计以及工作设计、工作环境、人力资源管理系统等
转换过程	非正式组织（informal organization）：组织中涌现的结构、过程和关系等	领导行为；群体内部关系；群体间关系；非正式的工作安排；沟通和影响模式
产出	组织（organizational）	组织目标或战略的完成度；可用资源或潜在资源的利用程度；适应性，即组织能否找到合适的位置，以实现自身变革或适应环境变革
产出	小组（group）	无
产出	个人（individual）	无

资料来源：根据 Nadler（1981、1997）研究内容整理所得。

二、胜任力开发理论

在工作环境和任务需求变化时，胜任力也有所不同。在人才培养环境从传统全球化向新全球化转变时，全球胜任力的概念和内涵也要进行相应拓展。胜任力开发（competence development）①是通过各种方式提升个人在劳动市场上胜任能力的活动，如职业发展规划、人力资源教育与培训、工作轮岗和能力开发等（Eilstrm, 2008）。胜任力开发的实践导向能够为全球胜任力的培养提供新的思路。实际上，胜任力开发已经被大量引入研究型大学的课堂教学和日常活动中。例如，案例研究和情景模拟等跨文化胜任力开发方法，已经在全球胜任力课程中得到应用和推广，并取得了良好的效果（赵曙明，2007；Ranjit，2017）。因此，胜任力开发理论是分析全球胜任力培养的一个重要视角。

（一）胜任力及其情境嵌入性

工作性质、时空范围和需求差异，以及内外部环境的影响，造成了工作和组织之间的胜任力差异。Barley（1996）指出，胜任力具有情境嵌入性，讨论胜任力时必须从"人—岗位—组织"三者匹配的框架进行。冯明（2007）将影响胜任力特征的环境分为外部环境、内部环境和任务环境，其中外部环境包括政治、经济、社会文化及行业环境，内部环境包括组织性质、组织文化和组织发展阶段，任务环境包括管理层次和管理职能。肖剑科和赵曙明（2010）探讨了组织文化、管理职能和管理层次对胜任力的影响。

由于绩效要求、任务难易、影响因素等方面存在差异，我们需要定义与具体情境和工作需求相匹配的胜任力概念。例如，根据任务、行业和组织的具体特点以及任务的具体性、适用行业的广度、在不同组织中的适用程度等，可以将胜任力分为元胜任力、行业胜任力和组织胜任力（Nordhaug，1998）。根据个人绩效和组织绩效的差别，我们可以将胜任力分为个体胜任力和组织胜任力（Goldstein，2001）。Deist（2005）认为，从知识、技能、态度出发，可以将胜任力分解为认知胜任力、功能胜任力、社会胜任力。根据胜任力的变化和发展可将其分为基准性胜任力、鉴别性胜任力、发展性胜任力（陈万思，2007）。从动态情境与胜任力的关系角度来看，可以将胜任力分解为元胜任力、知识/认知胜任力、职能胜任力、个人/行为胜任力、价值/伦理胜任力（Cheetham、Chivers，1996；黄永春，2016）。

（二）胜任力开发理论：概念、方法与步骤

胜任力具有情境嵌入性，因此在快速变化的社会和工作环境中，个体需要不断地开发自身的胜任力以满足工作需要。《未来简史》的作者尤瓦

---

① 胜任力开发也被译为能力开发或能力发展。

尔·赫拉利有一句名言流传甚广,即"对于未来世界,最大的不变就是变化"。尤瓦尔·赫拉利认为,未来重复单一的工作会被人工智能取代,人类将面临波诡云谲的社会环境,组织需要更加柔性化,就业者要能从事更灵活的高技能工作(赫拉利,2013)。从个体层面来看,胜任力开发有两层含义:一是提升当前的胜任力,如获得额外的知识、技能或改变态度等;二是增加新的胜任力,如拓展本领域技能、提升其他领域能力等。Suikki(2006)认为,胜任力开发是组织或个人学习的结果。邓小花(2008)认为,胜任力开发是对人的胜任力的开发,能够使人力资本获得增值。Christoph(2019)认为,胜任力开发是扩展、重构和更新个人的职业能力、方法和行动的选择。人力资源培训师Jochem(2020)认为,胜任力开发是针对特定需求,以具体方式开发一种或多种胜任力(competencies)的实践活动。

岗位和行业需求的变化促使多种胜任力开发方法得以形成。例如,Andersson(2007)将中小型企业里的胜任力开发总结为参观博览会、内部培训、外部课程、工作轮转、管理教练(coaching)、导师/指导人(mentor)等十九种方法。贾建峰(2011)将企业中的胜任力开发总结为三类,提出了十多种具体方法:第一类是开展基于胜任特征的培训,通过课堂教学、录像观摩、案例研究、角色扮演、游戏和探险性学习等方式开发胜任力;第二类是工作中的个体学习,即在某一特定的工作场所中,以提高个人绩效和组织绩效为目标,围绕实际工作进行有意义的学习从而获取知识和胜任力,包括同行协助/学习、实践社区(community of practice,指非正式的工作群体)、E-learning(用ICT(信息与通信技术)加强、拓展和丰富学习体验)等模式;第三类是基于胜任特征的职业生涯规划,通过构建胜任特征模型,结合个人特质、工作行为特点及发展需求,设计符合个人特征的职业生涯发展规划,并在实施过程中寻求指导和支持,帮助个体开发关键胜任力。以领导胜任力开发为例,常见的开发策略有360度反馈、管理教练、指导人计划、社交网络工作、工作任务分配、行动学习等(解冻,2007)。Sanchez(2004)认为,从企业管理者角度来看,要关注两种胜任力:第一种是由于环境和形势变化引起的胜任力变革,这种胜任力要及时根据能力的迁移进行开发;第二种是针对组织发展现状开发的新胜任力。Andersson认为,胜任力可以根据正式和非正式活动类型(mode)、公司内外不同场所(arena)划分为四种开发模式(Andersson,2007)。邓小花(2008)将胜任力开发模式分为两种:一种是显性胜任力的开发,通过传统培训学习岗位所需的知识和技能;另一种是隐性胜任力的开发,通过人性化管理、领导艺术、心理契约、激励机制等手段塑造个性、动机、自我形象、社会角色、价值观和态度等。

根据岗位和行业情境，还可以设计具体的胜任力开发步骤。Suikki（2006）提出，胜任力开发中的进阶过程为"新手—高阶新手—能手—专家—顶级专家"，并伴随着工作绩效的提升。Ryan（2011）提出了胜任力开发的六步法：识别关键岗位或工作任务；确定高绩效和能力；识别可能影响绩效的人为因素；开发典型商业案例；进行岗位评估；开发、执行和监督人才管理战略。Jochem（2020）提出了准备工作、收集信息、建立实施框架、实施框架四步法。

（三）跨文化胜任力开发的方法

跨文化胜任力开发是职业胜任力开发的常见模式之一，在跨国企业和组织中被大量使用，以开发员工在跨国和跨文化环境下的适应能力。在部分大学的全球胜任力培养课程中，跨文化胜任力开发的方法被广泛使用（Schejbal，2009；Hala，2014）。总结起来，跨文化胜任力开发方法有三类，如表2-15所示（孟凡臣，2004；高嘉勇，2008；贾晓萌，2015）。

表2-15　跨文化培训方式及其优点、缺点总结

开发方法	培训方式	描述	优点	缺点
事实法	(1) 讲座； (2) 区域研究和学习	强调认知目标、文化的具体情节讲授以及传统教育方法	(1) 材料准备简单、方便，且具有较强的针对性和直接性； (2) 花费较少	(1) 缺少真实的海外生活体验； (2) 不便于受训者自我检查跨文化交际能力
分析法	(1) 文化同化法； (2) 案例研究法； (3) 文化比较法	分析一系列跨文化活动中发生冲突的关键事件和案例	(1) 方便，受训者能够自学，且花费较少； (2) 容易理解文化差异	(1) 受训者虽然学到了知识，但无法在现实中应用； (2) 无法有效改变受训者的跨文化行为

续表

开发方法	培训方式	描述	优点	缺点
体验法	(1) 体验式培训； (2) 实地观摩； (3) 文化模拟； (4) 角色扮演	通过强调情感目标，受训者可以通过模拟、展示和体验来掌握文化的具体细节	(1) 以受训者为中心； (2) 以解决具体问题为中心； (3) 在培训初期有效	(1) 在真实环境中适应性较差； (2) 侧重于环境，忽视了政治、人际关系等其他因素
	行为修正	通过观察受训者并不断指导，帮助其掌握示范动作	针对习惯性的行为培训很有效	(1) 花费较高； (2) 需要培训者不断学习

资料来源：根据孟凡臣（2004）、高嘉勇（2008）、贾晓萌（2015）论文内容整理所得。

一是事实法，即通过向受训者提供有关东道国知识的跨文化培训方法，主要包括讲座（lecture）、区域研究和学习（area studies）。事实法简单直接，知识量大且针对性强，成本较低，但无法提供接近真实生活的体验，也无法为受训者提供必要的反馈。

二是分析法，即通过分析录像带和书面材料，由专家与受训者共同分析引发文化差异的冲突事件，以提升受训者对文化差异的认知。这种方法主要包括文化同化法（culture assimilator）、案例研究（case study）和文化比较法（cultural comparing）。分析法对了解和感受文化差异非常有效，但对行为的影响效果尚不明确。

三是体验法，即通过受训者与培训者的互动或亲身实地体验，培养受训者的跨文化认知技能和恰当的行为方式。这种方式主要包括体验式培训（experiential training）、实地观摩（on-site studies）、文化模拟（cultural simulation）、角色扮演（role play）和行为修正（behavior modification）。体验法的特点是以受训者为中心，学习过程较为直接，初期学习曲线陡峭，但也存在明显不足，如成本较高、对学习环境要求较高且适应性较差等。

第六节 文献述评

通过对现有文献进行梳理，笔者可以发现在新全球化阶段，现有的全球胜任力培养研究和实践存在三个不足：一是培养理念滞后，仍然遵循"西方中心论"的传统全球化人才培养理念，本土实践缺乏中国内核，导致人才培养东施效颦；二是培养模式改革滞后于国际形势变化，人才的能力素质无法满足当下中国企业和公共部门的需求，导致人才结构出现了供需矛盾；三是对全球胜任力培养的研究不足，难以支撑培养模式改革，导致教育实践成为无本之木。

一、秉持"西方中心论"的全球化人才培养理念，导致本土人才培养东施效颦

传统全球化是以"西方中心论"为基础的扩张模式，以资本主义的国际扩张为物质基础，伴随着西方价值观的全球输出（赵坤、刘同舫，2021）。在这种模式下，西方国家长期主导全球话语权，尤其在议程制定、话题关注和理论想象力上，展现出明显的"中心论"色彩。全球胜任力的理论与实践体系也具有"西方中心论"特征。例如，在话题设置上主要以全球公民、人权、环境保护等发达国家关注的议题为主，很少对发达国家自身的发展问题进行批判性反思，对后发国家的议题，如贫穷和区域开发的关注较少（Britney，2019）。以PISA全球胜任力测试为例。Anke（2018）认为虽然其拥趸甚众，但测评体系以西方为中心，存在性别、种族和国家偏倚。此外，Andrews（2020）还批评OECD通过PISA全球胜任力测试重新定义了一国的全球教育，以"一个蹩脚的定义狭隘地施加符号暴力（exerting symbolic violence by imposing a narrow view of a currently ill-defined concept）"从而对学校的教学权威、行动和工作产生"潜移默化的影响（unconsciously agreed power）"，无益于教育公平和正义。

以西方为中心的全球化理念无异于东施效颦，致使国际教育被矮化为西方化教育，所以当前的全球胜任力培养在理论与实践上面临着双重困境。一方面，沿用的以"西方中心论"为视角的全球胜任力理论在议程设置、概念和话语体系上与我国推动新全球化的目标和理念冲突。滕珺（2018）指出，当前情况下，一线教师必须面对一个现实问题，即全球胜任力的培养会不会加深中国大学生对祖国的误解？毫无疑问，遵循道路认同，以及坚持求同存异的历史观和包容性的发展观是培养学生全球胜任力的前提（刘武根，2019）。另一方面，以西方为中心的全球化理念导致在培养全球胜任力的过程中忽视了对本土国际资源的利用，将全球化教育简化为欧美式教育，在教育话题上模仿西方，在国际交流上面向西方，在教育体制改革上靠拢西方。

在这种西方中心的全球胜任力教育模式下，难以得到本土思维、理论和实践的响应，导致愿景与实践之间的二律背反（李太平，2020）。因此，中国在培养学生全球胜任力时必须回归新全球化理念，扎根中国实践，面向中国未来的国际发展趋势培养中国学生的全球胜任力。

二、未能及时面向新全球化建立系统的培养模式，导致人才结构出现了供需矛盾

"西方中心论"的另一个危害在于，当人们以西方立场观察、研究、评价中国时，也试图以西方的样本去规范和改造中国。然而，在以西方为中心的传统全球化趋于消解，新全球化逐渐崛起时，教育研究和人才培养却未能及时预判新全球化进程下的人才需求变化，未能及时改革培养模式，导致人才结构出现了供需矛盾（陈伟，2021）。类似问题也发生在PISA开发全球胜任力测试框架的过程中。由于仅在西方话语体系内讨论，排除了与北方/西方国家公民（northern/western national citizen）不符的价值传统，难以凝聚全球胜任力培养的全球共识（global consensus）（Engel，2019）。面向新全球化的全球胜任力培养模式，应根据我国未来对全球化人才能力素质的需求，重构相应的培养模式理论模型和实践体系，避免人才结构出现供需失调。

与传统全球化模式下的国际教育相比，面向新全球化的全球胜任力培养模式需要关注三点内容：第一，基于新全球化理念构建概念、理论和实践体系，并面向"一带一路"等现实需求提供培养方案；第二，要建立系统化的人才培养模式，明确人才培养目标和培养模式的运行逻辑，为高校开展全球胜任力培养提供参考；第三，要区分国际化与本土化，避免将作为结果的全球胜任力与作为手段的全球胜任力培养途径画等号，避免直接以出国经历、外语水平、知识类课程等作为衡量指标，忽视了价值观念、态度、技能的培养。因此，如何根据全球教育动态发展，在全新的国际格局中考虑国情、体现特色，系统打造适合中国的全球胜任力培养模式，是值得研究的议题（孙成梦雪，2021）。

三、培养模式改革缺乏可靠的研究支撑，教育实践易为无本之木

全球胜任力的概念较早由美国国际教育协会提出，因此国际上的研究热点集中于国际教育领域，国内的研究也集中在比较教育和国际教育学科领

域。现有研究在范式和方法上存在以下三个特点。一是遵循比较教育研究的传统，重视文献译介、比较研究、经验研究，通常以PISA、UNECO、美国亚洲协会和美国国际教育协会等机构的研究为中心，侧重于前沿介绍、政策述评和文献综述（张蓉，2019；李新，2019）。一些全球胜任力培养的研究，如PISA概念和框架、培养路径等建议，主要通过欧洲委员会成员采用专家法等方式得出①（OECD，2019），效度和可靠性遭到质疑（邓莉、吴月竹，2021），其他研究也缺乏严格的论证过程（Lohmann，2006；Meng，2017）。二是研究视野以宏观和微观为主，中观层面较少。具体来看，以宏观的政策研究和微观的个体测评研究为主，缺乏中观的培养模式、教学组织和课程设置方面的研究，对培养实践的指导比较有限（谭卿玲，2021；任瑞婕，2021）。三是部分研究中的对象、问题与测量手段或理论框架的适配性存疑，导致校标效度和研究结论的可靠性不足。更有甚者，直接将PISA问卷部分用于测试本科生、研究生甚至大学教师的全球胜任力，并就此提出相应的政策建议，这显然与该问卷开发的最初目的和用途不符。上述问题的存在，使得全球胜任力的培养实践容易成为缺乏依据的无本之木。

综合文献阅读和分析结果，我们发现要克服现有研究和实践中的不足，就应采取新的研究视角和研究方法：一方面，研究者要从新全球化的视角出发，建构中观层面的概念、理论和实践体系，以指导大学开展全球胜任力培养改革；另一方面，研究者需要采取实证主义的研究方法，对国内外的全球胜任力培养实践进行规范化考察，建立完善的培养模式，梳理培养模式运行的条件和对策。因此，本书采取查有梁（1997）等提出的"原型—模式—新型"的研究路径开展新全球化背景下研究型大学本科生全球胜任力培养模式研究：首先，系统考察国内外知名研究型大学本科生全球胜任力培养的实践案例，采用内容分析等方法提取培养模式的构成要素，并研究和剖析原型；其次，对新全球化背景下全球胜任力培养模式的构成要素进行系统阐述，运用解释结构模型梳理要素关系，进而构建培养模式的概念模型，实现创建新培养模式；最后，通过实证调查验证培养模式，探讨其运行的影响因素和规律，并提出全球胜任力培养模型运行的对策建议。

---

① 详细内容请见OECD发布的《为我们的年轻人准备一个包容和可持续的世界：经合组织PISA全球竞争力框架》（*Preparing our Youth for an Inclusive and Sustainable World: The OECD PISA Global Competence Framework*）中的"全球胜任力：知识、技能、态度和价值观"部分。

第三章 研究型大学本科生全球胜任力培养的多案例研究

文献综述表明，当前全球胜任力培养的实践和理论仍较为有限，主要聚焦于从国际组织、国家和行业需求层面开展宏观研究，或围绕全球胜任力进行微观测评研究，较少关注院校层面培养模式的构建（孙成梦雪，2021；谭卿玲，2021；姚威，2021）。因此，根据查有梁（1997）提出的"原型—模式—新型"培养模式建构方法，本章将从院校层面解剖研究型大学的培养实践，为培养模式构建提供"原型"材料。

正所谓"他山之石，可以攻玉"，在传统全球化阶段，发达国家人才培养的良好成效是维持传统全球化模式的前提，也为我国提供了许多可供借鉴的经验：在国际教育理念上，从美国兴起的全球胜任力教育、国际理解教育和全球公民教育深刻影响了全球国际教育研究和实践（楚琳，2009；陈诗豪，2020）；在全球化人才培养和选拔上，日本高校的"全球校园"和国际组织人才培养和选拔等，也取得了显著成绩（刘兴璀，2018；丁红卫，2020）。因此，本章的案例研究主要通过分析全球化人才培养的经验，为后续构建全球胜任力培养模式提供借鉴。为保障分析的全面性，本书从组织一致性视角出发，重点考察办学理念、资源条件、培养过程等（Nadler，1980、1981、1987）。最后，本章基于案例分析，提炼出研究型大学本科生全球胜任力培养模式的构成要素。

第一节 案例研究概述

一、案例选择

Yin（2010）认为，多案例研究遵循的是复制法则而非抽样法则，多案例研究的原理与多元实验相同：要么不同案例均产生相同的结果（逐项复制，literal replication），要么由于可预知的原因产生与前一项案例不同的结果（差别复制，theoretical replication）。通常，在一项多案例研究中一些（2—3个）是逐项复制，一些（4—6个）是差别复制。郑伯埙（2012）认为，研究者应采用理论抽样（theoretical sampling）方法，选择相反或极端的案例，或通过案例选择排除其他可能的解释，从而显现或延伸概念之间的关系（陈晓萍，2012）。一般情况下，案例选择有两个标准：一是代表性，综合考虑学校所在国的全球影响力与学校办学水平，本书选择了哈佛大学、东京大学和清华大学等；二是强调多样性，综合考虑文化差异、办学特色和案例的独特性，以增强比较，本书选取了开普敦大学、联合国和平大学和巴黎政治学院等六所知名研究型大学作为重点研究对象。另外，本书还选择了浙江大学、佛罗里达州立大学和匹兹堡大学作为补充案例。各案例的入选理由如表3-1所示，下文将逐一阐述各案例的特点。

表3-1 案例高校概述与入选理由

地区	学校（所在国）	性质与入选理由
北美洲	哈佛大学*（美国）	较早尝试国际化办学的研究型大学，具有典型性，其全球胜任力培养的改革实践和理论研究成效十分突出
	匹兹堡大学（美国）	在教职工国际化和国际资源开发方面取得了显著成效，对地方性及缺乏国际化的研究型大学具有重要参考价值
	佛罗里达州立大学（美国）	在国际化课程体系和实践活动方面取得了突出成效，是大学推动地区国际化发展的典型代表
欧洲	巴黎政治学院*（法国）	国际化人才培养在全球享有较高知名度，办学地位、理念和实践特色鲜明，在非益格鲁-撒克逊文化和教育体系中的培养成效首屈一指，是独一无二的案例
非洲	开普敦大学*（南非）	在第三世界国家享有较高知名度，在促进民族融合、消除文化隔离、推动社会发展等方面贡献突出
拉丁美洲	联合国和平大学*（联合国/哥斯达黎加）	联合国直接举办的高等教育机构，服务中小国家的国际化人才培养，属于独一无二型案例
亚洲	东京大学*（日本）	受到日本政府的大力支持，是日本高等教育国际化建设的重点支持大学，在亚洲文化圈具有较高的影响力
	清华大学*（中国）	中国较早开展全球胜任力培养教育的大学，在实践和理论上均十分全面，体系性较强
	浙江大学（中国）	选择了重点突出的全球胜任力培养模式，集中培养资源，成效显著

注：*表示本研究重点关注的大学。
资料来源：自行整理所得。

（1）哈佛大学：全球化人才培养的领导者。哈佛大学（Harvard University）是美国私立研究型大学中的佼佼者，它的全球化人才培养在美国乃至全球都享有盛名。哈佛大学培养出了大量国际组织官员、跨国企业高管和国际公益组织创始人，以及各国政界领袖等。哈佛大学较早开展了全球胜任力理论研究和教育改革。哈佛大学本科教育由哈佛学院主导，其目标是培养未来领导者（future leaders）或社会公民及领导者（the citizens and citizen-leaders for our society）。哈佛学院还主导了课程、国际交流和实习等教育改革措施，成为顶尖研究型大学本科生全球胜任力培养改革的旗帜。

（2）巴黎政治学院：特色型大学的培养实践。巴黎政治学院（Paris Institute of Political Studies）是法国顶尖的公立研究型大学，它延续了法国精英教育的传统，是非盎格鲁-撒克逊文化和教育体系下全球化人才培养较出色的学校之一。巴黎政治学院的学科以国际政治、法律、管理等三大类为主，也以培养上述三个学科的全球化人才而闻名。巴黎政治学院的毕业生大量进入国际组织、跨国企业、各国外交系统等，它对文科类大学具有较高的参考价值。

（3）东京大学：具有日本大学全球化人才培养经验。东京大学（University of Tokyo）是日本明治维新时期创办的研究型大学。东京大学学科门类齐全，学术水平在日本首屈一指。然而，与高水平研究不相符的是，东京大学作为亚洲一流的研究型大学，和日本其他大学一样都存在国际学生和国际教师数量较少、总体国际化程度较低等问题。为此，日本文部科学省于2014年制定了"超级国际化大学"（Super Global University）计划。东京大学的全球化人才培养体系在日本高等教育系统中具有一定代表性。与欧美等地的大学相比，我国大学与日本大学的国际化水平更加接近，面临的问题也更为相似。因此，东京大学的经验更有可能对中国的研究型大学起到启发作用。

（4）清华大学：系统的全球胜任力改革。清华大学是我国较好的研究型大学之一，也是我国较早提出全球胜任力教育理念的高校。清华大学在全球人才培养实践上的成就可圈可点，甚至可以被视为我国研究型大学国际化教育理念从被动跟随向主动转变的标志，具有重要的研究价值（李敏，2021）。2017年，清华大学全面实施《清华大学全球战略》，明确了本科生全球胜任力培养的价值、目标和具体方案，提出了培养理念革新、课程改革和校园"在地国际化"等措施。

（5）开普敦大学：培养学生的全球公民精神。开普敦大学（University of Cape Town）是南非的公立研究型大学，是南非乃至非洲较具全球影响力的大学，在QS、THE和ARWU等大学排行榜上均位于前列。与上述其他研究型大学相比，开普敦大学的办学环境较为特殊，即开普敦大学肩负着促进南非国家认同、加强民族融合等一系列重要使命。开普敦大学也因其开放的办学特点和卓越的办学理念，赢得了赞扬。开普敦大学的人才培养理念和实践，对于提高我国学生分析历史遗留问题和民族问题的能力具有重要的借鉴意义。

（6）联合国和平大学：独一无二的研究型大学。在本书的案例中，联合国和平大学（UN-mandated University for Peace）是独一无二的研究型大学案例。联合国和平大学位于拉丁美洲的哥斯达黎加，是联合国直接举办和多个国家教育主管部门认证通过的，专门为国际组织、跨国企业和中小国家培养高级国际化人才的高等教育机构。近年来，联合国和平大学还与国家留学基金管理委员会形成了国际组织人才培养合作计划。由于联合国和平大学是不隶属于任何主权国家的研究型大学，能够真正从全球公民视角出发培养人才，是 Yin（2003）提出的典型的、独一无二的案例，这也是本书不得不研究该校的原因。

（7）其他学校：独具特色的全球化人才培养实践。为了提升案例研究的内容效度，本书在案例研究和分析过程中注重分析在全球化人才培养方面具有特色的高校。但在多案例研究中，持续引入新案例的调研成本增速大于获得新鲜内容的边际效益，因此本书最后选择了上述六所研究型大学作为主要案例。这些研究型大学都开展了全球胜任力培养，但在国际格局、文化传统和地理环境上还具有较大差异，兼顾了案例的代表性和参考价值。为了提高内容分析效度，本书还搜集了佛罗里达州立大学（Florida State University）、匹兹堡大学（University of Pittsburgh）、浙江大学共三所全球胜任力培养水平较高的大学案例作为补充，但限于篇幅并未详细展示具体内容。这三所大学的共同特点是国际资源和办学资源的丰富程度不如重点案例，全球排名位于前 50—200（如 2022 年 THE、QS 排行榜和 2021 年 US News 排行榜）。它们的生师比、本科生培养规模和国际学生占比等指标并非顶级，但由于在国际化办学的某些维度上具有鲜明特色，取得了良好成效，具有一定的参考价值。

从表 3-2 可以看出，几所大学的综合办学实力和国际化水平存在梯次差异，符合差别复制原则。其中，哈佛大学的综合实力和国际化水平处于全球顶尖，在各项指标和全球影响力上具有显著优势，它培养的人才服务于全球重要机构和组织。清华大学和东京大学虽在办学实力和国际化水平上略逊一筹，但在部分指标上具有优势，人才培养面向全球及中日两国的需求。开普敦大学代表了近些年非洲大学在全球化办学方面的努力方向。联合国和平大学作为一所由国际组织举办的授予学位的大学,在课程内容和理念上具有独特性。匹兹堡大学、佛罗里达州立大学和浙江大学代表了地方性研究型大学的国际化水平。

表3-2 几所研究型大学国际化指标数据对比

对比项目		所属地区							
		北美洲			欧洲	非洲	亚洲		
来源	具体指标	哈佛大学*	匹兹堡大学	佛罗里达州立大学	巴黎政治学院*	开普敦大学*	东京大学*	清华大学*	浙江大学
US News（国际化指标）	在校生总数/人	21575	26841	41867	13000	21757	25959	37484	36825
	国际学生数/人	5264	3026	约1700	6400	3470	3724	4992	7930
	国际学生占比	24.40%	11.27%	约4.06%	49.23%	15.95%	14.35%	13.32%	21.53%
	教职工数/人	2298	3189	约1800	3673#	1634	2450	3226	3128
	国际教职工数/人	527	268	—	319#	388	84	579	816
	国际教职工占比	22.93%	8.40%	—	8.68%#	23.75%	3.43%	17.95%	26.09%
US News	全球最佳大学排名	3	42	195	67#	109	77	28	135
THE	排名	3	133	251—300	401—500#	183	35	20	94
	教学得分	94.8	45.5	37.9	33.3#	31.4	86.9	87.7	65.9
	国际视野得分	77.7	41.7	45.9	83.7#	80.1	42.0	51.8	65.1

续表

对比项目		所属地区							
		北美洲			欧洲	非洲	亚洲		
来源	具体指标	哈佛大学*	匹兹堡大学	佛罗里达州立大学	巴黎政治学院*	开普敦大学*	东京大学*	清华大学*	浙江大学
QS	国际排名	3	156	456	261	226	23	15	53
	国际教师得分	85.2	8.6	15.7	37	50.7	3.3	55.5	98.1
	国际学生得分	69.9	19.4	4.8	90.2	31.7	28.5	29.7	74.2

注：（1）教职工数指的是与教学和科研相关的教职工数量（total number of academic staff），不包括行政管理人员；（2）由于巴黎政治学院是隶属于巴黎大学的大学校，无法直接获得相关数据，只能根据新闻报道估算几个数据，其中#表示属于巴黎大学的总体数据；（3）联合国和平大学由于特殊原因，不参与各大学排名，且办学情况资料未对外公布；（4）*表示本书重点关注的案例。

资料来源："US News（国际化指标）"一栏中的数据来自2021年US News排行榜的公开数据，其他数据来自2022年US News、THE和QS排行榜。

二、案例材料收集

案例资料的全面性和准确性直接决定着案例研究的质量。本书中外案例的资料来源：一是通过论文、专著和档案等查阅与案例相关的资料；二是通过新闻报道和学校规章等收集大学在人才培养方面的资料；三是在线上渠道收集资料，包括委托合作伙伴联系相关人士开展线上访谈以及参加线上交流课程等。

国内大学案例资料的收集方法：一是通过大学的官方网站、公众号以及宣传材料收集信息和资料，也可以通过查询相关新闻报道、评论等收集背景资料；二是通过研究论文、大学领导发言和学术专著等收集资料；三是对目标大学的管理人员、教师和学生进行半结构化访谈，并进行问卷调查，受限于调研成本，本书采用实地访谈与电话访谈相结合的方式。

本书充分利用大学和研究所收集研究资料，并通过不同的渠道来检验资料，以形成证据三角，从而提高资料的信度。同时，拓展资料来源渠道有助于提高研究内容的效度。

第二节 研究型大学全球胜任力培养的案例研究

受制于大学的整体办学理念和目标、资源和制度等，不同大学的全球胜任力培养模式会有较大差异。为了节省篇幅，本节将言简意赅地叙述各个大学全球胜任力改革的主要结论。读者如有兴趣，可以继续翻阅实践篇，了解各大学办学的具体情况。

一、哈佛大学：面向全球胜任力的通识教育改革

哈佛大学成立于1636年，是享誉全球的私立研究型大学，坐落于美国马萨诸塞州剑桥市。哈佛大学是全球顶尖的研究型大学。哈佛大学本科生教育工作主要由文理学院（Harvard Faculty of Arts and Sciences，FAS）[①]下属的哈佛学院（Harvard College）承担。哈佛学院作为授予本科学位，专门承担本科教育任务的机构，开展了一系列重大改革以实现全球化的人才培养愿景。因此，本案例重点关注哈佛大学的全球化办学理念和哈佛学院的本科生培养改革。哈佛大学在全球胜任力的培养实践上取得了丰硕的成果。经过梳理，我们可以将哈佛大学的主要做法总结为以下三点。

（1）与时俱进的办学理念和人才培养目标。从哈佛大学办学理念的演变中，我们可以发现人才培养理念的转变及其目标包容性有两方面内容：一是新世纪以来，哈佛大学将自身定位为一所全球性大学，既拥抱全球化与多样性，也致力于推动全球化和多样性的发展；二是哈佛大学将人才培养目标定为培养领导并改变全球的精英，而非仅服务于民族和主权国家，且在人才培养中始终贯穿全球化的目标。此外，哈佛大学的全球化培养改革还得到了国际事务副教务长办公室（Office of the Vice Provost for International Affairs，OVPIA）的全力支持，有力推动了哈佛大学全球性大学建设计划的实施。

（2）面向全球胜任力的通识教育改革。通识教育一直是哈佛大学本科生培养的重要抓手。哈佛大学将全球化内容整合到通识教育中，本身就说明了哈佛大学对这一主题的重视。具体来看，哈佛大学对通识课程的改革主要表

[①] FAS由哈佛学院（Harvard College）、文理研究生院（Graduate School of Arts and Sciences）、工程与应用科学学院（School of Engineering and Applied Sciences）、继续教育部（Division of Continuing Education）四大部门和图书馆、博物馆、文体活动部门等其他部门共同组成。FAS的主要任务是开展高质量的教学活动尤其是博雅教育（liberal arts education），并从事部分前沿领域的科学研究和探索。

现在课程目录和内容调整上：第一，增加了文化多样性通识课程，帮助美国学生了解非西方主流文化和价值观，如"多感官下的宗教：通过艺术重新审视伊斯兰"和"永恒的瞬间：为什么佛教徒要立碑"等；第二，增加了部分重要国家的政治、历史和文化课程，如"中国经典伦理与政治理论""加勒比的坩埚：地区的殖民主义、资本主义和后殖民主义的不发展"和"两个韩国和当代世界"等；第三，增加了近年来国际关注的热点议题，如"直面COVID-19：科学、历史与政策""直面气候变化：科学、技术和政策的基础"等；第四，开设能够提升学生在全球化环境下行动和决策能力的课程，如"社会变迁：革命与改革"和"当改变变得困难时：法律、政治与社会变革的政策"等。

（3）重视塑造平等、开放、包容、多样性的校园文化环境。营造平等、开放、包容、多样性的校园文化环境是哈佛大学培养学生全球胜任力的重要举措之一。首先，哈佛大学形成了多个分工明确的正式和非正式组织，负责开展国际化活动。其次，哈佛大学通过各种途径，如社团和志愿服务活动等帮助留学生适应和融入校园生活，也积极利用留学生带来的跨文化资源开展"在地国际化"实践。最后，哈佛大学利用强大的校友资源在全球范围建立了广泛的研究合作、学术交流、暑期实习网络，以提高学生的全球胜任力。

二、巴黎政治学院：以全球化为特色的办学体系

巴黎政治学院由埃米尔·布特米（Emile Boutmy）创立于普法战争（1870—1871年）结束后的第二年，即1872年，致力于为法国培养政治、财经和法律类人才。巴黎政治学院以培养研究生为主。作为法国承担精英教育的大学校①（Grande école）体系中政治学院系统下的顶级学府，巴黎政治学院在政治、法律、财经及跨学科领域的科学研究和人才培养方面享有较高的声誉。秉承大学校严格的预科班制度和淘汰率较高的入学制度，以及重视教学和实践相结合的作风，巴黎政治学院人才培养质量较高。巴黎政治学院的全球化人才培养成果颇丰。截至2022年1月，巴黎政治学院的校友中包括八位法国总统、十三位法国总理、十二位外国国家元首或政府首脑、前联合国

---

① 法国教育体系采用双轨制，即综合性大学（Université）与大学校（Grande école）并行的模式。大学校有时也被译为专科学校，不同于我国的专科学校，法国的"大学校"是专门从事某一领域的教学和研究的高等教育机构，高中毕业后，学生还要经过两年预科学习和淘汰性考试才能进入"大学校"。"大学校"按照学科方向可以分为师范学院、行政学院、工程学院和商业与管理学院四类。

秘书长、众多国际组织人才、各国大使与外交部长，以及跨国企业高管和具有国际影响力的文艺人才。2022年5月官网数据显示，巴黎政治学院的在校生约14000人，已毕业校友90000余人。2018年数据显示，当年从巴黎政治学院毕业的所有学生中约12%进入国际组织任职，约22%进入公共部门任职，约66%进入私营部门任职，其国际化成就可谓十分突出。

与哈佛大学等英美体系的大学不同，巴黎政治学院在课程体系和教学方法上具有鲜明特色，素有"法国的例外"之称，因此本书将其作为案例进行考察。根据巴黎政治学院本科生全球胜任力培养实践，可以将其成功经验总结为以下四点。

（1）宽基础课程丰富全球视野。宽基础是指，巴黎政治学院在修读方向和内容上重视广泛的知识基础。巴黎政治学院共提供两类学位、三个方向以及面向全球六个地区的主题，鼓励学生在修读框架内，自主选择地区、方向、主题进行学习，帮助学生从多学科视角形成全球化概念。

（2）跨学科培养应用技能。跨学科指的是，扬弃传统单学科的学习方式，通过问题和项目组织实践活动，利用主题研讨来培养学生的应用技能。巴黎政治学院的跨学科学习可视为矩阵式的教学组织方式：纵向上，学生广泛学习国际政治、国际法、政府管理、社会学、科学技术等课程，掌握基础知识；横向上，以国际政治热点为基础，要求学生从国际政治、国际法、政府管理、社会学等多个角度进行解读和分析，锻炼学生的综合分析思维。

（3）多类型活动提升实践能力。巴黎政治学院的课程体系为各类活动预留了充分的弹性空间，能够为学生提供不同类型的活动以提升实践能力。在基础课程、通识课程、语言课程之外，巴黎政治学院还设计了研讨会、艺术工作坊、海外学习交流、Capstone（顶点）项目等，确保学生通过各种活动理解公共管理部门的运作特点。

（4）"本—硕"衔接的人才培养体系。"本—硕"衔接的人才培养体系能够帮助学生保持学习的连贯性，降低获得学历的经济与时间成本，提高学生的竞争力。巴黎政治学院"本—硕"衔接的人才培养体系可以让学生在五年内获得学士和硕士学位，同时满足国际交流需求。同时，海外交流和实践经历恰恰是国际组织公务人员和跨国机构高级管理者对应聘者的基本要求（金蕾莅，2019）。

三、东京大学：培养全球胜任力，建设国际化大学

作为第二次世界大战的战败国，日本的国际政治活动受到诸多影响，只

能从外交、国际经贸、提升国际影响力等方面提高国际地位，因此日本十分重视国际化人才的培养工作且成效明显（丁红卫，2020）。东京大学是日本综合实力、知名度较高和国际化水平较强的研究型大学之一。1866年，东京大学曾更名为帝国大学（Imperial University），体现了该校强烈的民族荣誉感，这也从侧面说明了东京大学是日本高等教育的旗帜。东京大学入选了一系列大学资助计划，加入了一些顶级大学联盟，如"超级国际化大学"计划、学术研究恳谈会等，在各大排行榜上也常年位居日本前列。2008年以来，日本大学在国际排行榜上的排名持续下滑，引起了日本全国对高等教育国际化的反思，文部科学省推出了"超级国际化大学"计划[①]以提升日本高校的国际化。因此，案例研究选择了在国际化办学上具有代表性的东京大学，分析日本在国际化人才培养方面的特色。

东京大学的全球胜任力培养改革与日本开展的"超级国际化大学"计划是分不开的。资料显示，东京大学从2015年开始，平均每年获得文部科学省约5亿日元的经费。此外，东京大学还积极争取基金资助，为东京大学推进全球校园建设提供有力支持。东京大学整合了上述资源开展的全球胜任力培养，取得了一定成效，其经验可总结为以下几点。

（1）明确国际化的发展目标。无论是立志成为一流的教育平台还是全球校园计划，都彰显了东京大学在全球范围内提升声誉和将毕业生推送到全球舞台的目标。在这一目标的驱动下，东京大学才能在全校推动一系列国际化举措的落地。

（2）弹性课程体系建设。作为日本政府大力支持和建设的公立大学，东京大学表现出了一定的排名焦虑，并以保障科研产出和争取更高的国际排名为目的。因此，东京大学的课程体系将学生的科研和学术能力放在首位。为了满足科研和国际化发展的多样化需求，东京大学提升了课程体系的弹性，推出了外语学位以及全球学习项目（Global Learning Program，GLP）证书课程和非学位交流课程，为具有不同兴趣的学生提供多样化的培养路径。

（3）关注新兴经济体国家的相关议题。从培养内容来看，东京大学更关注印度、越南等新兴经济体国家，以及与之相关的经济开发、战争预防、毒品犯罪、扶贫治理等发展性议题。新全球化阶段的问题不再是传统全球化时期孤立的、有限的和缓慢的全球联结，而是牵一发而动全身的。从发展中国家出发审视全球问题，有助于提升学生对发展中国家和非西方地区的认识，让学生在国际性机构工作或实习时能够更全面地思考问题。

---

① "超级国际化大学"计划也被翻译为"超级国际化大学"项目和"全球顶尖大学"项目。

(4) 借助大学联盟加强合作。由于日语在全球范围内的普及程度不高，加上东京大学自身的国际化水平显著低于与其排名相当的其他国家的大学，因此东京大学拓展国际教育合作的难度较大。对此，东京大学积极借助各类大学联盟开展线上、线下合作，实现课程资源共享、联合训练营、学生交流互访等教育合作，有效降低了国际化的成本和难度。

四、清华大学：高质量的全球化培养体系

清华大学成立于1911年，是中国顶尖的、较早被批准设置研究生院的综合性研究型大学。2021年，清华大学毕业的博士生有3100多人。清华大学较早便认识到了培养学生全球胜任力的重要性，并将全球胜任力培养写进了学校的发展规划中，对中国其他研究型大学具有重要的参考价值。

具体来看，清华大学全球胜任力培养实现了多方协同：首先，是系统部署与局部推进统一，即全校层面的战略规划与局部逐渐推进全球化策略相统一；其次，是正式教学与非正式学习统一，除正式的课程（curriculum）学习和辅助课程（co-curriculum）学习，清华大学还有大量课外活动（extra-curriculum）；再次，是海外交流学习与"在地国际化"培养统一，即学生不仅可以参与海外交流和学习，在国内也可以感受国际化的校园环境；最后，是培养的阶段性与长期性统一，在学习过程中学生要不断地思考和实践，强化迁移能力。总体上，清华大学的培养特点主要集中在以下方面。

（1）高水平、高频率的国际交流。清华大学的国际化办学水平在中国处于领先地位。2019年底统计数据显示：清华大学共举办了19个国际双学位联合培养项目；40%以上的本科生和60%以上的博士生都有海外学习经历；在校留学生3300多人，仅2019年就有9000余人前往全球80多个地区和国家进行学习和交流。实施国际化能力提升计划使清华大学不仅大幅提高了国际交流的频率和质量，也开展了覆盖面极广的"在地国际化"行动。

（2）高质量的全球胜任力培养体系。清华大学高质量的全球胜任力培养体系也提升了人才培养质量。2014年，清华大学国际化建设的代表性成果《推动国际化培养体系建设，促进高水平创新人才成长》获得高等教育国家级教学成果二等奖。清华大学将本校的国际化人才体系总结为三个关键词，即一个平台（综合学科、国际资源和管理保障的国际化人才培养支撑平台）、五种途径（中外联合培养、国际学术交流、综合素质拓展、校园国际课程、多元文化交融）、四个群体（本科生、硕士生、博士生、留学生）。随着清华大学推出《全球战略》等一系列措施，清华大学的全球胜任力培养体系已经

十分完善。清华大学从人才培养理念到课程体系、实践等都具有较高的水平。

（3）根据人才培养目标革新教学理念。清华大学在全球胜任力培养中及时更新人才培养理念，逐渐探索形成了符合自身需求的发展道路。一是从"教"到"育"的转变，前者注重以正式学习的方式传授显性知识，后者强调生活体验和学习环境塑造，注重以非正式学习方式获取显隐性知识；二是从"国际教育"向"全球教育"转变，交流与合作的对象从最初的少数几个国家或一类国家向更多国家转变，以海外分校的形式开展合作也成为重要方向。此外，清华大学的全球胜任力培养从"附加题"变成了"必选题"，全球胜任力已经逐渐嵌入本、硕、博以及所有专业学生的学习中，学习时长、学分比重和培养质量也相应提升。

五、开普敦大学：培养学生的全球公民精神

开普敦大学（University of Cape Town，UCT）是南非较古老的大学，位于南非首都。据UCT研究生院统计，2017—2022年UCT每年授予的博士学位数都在500个以上，是非洲国际化程度较高、研究实力较强、教学水平较高的综合性研究型大学之一（Africa's leading teaching and research institutions）。在QS、THE（泰晤士）和ARWU等各大排行榜上，UCT均排在非洲第一，位于全球100—300名。开普敦大学的实力从办学目标和实践中可见一斑：首先，开普敦大学在《UCT的2030远景理念》（*UCT'S Vision 2030*）中提出了雄心壮志的全球化办学理念，即要作为中坚力量推动"21世纪成为非洲的世纪"；其次，UCT依托自身在自然科学、社会科学以及人文科学领域的研究能力，吸引来自全球各地的顶尖学者；最后，2022年5月UCT官网显示，UCT现有来自110多个国家或地区的3000多名国际学生，其国际学生数稳定在学生总数的20%左右，与国内外大学和研究中心的互动也很频繁。

作为一所国际化的研究型大学，UCT以自身独特的理念和实践为促进非洲乃至全球的民族融合、消除种族歧视、加速社会发展作出了诸多贡献。这些工作为UCT赢得了全球的关注和尊重，这也是本研究选择该案例的原因。从案例来看，开普敦大学根植于南非独特的政治、历史和文化环境，探索了一条以"全球公民精神"为培养主线的教育模式。总体来看，开普敦大学的教育模式有以下几个特点。

（1）重视价值理念塑造，培养学生的全球公民意识。开普敦大学身处独

特的政治和文化环境，重视学生的价值理念塑造，提升学生的全球公民意识。正如我国近代著名科学家、教育家竺可桢所说，大学教育的目标，决不仅是造就多少专家，如工程师、医生之类，而尤在乎养成公忠坚毅，能担当大任，主持风会，转移国运的领导人才。要做到这一点，学校要有追求真理、包容办学和可持续发展的办学理念，也要将这种办学理念贯彻到人才培养过程中。

（2）以本地实践解决全球挑战的思路。开普敦大学的另一个特点是"在地化"，即通过鼓励学生进入本地开展社区服务，进而探索应对全球挑战的本地方案。与传统全球化人才培养强调出国学习和跨境交流不同，开普敦大学充分利用本地面临的全球化问题，锻炼学生形成全球思维和解决全球问题的能力。

（3）嵌入本地的社区实践，培养学生的情感能力。情感、态度和价值观是全球胜任力的重要组成部分，开普敦大学十分重视培养学生的上述能力。在证书课程和回馈社会计划中，开普敦大学都安排了学生进入社区开展社区服务，群策群力地解决社区问题。通过这种方式，学生可以接触真实的社会问题，从而提升自身的共情能力。通过了解不同种族和群体的生活状况，学生能够形成团结、平等的价值观念。

六、联合国和平大学：为和平而建的大学

联合国和平大学（UN-mandated University for Peace）成立于1980年，是联合国理事会的直管机构。为控制招生和培养成本，联合国和平大学的本科教育通常与全球各国政府或高校合作，以"本—硕"贯通的方式开展。由于联合国和平大学的毕业生十分符合国际组织的用人要求（金蕾莅，2019），大量毕业生能够进入国际组织实习和任职。与本书的其他案例相比，联合国和平大学是一所由国际组织举办的且授予学位的高校，其所有权不属于任何主权国家。这一特点使其在很大程度上避免了政治体制、民族观念和意识形态对全球化人才培养的干扰，属于Yin（2013）提出的"独一无二"的案例。因此，联合国和平大学被纳入本书进行讨论。

在多年的办学历史中，联合国和平大学培养了大量的全球治理和公益人才。同时，联合国和平大学也遇到了一系列挑战，具体如下。首先，是办学规模较小，办学资金的稳定性无法得到保障，联合国和平大学作为非营利机构，主要的经费来源是各签约国或基金会的捐赠以及学费收入。2022年5月，联合国和平大学官网数据显示，联合国和平大学年入学人数维持在100

人左右，办学 40 余年校友总数约为 2500 人，这限制了联合国和平大学在学费方面的收入。其次，是男女比例失衡，在已毕业的约 2500 名校友中，男性占比仅为 35%，且近年来女性比例仍有走高趋势。虽然受制于各种因素，联合国和平大学仍然取得了相当大的成就，即大量毕业生进入各类国际组织和国际性非政府机构就业，在推进全球化和消弭全球冲突中发挥了一定的作用。总体来看，联合国和平大学的办学体系有以下特征。

（1）根据国际组织人才需求选择专业方向。联合国和平大学专业设置和教学内容与联合国及其附属机构的使命一致，均围绕冲突解决、和平重建、扶贫开发等功能开展。这使得联合国和平大学的学生在毕业后更容易被推送到对应的国际组织、非营利组织和跨国企业等。

（2）重视从不同视角切入全球问题。从环境、政治、经济、法律等多学科视角切入全球问题，避免了主权国家大学在讨论问题时的主观政治立场，开阔国际问题分析的视野，提升国际问题的解决能力。例如，围绕自然资源保护，从水、森林和农业等资源保护的技术和治理机制出发，多方位讨论跨国自然资源问题，这有助于转换问题分析视角，形成超越主权国家视野的问题解决思维。

（3）围绕全球热点话题设计专业和教学内容。联合国和平大学开设的部分专业既罕见又重要，如合作开发的洗钱与金融犯罪，水、和平与合作，国际人权和冲突解决等。联合国和平大学通过相应措施保证了该方向毕业生的培养质量和就业去向：一是与特定机构合作，在学生入学时商定培养方案和就业去向；二是围绕这些重点主题领域形成专家团队，发布相关学术论文、研究报告，主持重要会议，扩大此类研究的全球影响力。

七、匹兹堡大学：国际化校园促进全球胜任力培养

匹兹堡大学（University of Pittsburgh）成立于 1787 年，是全球顶尖的公立研究型大学，坐落于宾夕法尼亚州匹兹堡市。匹兹堡大学的全球胜任力改革是以学校为主导，由行政部门和学院负责推进并落实的。在办学资源上，匹兹堡大学的国际学生和国际教师占比不高，学校也远离国际化大都市，这使得匹兹堡大学必须充分整合并利用校内外的国际资源。

匹兹堡大学因为长期以来出色的国际化战略和全球胜任力培养实践，而备受赞誉。2020 年 10 月，匹兹堡大学被美国公立与赠地大学协会（Association of Public and Land-grant Universities，APLU）授予全球参与金奖（Gold Level Award for Global Engagement）。APLU 总裁曾认为，校园的国际化对

于学生的成功至关重要,新冠疫情为推进全球性学习、研究、参与带来新挑战和新机遇,匹兹堡大学正是众多大学中参与全球化的典范。匹兹堡大学高级副校长兼教务长曾表示,匹兹堡大学致力于帮助学生做好"全球准备",从而使他们以全球视野来思考充满复杂性的职业生涯和个人生活。匹兹堡大学国际研究中心(University Center for International Studies,UCIS)学术事务执行董事约翰·斯通纳(John Stoner)曾表示,全球参与金奖是对匹兹堡大学推动大学社区拥抱世界战略目标的认可,他认为这一荣誉应归功于所有促进全球参与工作的学院和机构。相比于哈佛大学,匹兹堡大学的全球胜任力培养具有以下特点。

(1)制定严格的战略规划和全球参与策略。如无特殊情况,匹兹堡大学每五年制定一次全球规划,总结学校在国际教育方面的得失。在制定规划时,匹兹堡大学注意及时更新培养理念,明确未来的行动策略。匹兹堡大学的全球战略规划对二级学院国际活动的指导意义很强,能够为学院开展国际活动提供一个系统的备忘录。

(2)建立了完善的学生全球胜任力课程体系。匹兹堡大学形成了完善的以证书课程为核心的培养体系,根据需要开发了大量全球胜任力课程,紧跟全球热点话题,选择具有重要现实意义的内容。例如,全球研究中的可持续发展证书课程,从联合国可持续发展目标出发,关注环境、生态、经济和人权等问题,适合学生跨专业、跨年级、跨年龄层次修读。同时,为了支持全球胜任力课程的研发与教学,匹兹堡大学还形成了集教学、研究、培训和管理于一体的责任机构,充分整合匹兹堡大学的全球化资源,服务课程教学过程。

(3)形成了独具特色的教职工发展计划。匹兹堡大学重视教职工的全球胜任力培养,并为教职工提供了多样化的培养路径和保障策略。通过全球胜任力培训,匹兹堡大学的教职工更加认同学校的国际化策略,提升自身的国际服务能力,为学校的国际化工作提供更有力的支持。匹兹堡大学的教职工发展计划是多样化的,各类证书课程促进了国际学生、本土学生与教职工之间的沟通。

八、佛罗里达州立大学:重视多样性与多元文化

佛罗里达州立大学(Florida State University,FSU)成立于1851年,是美国知名的公立研究型大学,坐落于美国佛罗里达州塔拉哈西。佛罗里达州立大学具有多个顶尖的学科,是佛罗里达州大学体系中的领导者。佛罗里达

州立大学因创新活动和创业活动闻名。经过多年的努力，FSU的全球胜任力培养工作取得了卓越的成效，获得了多项奖励和表彰。这与FSU全球胜任力培养模式尤其是课程培养的特点是分不开的。从实践中，我们可以发现FSU的全球胜任力培养改革有以下几个显著特点。

（1）开环学习，充分利用多元文化，提升多样性建设的影响力。传统的课程通常是面向学生、教员（faculty）、职员（staff）等展开的，而FSU为了提高学习团队的多样性，创造性地采取了三类群体组队进行学习的模式。正如斯坦福大学在《斯坦福大学2025计划》（Stanford 2025）中提出的开环大学理念。开环大学理念希望通过学生、学制和学习方式的重大改革提升大学应对重大变革的能力，使具有不同阅历和兴趣的人聚集在一起，形成新型校园（项璐，2018）。FSU秉承着开环学习的理念，充分利用大社区的成员多样性，实现了真正的全球化校园。FSU于2015—2022年连续7年荣获《洞悉多元化》（Insight Into Diversity）杂志颁发的高等教育多样性卓越奖（Higher Education Excellence in Diversity，HEED），以表彰它对多元化作出的贡献。

（2）组织开展大量具有多样性的国际化活动。FSU多样性和包容性研究与教学组织（Diversity and Inclusion in Research and Teaching Organization）于2020年9月举办了第三届年度研讨会，旨在为FSU和学术界创造一个讨论多样性、包容性和公平性问题的场所。2020年，在《门户开放》年度报告中，FSU的留学计划在全国排名第9，其中有一个类别记录了出国留学的人数。2020年，有9名FSU教职工和9名FSU学生获得了富布赖特奖。富布赖特（Fulbright）计划是全球范围知名的学者交流计划。这次获奖使FSU成为全美获得富布赖特奖较多的大学之一，说明FSU的国际化工作得到了外部认可。

（3）定制了多个全球胜任力课程，以满足不同学生的学习需求。为了较大可能地满足全球胜任力课程和活动体系要求，FSU开设了三门证书课程：GCC（全球公民证书课程）以提升本科生文化体验为目标；GPC（全球伙伴证书课程）以提高本土和国际学生、教职工等群体的跨文化技巧和能力为目标；跨文化课程以工作坊形式展开，以技能训练为主要目标。全球化证书课程与全球参与人数统计如表3-3所示，可以发现自2016—2017学年实施新的发展规划以来，参与全球课程或跨文化课程的学生数量大幅上升，2020年秋季通过GCC的学生数量增加了一倍。

（4）关注全球议题和挑战。在全球化环境中，寻找共识性问题是促进沟通并提升凝聚力的关键。FSU以全球公民、跨文化冲突和管理、消除贫困、安全饮水等为主题，使不同背景下的学生都能够迅速地融入活动中。

表3-3 全球化证书课程与全球参与人数统计

参与项目	2016—2017学年	2017—2018学年	2018—2019学年	2019—2020学年	2020—2021学年	2021—2022学年
全球视野课程参与人数/名	536(536)	643(930)	750(1010)	858	965	1072
全球基础课程参与人数/名	—	210(210)	230(165)	250	270	290
全球参与课程参与人数/名	86(86)	129(267)	172(248)	214	257	300
全球胜任力辅修项目参与人数/名	391(391)	457(518)	524(600)	590(683)	656	723
全球公民证书课程参与人数/名	103(103)	136(131)	169(133)	202(201)	234	267
全球伙伴证书工作坊参与人数/名	175(175)	190(231)	204(269)	219(282)	234	248
海外学习国际项目参与人数/名	2379(2379)	2478(2544)	2577(2723)	2677	2776	2875

注：括号外为计划参与人数；括号内为实际参与人数，部分年份数据缺失。
数据来源：根据佛罗里达州立大学官网内容整理所得（截至2022年2月）。

第三节 基于内容分析的培养模式案例解构

本章前半部分介绍了几所研究型大学的典型实践，本节通过建立分析框架、跨案例比较和内容分析方法，提取培养模式构成要素。

一、基于组织一致性模型的内容分析

（一）内容分析的步骤

内容分析通常包含五个步骤：提出研究问题或假设；建立意义单元；确

定分析框架；识别与编码；分析结果呈现（马文峰，2000；邱均平、邹菲，2004）。

第一步，提出研究问题或假设。在进行内容分析之前，要先明确分析目的，然后加强资料搜集与整理。本书中，研究目的、问题已较为明确，因此直接以"全球胜任力"等关键词遴选培养实践，再从案例大学的官方网站中搜集资料并进行编译，即可整理出案例文本。为确保内容效度，本书还对国内案例大学主管本科生全球胜任力培养和国际化工作的领导、教师以及学生进行了半结构化访谈。

第二步，建立意义单元。意义单元是编码员在通读文本材料后，根据能够展示特定意义的语句、段落、人物等进行提取和呈现的。本书的分析单元主要包括培养模式要素的文本内容、实践案例、具体措施和理念标准等。建立意义单元的目的是分割培养内容，为后续构建培养模式提供素材。

第三步，确定分析框架。在建立意义单元后，还需要将这些意义单元进行逻辑归纳。因此，在进行归纳之前就需要确定一个分析框架，随后再按照分析框架的标准加以分类和统计（吴建南、马亮，2007）。马文峰（2000）认为，分类框架应尽可能详尽，确保所有分析单元都能被纳入，避免遗漏或没有归属的情况发生，同时类别之间应互斥。本书将在后续内容中进一步明确分析框架。

第四步，识别与编码。在根据分析框架归类分析单元后，应继续进行培养要素识别。根据识别的意义单元，逐一归类并进行标签化，即编码。为了保证编码信度，两个研究者逐一分析文本材料并达成一致，完成初级编码。由于编码过程中分歧较小，本书不再赘述信度分析过程。

第五步，分析结果呈现。

（二）建立内容分析框架

内容分析框架主要作用于文本单元的逻辑归类，其首要价值在于对意义单元进行完整分类，而非在类别之间构建逻辑合理的框架（马文峰，2000）。因此，在正式开展内容分析之前，本书需要基于组织一致性模型，结合现有的全球胜任力培养模式研究文献，构建一个系统的内容分析框架。

当前，关于全球胜任力培养模式众说纷纭。有学者指出，为了帮助学生获得国际环境中的胜任力（competence in global environment），高等教育机构应推进以下方面：加强外语学习；加强跨文化理解和全球理解教育；开展国际理解课程、海外实习；注重院系发展；关注国际教育；建立大学联盟；开展国际高等教育合作；与当地社群协同推进人才培养等。美国亚洲国际教育中心（Asia Center for Global Education）（2021）提出，可以从六个维度着手：将全球胜任力作为任务、使命和文化；在课程、作业和评价中关注全球议题；围绕全球职业发展开设研讨活动；与社区一同开展全球焦点话题活动；将全球胜任力视为学生的学习成果；开展面向全球胜任力的管理变革。OECD（2019）认为，全球胜任力的大规模培养需要教师领导力、学校领导力、系统领导力以及全校参与、资源整合等的协同。

组织一致性模型主要通过考察组织投入、转换过程中的各要素与组织产出之间的匹配程度，来判断组织运行的合理性，分析组织运行中的问题，进而寻求解决方案（屈廖健，2020）。本书主要关注如何根据组织运行机制（即组织要素）来确定相应的投入（如办学理念、培养目标等），并完善组织运行机制（组织模型）。因此，内容分析阶段主要考察投入与产出要素。综上所述，本书搭建了如表3-4所示的内容分析框架。

表3-4　内容分析框架

组织构成	维度	关键要素	分析要点
投入机制	办学理念	办学愿景	办学体系设计、资源配置方式等
		培养目标	人才培养目标、培养规划等
		政策设计	发展规划、制度、战略设计等
	资源条件	管理保障	管理投入、政策保障等
		财政保障	资金投入、冠名基金等
		校园文化	基建设施、文化投入等
转换机制	组织结构	正式组织	学校领导机构、国际合作管理、教学管理机制等
		非正式组织	学习小组、未注册组织等
		组织人员	师资和学生、管理服务人员等
	培养过程	课程体系	主辅修课程、证书课程、课程体系设计等
		实践体系	国际交流计划、国际实习实践、场地实习、模拟活动、学生组织活动等
		教学体系	教学方式、跨学科教学、课程设计等

资料来源：自行总结所得。

投入机制是指，大学为达成人才培养的战略目标而投入的资源等支持要素，包括办学理念和资源条件两个维度。Nadler（1981）的经典组织一致性模型中，投入（inputs）主要包含环境（制度要素）、资源（软件、硬件投入)、历史(制度惯性)和战略(战略和规划)四个部分。本书认为,投入机制主要包含办学理念和资源条件两个维度。办学理念是对学校发展应然状态的思考,作为学校发展的定向,能够提供OECD(2019)和美国亚洲国际教育中心(2021)研究中所说的高校开展全球胜任力培养的系统领导力。因此,对办学理念的案例研究主要考察大学的国际化人才培养理念、发展战略与具体政策机制,与经典组织一致性模型中"投入机制"的战略目标和历史等相对应。资源条件是学校为了实现办学理念而设计的一套支持系统。对资源条件体系的案例研究主要考察财政资金、管理政策、校园文化等,与经典组织一致性模型中投入机制的环境、资源、战略和历史等相对应。

转换机制是指,在特定投入下为了实现战略目标而设计的组织机制,任务、人员、正式组织安排、非正式组织等组织要素之间的匹配程度是组织是否有效的关键(Nadler,1981)。本书认为,全球胜任力培养模式的转换机制主要包括组织结构和培养过程。组织结构是在实现任务过程中建立或涌现的结构、过程和方法,包含正式组织和非正式组织。正式组织是经过管理者设计的具有规范性的社会系统。非正式组织是在组织内部的社会交互中涌现的。非正式组织能够通过独特但有价值的方式激励员工,从而实现对正式组织的补偿性匹配(compensatory fit)(Gulati,2009)。本书中,正式组织通常是由学校领导部门批准成立的实体和虚拟机构,如学校领导机构和国际合作管理机构等,政策合法性和运行稳定性较高,非正式组织是成员相互认同而形成的非强制团体,如学习小组、活动团队等。人员构成是组织结构的重要特征,包括师资、学生和行政管理人员等。培养过程是指,为了完成组织目标而制定的基本工作,由正式组织、非正式组织或个体来执行。本书中的培养过程主要包括课程体系、实践体系和教学体系。课程体系包括课程组织形式、课程内容和重点主题,书中主要关注主辅修课程、证书课程等具体课程;实践体系包括国际实习实践活动安排等,典型的实践体系构成包括国际交流计划、国际实习实践等;教学体系包括教学过程的整体架构、教学方法和教学结果评价等,如是否开展跨学科教学等。

在经典组织一致性模型中,我们还需要考察组织产出,包括组织层面、小组层面和个人层面的绩效。具体来看,组织层面的绩效是指人才培养目标的达成度、投入资源的利用程度、学校在教学上的声誉等。小组层面的绩效是指学生的成绩和活动参与度的提升等。个人层面的绩效是指个人能力的提升对职业选择和发展前景的影响等。全球胜任力培养模式的效果存在滞后性、测量难度较大、数据可获得性不高,因此本书将分析重点置于投入机制和转换机制方面。

二、培养模式的案例比较

本书梳理了几所研究型大学关于全球胜任力培养的案例。为了展示不同研究型大学的工作重点,并便于提炼内容分析中的环境要素,本节将从办学理念、资源条件、组织结构和培养过程四个维度,对案例内容进行横向比较。

(一)办学理念比较

办学理念维度要点比较如表3-5所示。从表3-5可知,不同大学的办学愿景、培养目标和政策设计存在些许差别。从共同点来看,大学都关注学校和学生在全球舞台上的竞争力,政策上以发展规划、愿景报告和办学设计等内容为核心。

表3-5 办学理念维度要点比较

案例大学	办学愿景	培养目标	政策设计
哈佛大学	从"美国的大学"到"世界的大学"	培养未来世界的领导者	学校层面的改革报告
开普敦大学	"让21世纪成为非洲的世纪"	全球公民精神	发展规划和愿景
巴黎政治学院	站在"统治阶级的十字路口"的大学	理解世界,使世界变得更好	三种学位类型,本硕贯通的国际化培养
东京大学	成为世界一流的教育平台	培养具有国际化特色和开拓精神的领导者	制定发展规划、撰写愿景报告
清华大学	肩负使命,追求卓越	全球视野、中国情怀	发展规划和具体路线
联合国和平大学	成为促进世界和平的高等教育机构	为和平而教	遵循办学宪章和理事会的指导

(二)资源条件比较

资源条件维度要点比较如表3-6所示。在管理保障层面,大学主要通过搭建具有全球性的交流平台,出台相应的政策文件,通过治理和管理改革为大学的国际化保驾护航。在财政保障层面,大学主要依托国家财政和基金资助等,保障全球化活动的开展。在校园文化层面,大学倡导国际化、多样化和公平互动的文化环境,如提升对不同语言文化背景、种族群体的包容性,消除制约师生交流的障碍等。

表 3-6 资源条件维度要点比较

案例大学	管理保障	财政保障	校园文化
哈佛大学	依托校友搭建全球性交流合作平台，派遣本科生	吸引企业提供基金	吸引国际学生和教师，提供优质的国际服务
开普敦大学	加速学校治理结构转型，确保在国际化方面的投入	—	营造更加公平、自由和平等的校园环境
巴黎政治学院	多校区和多语言环境，国际合作办学交流政策	专门的基金资助	多元的语言文化环境
东京大学	国际交流部门和文理学院，加入国际性大学联盟	项目资助，国家财政支持	全球校园建设
清华大学	制定专门的国际交流管理文件和资助政策	专门的财政资金支持和赞助基金	基础设施和跨文化交流的软件、硬件设施升级
联合国和平大学	与国际组织、各国政府、大学等合作	各协议国援助、社会资金资助	高度国际化，贯彻联合国理念

（三）组织结构比较

组织结构维度要点比较如表 3-7 所示。大多数大学都建立了以国际事务办公室及其附属机构为主的正式组织，但不同大学之间差异较大。非正式组织主要强调学生社团、俱乐部以及朋辈互动等，以提升跨文化交流能力。组织人员以提升师生的国际代表性和多样性为主，同时提升管理服务人员的国际化能力。

表 3-7 组织结构维度要点比较

案例大学	正式组织	非正式组织	组织人员
哈佛大学	以 OVPIA（国际事务副教务长办公室）为核心的国际事务管理机构	国际化的学生社团和俱乐部	国际化的师生和校友
开普敦大学	国际办公室	利用本土的国际化资源和社区进行服务的组织	吸引留学生

续表

案例大学	正式组织	非正式组织	组织人员
巴黎政治学院	高度自治，独特的治理结构，丰富的国际合作经验	俱乐部和同伴小组	国际学生比例达到50%，多样性较强
东京大学	积极加入大学联盟，在国际上发挥作用	—	提升国际教师和职工的比例
清华大学	布局分支机构，进行国际学生管理改革	全球胜任力中心，朋辈小组，文化节团队	教职工国际能力提升计划
联合国和平大学	由联合国专门的理事会负责指导相关工作	—	师生具有国际代表性

（四）培养过程比较

培养过程维度要点比较如表3-8所示。课程体系主要包括课程体系改革，如分布式课程体系改革，增加全球化内容模块，关注热门国际主题活动，开设证书课程和工作坊等，这些形式的改革能够有效丰富学生的全球化知识。

实践体系十分强调塑造包容平等、互相尊重的跨文化意识，提升学生文化艺术鉴赏、社区服务、实地考察和跨国交流能力，让学生认识社会的多样性，提升学生的跨文化适应能力。

教学体系主要强调引入适合提升学生全球性问题分析和解决能力的教学方法。例如，重视跨学科研讨、多学科教学以及强调通过情境式模拟再现国际活动的真实情况等。为了提高学生分析和解决全球性问题的能力，大学注重引导学生关注非发达经济体的相关议题。

表3-8 培养过程维度要点比较

案例大学	课程体系	实践体系	教学体系
哈佛大学	分布式通识课程，大幅增加全球化内容模块	全球企业实习实践，科研交流与合作	从跨学科视角关注国家的历史
开普敦大学	全球公民证书课程，专业课程的国际化内容	解决本地的跨文化问题，参与社区活动	丰富课程内容设置，重视方法
巴黎政治学院	分布式课程设置，内容宽、方法扎实	艺术实践、国际学术交流	跨学科学习、国际专题学习

续表

案例大学	课程体系	实践体系	教学体系
东京大学	课程体系建设，多种类型的全球胜任力课程，学位课程	重视跨国实践和田野活动	关注新兴经济体发展主题
清华大学	开设证书课程、工作坊与跨文化活动	海外"一带一路"实习实践，校内国际交流	专题讲座、跨学科研讨、模拟竞赛
联合国和平大学	关注与国际组织密切相关的主题	考察特定地区的国际性问题	从多学科角度出发解决全球性问题

三、培养模式关键要素的编码分析

（一）内容分析编码过程

本书的编码过程严格依照前述的分析框架展开，仅个别关键要素根据案例内容进行了适当调整，最终编码结果如表3-9所示。根据编码结果中各要素的构成情况，作者对各要素进行了命名。为了确保内容分析的判别效度，作者和另外一位课题组成员共同开展编码工作。编码结果采用Holsti公式进行计算，采取以下信度判断公式计算编码信度。

$$R = \frac{nk}{1+(n-1)k}$$

其中，R为信度，n为样本量，k为相互同意度（即两个编码员之间编码结果的一致性程度）。k的计算方法如下。

$$k = \frac{2M}{N_1 + N_2}$$

M为两个编码员完全一致的条目数量，N_1和N_2分别为两个编码员分析的条目数量。开放式编码结束后，本书计算了各个关键要素中两位编码员之间的相互同意度，并将信度展示在表中。Lombard（2005）认为，在大多数内容分析编码过程中，只要编码的一致性系数在0.8以上，基本都可以接受。余红（2004）认为，编码的一致性系数只需达到0.7即可。为了提升研究效度，本书后续又引入了匹兹堡大学和浙江大学的案例进行检验。引入新的案例后，我们发现内容分析结果并未发生明显变化，因此相关材料的频次并未纳入统计。综上所述，我们可以认为本次内容分析结果的信度、效度处于可接受或良好的水平。

表3-9 内容分析的编码结果

维度（条目数）	关键要素	频次（占比）	一致性系数
国际化办学理念（28）	国际化办学愿景	12（7.06%）	0.91
	建立国际战略规划	6（3.53%）	0.90
	国际化人才培养目标	10（5.88%）	0.93
保障国际化办学的资源条件（33）	专门财政支持	9（5.29%）	0.94
	基础设施建设	9（5.29%）	0.85
	资源共享平台建设	8（4.71%）	0.86
	国际传播体系	7（4.12%）	0.82
支撑国际化的组织结构（50）	国际事务专门机构	13（7.65%）	0.89
	国际教育机构	8（4.70%）	0.88
	开展国际化活动的虚拟组织	12（7.06%）	0.79
	国际化的人员构成	17（10.00%）	0.91
促进全球化能力的培养过程（59）	全球化课程体系	18（10.59%）	0.92
	跨文化实践活动	22（12.94%）	0.91
	情境化教学方法	19（11.18%）	0.93

资料来源：根据分析结果整理所得。

（二）内容分析结果与讨论

根据编码结果的频次统计，总共产生了170条初级编码。其中，28条（占比16.47%）为国际化办学理念，33条（19.41%）为保障国际化办学的资源条件，50条（29.41%）为支撑国际化的组织结构，59条（34.71%）为促进全球化能力的培养过程。从编码结果来看，促进全球化能力的培养过程的出现频率最高，且促进全球化能力的培养过程中的关键要素的出现频次显著高于其他要素，随后依次是支撑国际化的组织结构、保障国际化办学的资源条件和国际化办学理念。

具体来看，国际化办学理念包含国际化办学愿景、国际化人才培养目标和建立国际战略规划。其中，国际化办学愿景的出现频次最高。保障国际化办学的资源条件包含专门财政支持、基础设施建设、资源共享平台建设和国际传播体系，这些关键要素的出现频率比较稳定，均介于7—9次。支撑国际化的组织结构包含国际事务专门机构、国际教育机构、开展国际化活动的虚拟组织和国际化的人员构成，国际化的人员构成和国际事务专门机构的出现频次高达17次和13次，被频繁提及。促进全球化能力的培养过程包括全球化课程体系、跨文化实践活动、情境化教学方法，这三类关键要素的出现频次均超过15次。

从培养模式要素的出现频次来看，促进全球化能力的培养过程改革是大部分大学全球胜任力培养实践的核心，支撑国际化的组织结构和保障国际化办学的资源条件作为支撑和配套。相较之下，国际化办学理念调整的频次最少。结合案例研究和内容分析结果，研究型大学本科生全球胜任力培养改革存在差异协同、相互联动的特点。第一，从改革方向上看，研究型大学主要关注国际化办学理念、保障国际化办学的资源条件、支撑国际化的组织结构和促进全球化能力的培养过程四个方面，围绕上述四个方面配置人力、财力、物力。第二，从改革力度上看，研究型大学重点关注跨文化实践活动（12.94%）、情境化教学方法（11.18%）、全球化课程体系（10.59%）、国际化的人员构成（10.00%）四个关键要素，围绕这些关键要素出台大量政策、投入较多办学资源，在各类文本中也反复提及相关内容。第三，从改革的延续性上看，一方面，一些研究型大学长期坚持国际化办学理念不动摇，如哈佛大学在20世纪初就提出要培养了解世界问题而不是仅对美国有一孔之见的学生，还长期坚持"世界的大学"的办学理念，清华大学、匹兹堡大学、东京大学也都围绕国际化办学理念提出了5年以上的长期规划且较少在国际化办学理念上作出显著调整，巴黎政治学院和联合国和平大学更是在办学架构和人员构成上深深地植入了全球化的基因；另一方面，与长期坚持国际化办学理念不同的是，一些研究型大学不断对促进全球化能力的培养过程进行迭代式改革、评估与修正，呈现小步快跑的特征。

第四节 本章小结

本章从"研究问题一：研究型大学本科生全球胜任力培养模式的关键要素有哪些？"出发，选取了几所具有代表性的研究型大学进行探索性案例分析。首先，本书明确了案例研究的方法，根据研究需求选择案例大学，并逐个对案例大学的重要做法和举措进行了阐释和分析。其次，对案例大学培养模式的特色和特点进行了比较和解释。最后，展示了基于案例大学的内容分析结果，包括研究型大学本科生全球胜任力培养模式的关键要素及其出现频次等。

通过本章研究，本书得出了如下结论：第一，明确了研究型大学本科生全球胜任力培养模式的关键要素，包含国际化办学理念、保障国际化办学的资源条件、支撑国际化的组织结构和促进全球化能力的培养过程；第二，分析了培养模式中关键要素与政策强度之间的关系，发现促进全球化能力的培养过程是培养模式改革的高频点，支撑国际化的组织结构和保障国际化办学的资源条件次之，国际化办学理念的调整频率较低，研究型大学本科生全球胜任力培养模式改革呈现长期坚持国际化办学理念与小步快跑的高频次培养过程改革并存的特征；第三，本书还通过案例研究展示了研究型大学培养模式改革的具体做法，包括课程体系调整、课程内容建设和组织结构改革等。

通过本章研究，研究者能够回答"研究问题一：研究型大学本科生全球胜任力培养模式的关键要素有哪些？"这一问题。但由于本章对大学的培养模式进行的关键要素解构是基于传统全球化理念的，关键要素之间的逻辑关系还未建立。因此，第四章将系统阐述新全球化背景下的培养模式以及关键要素，并通过解释结构建模梳理关键要素之间的关系，进而构建培养模式的理论模型。

第四章 研究型大学本科生全球胜任力培养模式建构研究

第三章分析了研究型大学本科生全球胜任力培养模式,提炼了关键要素。然而,上述分析过程还不足以直接建构全球胜任力培养模式:一方面,案例大学多基于传统全球化理念开展人才培养,只能提供有限的办学经验;另一方面,案例研究能够描述培养过程但无法结构化展示关键要素,而内容分析虽能以量化形式展示关键要素但无法体现其中的逻辑关系(习勇生,2017)。承接上述研究,本章主要讨论如何在新全球化背景下,建构要素完整且符合逻辑的培养模式。首先,本章从新全球化背景出发,对全球胜任力培养模式关键要素进行诠释。其次,本章引入解释结构模型,以图形化方式展示关键要素之间的关系,阐明培养模式的形成过程。最后,本章根据关键要素之间的逻辑关系,提出培养模式的理论模型、协同机制和运行对策。

第一节 全球胜任力培养模式构成要素分析

在第三章中,本书已经初步提取了研究型大学本科生全球胜任力培养模式的关键要素,但上述培养模式仍然是传统全球化理念的产物。因此,本节主要从新全球化情境出发,结合案例分析结果和文献研究,阐述全球胜任力培养模式的关键要素。

一、面向新全球化的办学理念

办学理念是学校对自身发展应然状态和可能途径的思考,会随着时代变化和学校发展而变更,是大学发展之魂,对大学的发展起着关键的引领作用(朱艳,2012)、指导作用和定向作用(眭依凡,2000)。新全球化的办学理念是当代我国大学培养本科生全球胜任力的出发点,也是培养活动的认识基础。在全球化经济一体化的时代背景下,国际化是研究型大学的基本特征之一,更是将自身建设为高水平研究型大学的必要途径(刘洁,2010)。原哈佛学院院长(1995—2003年)哈瑞·刘易斯(Harry Lewis)曾将哈佛大学21世纪的改革举措形容为"从一所美国的大学成为一所世界大学,就像20

世纪哈佛大学从一所地区性学校发展成全国性大学一样"。从哈佛大学、匹兹堡大学和东京大学的实践来看，全球化的办学理念还应服务于国家战略，依托国家、地区和行业的全球化进程整合办学资源，担负起全球化人才培养的使命。因此，中国的研究型大学应当坚持人类命运共同体理念，以培养新全球化人才为目标。

在全球胜任力培养过程中，办学理念能够提供系统指导，进而根据自身特色明确办学目标，并建立起相应的监督、评估和保障体系（胡德鑫，2017）。OECD（2016）认为，全球胜任力培养需要自上而下的教育理念变革，从国家教育系统以及州、省教育部门和学校都要树立起开放办学的培养理念，为培养模式改革提供系统领导力（systemic leadership）。Juan（2006）指出，办学理念能够为全球胜任力改革提供系统性路径（systemic reform），原因如下：一是办学理念能够统一目标，从而为学生提供高标准的成就期望，使他们达成心理契约；二是办学理念能够对治理机制甚至行业标准进行重构，同时提升办学资源再分配的合法性；三是促进系统之间的协作，从而达成实习机会共享、选修课程设计、完善解释机制等。

此外，培养全球化人才不仅需要理念引导，更需要根据人才培养理念制定政策体系，以指导、保障和规范培养过程（郝丹丹，2020）。国际化办学理念的贯彻和落实还需要发展战略（李燕燕，2011）、发展定位和办学目标国际化的保障（农春仕，2021），并在内部治理措施上与办学理念保持一致（龚成，2018）。总而言之，制度建设是办学过程中整合校内外资源，进而构建高效的国际化人才培养模式的前提（季波，2019）。

在办学理念的指导下，学校通常从全球化的知识（knowledge）、能力（skill）和价值观（value）三方面凝练培养目标。知识上，要具备全球各国尤其是后发地区的政治、经济、文化和宗教方面的知识，了解重要的全球议题和国际规则。能力上，要能够运用外语进行沟通，了解文化差异并学会处理文化冲突，能够从全球情境和其他国家与地区的文化视角进行反身性思考。价值观上，要从人类命运共同体视角出发，秉持开放性、灵活性和包容性的心态，尊重事物的多样性和关联性，以积极的态度欣赏其他信仰和文化。中国的研究型大学要抓住新全球化时期中国积极参与全球治理和发起全球议题的契机，在践行"一带一路"倡议和人类命运共同体理念过程中提升全球胜任力，关注"一带一路"合作伙伴的经济动态、政治诉求和历史传统。综合案例研究和文献研究，本书认为面向新全球化的办学理念如表4-1所示。

表 4-1 面向新全球化的办学理念

维度	要素	传统培养模式的典型案例
面向新全球化的办学理念	以构建人类命运共同体为办学愿景	哈佛大学：成为一所全球性大学； 匹兹堡大学：成为全球性的会聚点； 清华大学：国际化办学能力和全球影响力； 开普敦大学："让21世纪成为非洲的世纪"
	将全球胜任力培养纳入学校战略规划	匹兹堡大学：国际计划框架等； 清华大学：全球战略以及《清华大学事业发展"十三五"规划纲要》等； 浙江大学：《浙江大学全球开放发展行动计划（2020—2022）》
	以培养新全球化人才为目标	哈佛大学：将学生培养为未来世界的领导者； 清华大学：培养具有全球胜任力的拔尖创新人才； 巴黎政治学院：站在"统治阶级的十字路口"

资料来源：根据案例和文献内容总结所得。

二、保障全球化培养的资源条件

培养模式的运行需要一系列资源与条件作为支撑（刘明浚，1993；董泽芳，2015）。大学在国际化办学过程中，不仅需要整合现有办学资源，更要通过提升影响力和办学能力在全球范围拓展和配置办学资源，为大学的长远发展提供保障（伍宸，2019）。

全球胜任力培养模式的构建与运行，要先整合校内外相应资源。郑淳（2020）对大学全球胜任力的利益相关者进行分析后，将资源投入和保障来源分为两类：一是大学及行业、企业的资金、资源和组织领导资源投入；二是家长和教师的人力资源投入。伍宸（2019）认为，与国际化办学相关的教育资源包括全球性的学术声誉与影响力、全球性的师资与生源、全球性的科研项目与办学经费等。叶怡芬（2019）认为，国际教育教学联盟可以增进大学之间的课程标准对接、内容共享和相互交流等。总体来看，全球胜任力培养模式的资源条件体系通常来自政府层面、产业界或企业层面、学校层面。

政府层面，可以通过政策工具推动全球胜任力培养，如促进合作办学，创建海外教育平台，对西部地区办学进行扶持等（刘晓光，2020）。美国国家科学基金会（National Science Foundation, United States）成立了专门的基金资助学生的对外交流，90%的参与过该交流项目的学生表示自己更适应多元化的工作环境（Gerhardt，1999）。产业层面，欧洲的大学尝试运用信息技术打通学校与产业、国家与地区之间的合作屏障，创造多组织、国际化的产业和学术平台（Utsumi，2006）。这些实践均表明，大学与跨国企业联合培养是提高学生国际化能力的一种办法（Abanteriba，2006）。学校层面，通常包括国际化信息服务设施，国际化的科研合作网络，主管部门的重视和支撑，根据学校战略理念执行的资源配置策略（薛珊，2012；廖忠，2013；郝丹丹，2021）。

全球性大学还十分注重对外传播途径建设，以提升自身的国际声誉。例如，哈佛大学的相关宣传资料、重要著作和文件政策等被翻译成70多种语言，供全球范围的学生和相关人士阅读。同时，哈佛大学还积极建设面向全球的开放式资源共享平台，如风靡全球的哈佛大学公开课，既能够传递哈佛大学的办学理念和价值观，也能对学校自身品牌进行营销。东京大学和联合国和平大学注重与新兴经济体和中小发展中国家合作，以期提升全球视野，提高学校国际影响力。案例分析还表明，国际传播体系包括面向全球展示学校活动、构建全球性的校友网络、国际化在线学习平台三个方面，这是学校拓展国际传播渠道，提升国际声誉和影响力，进而吸收优质科研教学资源的途径。

综上所述，在新全球化时代，资源条件方面包括专门财政支持、全球化交流设施建设、全球性资源共享平台以及国际传播体系建设等。本书认为新全球化背景下，保障全球化培养的资源条件如表4-2所示。

表4-2 保障全球化培养的资源条件

维度	要素	传统培养模式的典型案例
保障全球化培养的资源条件	专门财政支持	政府拨款、基金会赞助支持学校的国际化工作；设立专门国际化交流活动的基金或项目；跨国企业冠名国际交流项目等
	全球化交流设施建设	匹兹堡大学：升级通信基础设施，以保障全球范围的沟通； 清华大学：改造校园和宿舍环境，建设亚洲青年交流中心等交流场所以及进行校园英文标示和网站建设

续表

维度	要素	传统培养模式的典型案例
保障全球化培养的资源条件	全球性资源共享平台	哈佛大学：建设校友网络和国际交流平台；通过科研与教学合作建立合作伙伴关系； 匹兹堡大学：通过亚洲教学联盟加强与亚太少数族裔的跨文化联系和交流； 东京大学：加入国际大学联盟； 联合国和平大学：与国际组织或各国政府合作
	国际传播体系建设	面向全球展示学校国际活动的资料；组织国际赛事；建设全球校友网络；基于校友网络推动国际合作，增加实习机会；面向全球开放的在线学习平台，如哈佛大学的开放在线课堂平台（edX）、清华大学的学堂在线等

资料来源：根据程序运行结果整理所得。

三、服务于新全球化人才培养的组织结构

组织结构是一个组织内部正式的工作安排和人员构成情况。组织战略变化会导致组织结构的改变，以便更好地实现战略目标（Chandler，1962）。国际化办学必须依靠结构和功能完备的组织来推进资源拓展、制度与文化建设，从而实现国际化目标（伍宸，2019）。邢浩（2019）从政策工具视角分析了全球胜任力培养的制度设计问题，认为需要在把握正确价值取向的前提下进行制度建设，以权威性工具约束和调控教育教学活动，以激励性工具调节资源配置和效率，以环境性工具产生持续塑造作用。

从组织设计的角度来看，全球胜任力培养需要专门管理机构负责，以整合资源、组织各类活动。耿殿磊（2007）认为，国际化人才的培养需要以常态化的国际合作网络、高效的教学管理和质量保障体系为前提。路美瑶（2018）调查发现，学校的国际化制度、国际化师资队伍建设、国际化课程

设置、国际教育交流与合作项目是学校层面影响培养效果的因素。例如，辛辛那提大学的国际项目（internaltional cooperation program），由亚洲研究项目组（Asian studies program）负责具体实施和考核，学生在修完语言和文化课程并完成8个月的顶点分配/实习（capstone assignment/internship）后，将完成证书课程作为结业证明（Elliott，2012）。清华大学成立了清华大学学生全球胜任力发展指导中心，开展五大服务：提供课程、工作坊、咨询服务、情境训练和在线学习（廖莹，2021）。

全球胜任力培养还需要组织机构充分利用校内资源，尤其是国际教师和学生等带来的多元文化资源。随着国际化程度和政策补偿等的提高，少数民族群体、留学生群体和弱势群体的入学比例会提升（Cushner，2002）。为了服务多样化的群体，大学需要具备更高的国际化管理能力，对教职工和学生处理跨文化和全球事务的能力提出了更高要求（OECD，2019；Andrew，2012）。同时，多样性群体构成带来的文化资源优势，有助于提升跨文化交流的频率（陈诗豪，2020）。Siczek（2015）提出了丰富本校教职工的国际知识，扩展课外阅读，将写作课程作为全球参与的契机，推动多样性的研究团队一同开展课堂活动或进行课堂作业等。

综上所述，结合案例研究结论，以新全球化人才培养为目标的组织结构通常包含校、院两级正式组织以及多个非正式组织。首先，校级层面负责全球活动和国际事务的机构要负责汇聚、分配、监督国际活动资源，尤其应关注与"一带一路"合作伙伴之间的教育合作。其次，专门负责全球胜任力培养的实体或虚体机构要更多地关注中小发展中国家和地区的经济增长、文化多样性等。此外，大学还应成立一些非正式的虚拟组织，作为正式组织的补充，以开展国际活动并促进国际学生与本土学生交流，如哈佛大学的first-year global day（主要由在读学生组成的为国际学生提供支持和咨询服务的志愿组织）和匹兹堡大学全球枢纽（global hub）等。最后，人员构成也是大学组织结构设计的关键要素，一所全球性大学应当吸引来自各国、各地的师生、实践导师、行政服务与管理人员，打造具有多样化和包容性的校园环境。

本书认为，新全球化背景下服务于新全球化人才培养的组织结构如表4-3所示。

表 4-3　服务于新全球化人才培养的组织结构

维度	要素	传统培养模式的典型案例
服务于新全球化人才培养的组织结构	全球活动和国际事务专门机构	哈佛大学：国际事务教务长办公室（提供校级国际事务政策）、二级学院的哈佛国际办公室（提供签证和移民服务）和哈佛国际教育办公室（提供国际学生的课程和学术服务），以及地方办公室，如哈佛大学上海中心等； 清华大学：国际合作与交流处、全球创新学院（GIX）、米兰艺术设计学院等
	全球胜任力培养的正式机构	匹兹堡大学：全球参与办公室； 清华大学：学生全球胜任力发展指导中心； 浙江大学：学生国际化能力培养基地
	开展国际化活动的虚拟组织	哈佛大学：国际学生组织以及 first-year international program（国际大一课程）为即将进入哈佛大学就读的国际学生提供跨文化适应与交流的机会； 匹兹堡大学：全球枢纽（global hub）和"迎接你的匹兹堡大学"（Pitt to You）以及匹兹堡大学在新冠疫情期间的虚拟交流活动、线上学习交流小组等
	全球化的人员构成	清华大学邀请从事国际商务或国际政治活动的人士以及国际化经验丰富的学生作为实践导师； 国际化的行政管理与服务队伍； 匹兹堡大学、清华大学教职工国际能力发展计划； 部分大学国际交流处聘用美籍专家担任副处长等

资料来源：根据案例和文献总结所得。

四、面向全球雇佣市场的培养过程

培养过程，指通过课程教学、实践活动等培养方式使学生具备全球胜任力的过程。伴随冷战结束以及交通技术的发展、全球治理能力的提高，全球的交流频率和强度大大提升，人才的全球流动频率也迅速增加，企业可以在全球范围选拔优秀人才以提高自己在全球市场上的竞争力（ACE，1995；Becker，2006；弗里德曼，2008）。企业的国际化战略将影响企业的市场开发和价值链重塑，最终演变为公司的竞争优势，如品牌价值提升、市场占有率、高质量合作网络的形成等（Yeniyurt，2005）。跨国企业的研发、生产、销售和维护都必须依赖全球各地的合作伙伴，因此跨国企业不得不寻找为全球化做好准备的大学毕业生（Parkinson，2007）。在全球化时代，一些曾经属于精英人士拥有的外语、跨文化沟通、跨文化领导等能力，已经成为普通人日常生活和工作中必不可少的能力（叶珍玲，2019）。

当前，我国高校培养的人才与企业全球化发展的需求之间仍存在一定差距，表现为员工缺乏全球胜任力、难以胜任外派或对外服务工作，以及跨文化适应能力不足、管理者缺乏全球化管理的能力与经验等（肖芬，2012；高世葵，2012）。

面向全球雇佣市场的全球胜任力培养包含多种具体要素。李新（2019）认为，课程体系、教学策略和教师的教学水平是培养全球胜任力的主要路径。Lohmann（2006）认为，全球胜任力培养的课程形式有双学位课程、主辅修课程、证书课程等。Parkinson（2007）认为，国际交流、交换生计划、国际实习、国际研学旅行和野外实习等是主要途径。徐丹（2019）认为，要通过以专题学习为主的讲座、研讨会等培养学生的全球胜任力。

根据内容分析结果可以发现，全球化的课程体系、情境化教学方式与跨文化实践活动，是帮助人才在全球舞台和雇佣市场取得成功的关键。面向全球雇佣市场的培养过程示意图如图4-1所示，课程体系是培养的主要载体，面向全球胜任力的课程体系既要注意课程衔接，还要综合专业课程、通识课程、证书课程、工作坊、弹性课程。教学方式指在课程体系框架内形成的能够提升全球胜任力的教学策略或教学设计范式，其形式多样，充分考虑到以知识、能力、价值为核心的综合能力的培养，包括国际专题学习、全球热点研讨、情境模拟教学。实践活动是让学生体验和参与跨文化活动，积累解决跨文化问题和国际问题的经验，包含海外科研训练、"在地国际化"活动、跨境学术交流、国际实习实践。

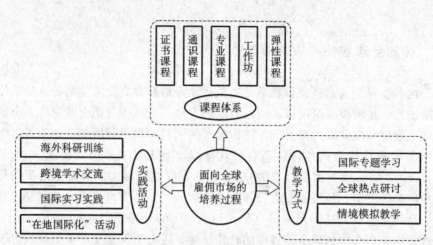

图 4-1 面向全球雇佣市场的培养过程示意图

（一）面向全球化知识储备的课程体系

调整课程体系以及增加相关的辅修专业、通识课程、专业课程或证书课程等是较常见的方法。针对特定知识需求增设辅修或专门课程也较为常见。

Lohmann（2006）提出，在主修专业之外增设国际研究和第二外语辅修课程。胡德鑫（2017）提出，可以从课程内容、课程管理、教学方式、外语教学等多方面入手，增设专门的国际课程，穿插前沿知识，推进弹性课程体系。辛辛那提大学开设了国际合作项目（international cooperation program）以满足工程类专业学生全球胜任力培养需求，辛辛那提大学借助学校的亚洲研究项目（Asian studies program）中相关的跨学科资源（包括语言、政治、经济、历史、地理等），使得学生可以通过主修（major）课程、双学位（double major）课程、辅修（minor）课程或证书课程（certificate）等来学习外语和跨文化知识（Elliott，2012）。弹性课程有助于利用校内资源为学生提供全球胜任力培养机会，提升学生的知识、语言和跨文化合作等能力。

调整现有课程体系和内容，融入全球知识也是一种途径。常善桐（2013）认为，需要将培养学生全球化知识和技能的课程与专业课有机交融，或将全球化知识和技能纳入通识教育中，以弥补学生的知识和经验短板。刘扬（2018）认为，增设国际前沿课程、双语教学课程、外籍教师课程以及阅读外文论文和学术专著课程、参加国际化课题等是提升研究生国际胜任力的主要方式。杨启光（2020）认为，通识教育与全球胜任力的核心理念具有内在一致性，应借助通识教育包罗万象的课程内容提升学生探索世界、体验文化、相互交流和参与竞争的能力。胡钰（2018）基于海外实践进行了课程开发，提出了"教学课程＋社会实践"的互融课程模式。Parmigiani（2022）指出，在全球胜任力教学中，教师应关注学生对全球胜任力议题的反思，对国际化和文化议题的讨论以及学生的数字素养。

从现有课程设置来看，地理类课程无论是在内容设置、课程标准还是授课形式上都能与全球胜任力培养理念相契合，因此得到了较多关注。例如，有教师围绕地理类课程提出了以全球环境问题、全球发展问题、国际合作与国家安全问题为主要内容的全球胜任力培养体系（王贝贝，2017；王鑫鹏，2021），并以全球胜任力为核心构建了评价体系，完善了基于地理类课程的全球胜任力培养内容（周鑫，2020）。

综上所述，本书总结了面向全球化知识储备的课程体系，如表4-4所示。

表4-4 面向全球化知识储备的课程体系

要素	具体课程	传统培养模式的典型案例
面向全球化知识储备的课程体系	专业课程	在专业课程中增设全球化主题模块，如2019年秋季学期哈佛大学工程与应用科学学院在能源与环境工程的专业课程中开设了"中国负碳技术的发展对全球大气污染和温度变化的影响"的专题讨论（详见案例篇）
	通识课程	哈佛大学开展的通识教育课程，大幅增加全球化尤其是东亚文化主题的课程数量，从而提升学生在跨文化活动中的参与程度
	证书课程	学校或学院开设的与全球胜任力有关的证书课程，如匹兹堡大学的全球研究中的可持续发展、全球治理等证书课程（详见案例篇）；东京大学的可持续发展科学研究生项目－全球领导力计划；浙江大学国际组织精英人才培养计划
	工作坊	匹兹堡大学：跨文化培训班和工作坊；清华大学：全球和跨文化系列工作坊
	弹性课程	东京大学："走向全球之门"项目（详见案例篇）；巴黎政治学院：多学科和弹性课程体系；联合国和平大学：专业课程体系

资料来源：根据案例和文献总结所得。

（二）面向跨文化适应能力提升的实践活动

相比于课程学习主要以丰富学生的国际知识为目的，实践活动更能够让个体应用知识、掌握跨文化技能。Conlon（2004）认为，正式的跨文化培训和课程学习效果往往不好，基于非正式学习的场地实习、参观、文化模拟等往往更受学生和职员青睐，对提升全球职业胜任力效果也更好。周辉（2018）将大学生全球化能力的提升路径分为两类：一是全球化学术经历，如参与全球化问题讨论的课程并获得相关证书以及参加相关的讲座、讨论、会议等并在相关会议上作报告等；二是全球化交往经历，本国学生和外国学生的课程学习交流、社会活动交流、参与以国际化为主题的表演等。常善桐（2013）认为，实践活动还应包括俱乐部、学生组织活动或其他非正式形式活动，以及全球化的主题表演等。

跨境国际交流与文化活动能够提升学生对其他国家及其文化的认知，是一种重要的提升全球胜任力的方法。Parkinson（2007）系统梳理了美国工程类专业学生全球胜任力培养的方式和方法，并将其总结为海外实习、场地实习教学、研学旅行、国际交流等。Cutler（2010）提出，校际之间联合的国际实习项目能够提升学生的全球胜任力。但自然条件下的实践活动，如跨境国际交流和海外实习都无法回避成本高昂和覆盖面有限的不足（Warren，2011）。因此，实现教育教学方法创新，以更低成本提升学生的全球胜任力势在必行。综上所述，本书总结了面向跨文化适应能力提升的实践活动，如表4-5所示。

表 4-5 面向跨文化适应能力提升的实践活动

要素	具体活动	传统培养模式的典型案例
面向跨文化适应能力提升的实践活动	全球合作高校科研实习	与全球的大学和研究机构开展合作，如哈佛大学的 Harvard-China project（哈佛中国项目），联合国和平大学的合作项目，均能够使学生与各大学进行科研合作、交流和实习
	海外学术交流活动	为学生参加国际竞赛、学术会议、海外短期学术交流提供资金和其他支持
	海外实习计划	联合国和平大学中南美洲实地考察；清华大学和浙江大学开展的"一带一路"海外社会实践和企业实习

续表

要素	具体活动	传统培养模式的典型案例
面向跨文化适应能力提升的实践活动	"在地国际化"活动	哈佛大学在校外开展的全球周、海外哈佛,以及社区服务活动等;在校内开展的 international coffee hour(国际咖啡时光)。清华大学的"大篷车"课堂和"国际音乐节"

资料来源:根据案例和文献总结所得。

(三) 面向全球雇佣情境的教学方式和方法

跨境交流模式作为典型的非正式学习方式,具有情境化、灵活性和发挥主观能动性等优点(季娇,2017)。但跨境交流模式存在成本高、非结构化等不足,因此需要采取情境化的教学方法进行创新。其中,"在地国际化"活动是立足本土、本校,面向所有学生,不以跨境经历为根本目的的全球胜任力培养方式(张伟,2017)。"在地国际化"活动能够加强校内的跨文化交流,打造全球化的校园文化环境,从而提升学生的全球化技能和全球事务参与度(Egginton,2005;曾倩倩,2017)。

在课程上,Ravesteijn(2006)认为采用项目式教学方式可以提升学生的合作能力、沟通能力和全局思考能力,能够有效提升学生的全球胜任力。吕佩颖(2010)提出,将 problem based learning(基于问题的学习)的教学策略应用到通识课程中,可以围绕全球化与世界变革等主题开展教学活动。Rosenberg(2011)提出了一套以提升全球胜任力为目标的新型课程评价体系。在实践活动上,从夏令营转变为围绕特定主题开展的海外实习和社会实践,这样既提升了学生跨文化交流能力,也使学生积累了海外工作经验,同时还探索了人类命运共同体建设(张荣祥,2020)。Parmigiani(2022)将全球胜任力的教学方法总结为演讲、项目、教学实践、团队合作、工作坊与研讨会。

在线学习能够突破地理边界,降低交流成本。随着企业规模的扩大和海外业务的增长,跨国、跨地区的多元文化的虚拟团队逐渐增多,员工必须具备用外语在线上进行跨文化沟通、合作以及履行职能的能力(Sheppard,2004)。因此,Saini(2005)提出了虚拟大学(virtual university)的设想,以区域为中心建立大型网络,让全球各地的学生都能够在线上学习和交流,提高学生的全球胜任力。

课程和实践形式的创新还包括引入跨文化培训的一系列方法。例如,通过角色扮演的形式模拟跨文化沟通与合作,这样能够将问题置于准多元文化和国际情境下，提高学生的共情能力和解决国际问题的能力（Kari，2013；Dominik，2015）。以体验式课程为主的短途国际旅行和参观等也是降低国际交流成本的一种方式（Vance，2011）。

综上所述，本书总结了面向全球雇佣情境的教学方式和方法，如表4-6所示。

表4-6 面向全球雇佣情境的教学方式和方法

要素	具体方式	传统培养模式的典型案例
面向全球雇佣情境的教学方式和方法	国家或区域专题学习	围绕特定国家或区域开展的专题学习，尤其关注发展中国家或地区，如哈佛大学围绕中国开设的"中国经典伦理与政治理论""中国的现代化：从共和国到当代""中国与共产主义"的讲座或课程等； 针对特定文化场景或重要习惯开展的讲座，如英语议会制辩论课程、美国大选规则解读等
	主题研讨	采用小班制、讲座、演讲等形式围绕一个全球热点主题、跨国跨文化问题进行讨论； 在线协作国际学习项目，如对美国和巴西文化的冲突及处理方式进行讨论
	模拟活动	围绕国际热点政治议题开展模拟决策活动，如模拟联合国等； 模拟特定文化情境的表演或活动

资料来源：根据案例和文献总结所得，详细内容见案例篇。

第二节 基于ISM的全球胜任力培养模式建构

一、解释结构模型

本书中，全球胜任力模型包含4个维度共14个具体要素，不同培养要素存在复杂的层次结构关联和逻辑关系。例如，OECD（2017）指出，全球胜任力的培养需要系统领导力、学校领导、教师改革、课程改革等多方面要素的协调。而解释结构模型能够剖析全球胜任力培养模式构成要素的内部逻辑关系，加深读者对全球胜任力培养模式的理解。

运用ISM构建全球胜任力培养模式的具体程序如下。

第四章 研究型大学本科生全球胜任力培养模式建构研究

（1）识别培养模式的关键要素。根据案例研究进行内容分析，并将文献分析作为补充，本书明确了全球胜任力培养模式的关键要素共14个。

（2）分析关键要素之间的相互影响关系。通过分析关键要素之间的相关关系，研究者可以构建邻接矩阵，以反映关键要素之间的直接关系。ISM的邻接矩阵为n阶方阵，用数字表示关键要素之间的关系，当关键要素F_i对F_j有直接影响时，矩阵元素a_{ij}赋值为1；当关键要素F_i对F_j无直接影响时，矩阵元素a_{ij}赋值为0。矩阵公式表示如下。

$$A=\{a_{ij}\}=\begin{cases}1(\text{关键要素}F_i\text{对}F_j\text{有直接影响})\\0(\text{关键要素}F_i\text{对}F_j\text{无直接影响})\end{cases}$$

（3）求解可达矩阵（reachability matrix）。由于邻接矩阵无法体现要素之间的间接关系，因此本书引入了可达矩阵，用于描述关键要素之间的相互关系。可达矩阵的方法是邻接矩阵A加上单位矩阵I，然后通过布尔运算（1+1=0，1+0=1，0+0=0；1×1=1，0×1=0，0×0=0）得出要素之间的相互关系。当满足如下公式。

$$(A+I)^{k-1} \neq (A+I)^{k} = (A+I)^{k+1}$$

（k为矩阵的阶数，也表示方程的迭代次数）

即可获得可达矩阵$P=(A+I)^k$。此时，可达矩阵能够反映两两要素之间的全部直接和间接关系。

（4）划分要素层级。得到可达矩阵后，研究者可以通过可达矩阵结果划分要素层级。根据要素所属的层次，通常可将要素划分为根源层、中间层和表象层。

（5）形成解释结构模型。根据要素之间的层级关系，可以形成多级的、递进式的有向图来表示系统的结构。

二、基于解释结构模型的培养模式要素关系梳理

本节将按照解释结构模型的基本构建程序来建立全球胜任力培养模式的概念模型。上一章通过典型研究型大学的探索性案例研究了全球胜任力培养的实践情况。

（一）识别培养模式的关键要素

本章的第一节通过内容分析和文献分析方法，进一步明确了全球胜任力培养模式的关键要素。实际上，在解释模型建构中，内容分析法和文献分析法常被用于提取复杂系统中的关键要素，并通过文献解释和案例阅读构建邻

接矩阵。例如,陈强和丁玉等(2021)运用文献分析法提取了城市营商环境的影响因素共11个一级指标和25个二级指标;Rishabh(2021)通过文献分析法和配对检验法等确定了战略网络安全管理影响因素之间的邻接矩阵;Zheng(2021)通过中国新疆地区建筑设计的案例研究寻找了可持续建筑设计中环境影响的关键因素,并通过案例提供的素材构建了邻接矩阵。

基于内容分析和文献研究结果,本书总结了全球胜任力培养模式关键要素及其描述,如表4-7所示。

表4-7 全球胜任力培养模式关键要素及其描述

要素名称	编号	描述性定义	案例支持
国际化办学愿景	F_1	强调学校成为具有国际影响力的大学	哈佛大学、匹兹堡大学、清华大学等的办学理念阐释
建立国际战略规划	F_2	为了促成国际化办学愿景,制定相应的发展战略规划	大学的总体规划或国际发展规划等
国际化人才培养目标	F_3	将全球胜任力纳入人才培养目标	大学的人才培养目标
专门财政支持	F_4	为实现办学目标而进行的财政投入	哈佛大学和清华大学冠名的国际交流和人才项目
基础设施建设	F_5	为促进线上线下国际交流对学校的软硬件设施进行改造	清华大学和匹兹堡大学的设施改造计划
资源共享平台建设	F_6	能够面向全球联络、拓展和共享教育教学资源的平台	东京大学、哈佛大学和匹兹堡大学等的国际网络计划
国际传播体系	F_7	面向全球展示学校的办学理念、建设目标和整体情况	哈佛大学对外传播体系建设以及东京大学、联合国和平大学的相关做法
国际事务专门机构	F_8	校级执行国际活动资源汇聚、分配、监督和服务的机构	哈佛大学、清华大学、匹兹堡大学等
国际教育机构	F_9	负责培养学生全球胜任力的专门机构	清华大学全球胜任力中心、浙江大学学生国际化能力培养基地
国际化活动虚拟组织	F_{10}	组织校内国际化活动的学生组织、俱乐部与兴趣小组等	哈佛大学、匹兹堡大学、佛罗里达大学

第四章 研究型大学本科生全球胜任力培养模式建构研究

续表

要素名称	编号	描述性定义	案例支持
国际化的人员构成	F_{11}	为促进全球胜任力培养而提升导师和学生的国际化比例	对人员等国际化进行的努力
全球化课程体系	F_{12}	以提升知识储备为目标的课程体系及内容改革	各校的课程体系改革
跨文化实践活动	F_{13}	以提升学生跨文化适应能力为目标的实践活动	各校的国际化活动体系和内容
情境化教学方法	F_{14}	以培养学生进入国际雇佣市场就业的教育教学方法创新	各校教学改革行动

资料来源：根据案例研究结果总结所得，详细内容请见案例篇。

（二）分析关键要素之间的相互影响关系

邻接矩阵 A 是用于描述培养模式各关键要素之间直接关系的矩阵，通常采用专家咨询法、头脑风暴法、问卷调查法等获得（刘忠艳，2017）。但问卷调查和层次分析法等，难以处理一致性问题，故有学者尝试了专家询问法、德尔菲法、典型案例研究法等（Mohamadi、Abbasi，2020）。由于案例是通过理论抽样获得的，因此通过案例研究寻找关键要素之间因果关系的方法具有一定的代表性，也被众多研究者采用（Zheng，2021；Rishabh，2021）。

在书中，邻接矩阵的关系主要通过案例研究提供的相关命题得出。例如，在哈佛大学的案例中，办学理念的变迁是全球胜任力培养的起点，全球化办学愿景促使哈佛大学制定了新的战略规划和人才培养目标；而新的人才培养目标又促使哈佛大学开展了课程体系和实践活动改革，前者直接导致通识课程和专业课程内容调整，后者带动了哈佛大学组织更多的全球性实习实践活动以满足全球化办学需要。通过对典型案例的反复挖掘，以及对文献的比较和验证，本书总结了全球胜任力培养模式关键要素之间的因果关系，并将其呈现为表 4-8 所示的邻接矩阵。在邻接矩阵中，矩阵元素 a_{ij} 表示培养模式关键要素中的任意行因素 F_i 和任意列因素 F_j 之间的关系，即：存在直接影响（可达）的记为 1；无直接影响（不可达）的记为 0。

究型大学本科生全球胜任力培养：理论与实践

表4-8 全球胜任力培养模式的邻接矩阵①

a_{ij}	F_1	F_2	F_3	F_4	F_5	F_6	F_7	F_8	F_9	F_{10}	F_{11}	F_{12}	F_{13}	F_{14}
F_1	0	1	1	0	1	0	0	0	0	0	0	0	0	0
F_2	0	0	1	1	1	0	0	0	0	0	0	0	0	0
F_3	0	1	0	1	1	0	0	0	0	1	0	1	1	1
F_4	0	0	0	0	0	0	0	1	1	1	0	0	0	0
F_5	0	0	0	0	0	0	1	0	0	0	0	0	1	1
F_6	0	0	0	0	0	0	0	0	0	1	0	1	0	0
F_7	0	0	0	0	0	1	0	0	0	1	1	0	0	0
F_8	0	0	0	0	1	1	0	0	0	1	0	0	0	0
F_9	0	0	1	0	0	0	0	0	0	0	0	1	0	0
F_{10}	0	0	0	0	0	0	0	0	0	0	0	1	0	0
F_{11}	0	0	0	0	0	0	0	0	0	1	0	0	1	1
F_{12}	0	0	0	0	0	0	0	0	0	0	0	0	1	1
F_{13}	0	0	0	0	0	0	0	0	0	0	0	1	0	1
F_{14}	0	0	0	0	0	0	0	0	0	0	0	0	0	0

资料来源：根据案例研究结果整理所得。

（三）求解可达矩阵

如上文所述，培养模式各要素之间的关系十分复杂，存在多级传导的间接相关性。因此，本书需要构建可达矩阵，展现全部影响关系。当满足如下公式。

$$(A+I)^{k-1} \neq (A+I)^k = (A+I)^{k+1}$$

（k为矩阵的阶数，也表示方程的迭代次数）

可获得可达矩阵$B=(A+I)^k=I+A^1+A^2+\ldots+A^{k-1}+A^k$。本书采用了MATLAB（一种数学软件）来实现可达矩阵的计算。执行上述运算程序后，我们得到了如表4-9所示的全球胜任力培养模式关键要素之间的可达矩阵，该矩阵说明了不同关键要素之间的相互作用关系。

表4-9 全球胜任力培养模式关键要素之间的可达矩阵

a_{ij}	F_1	F_2	F_3	F_4	F_5	F_6	F_7	F_8	F_9	F_{10}	F_{11}	F_{12}	F_{13}	F_{14}
F_1	1	1	1	1	1	1	1	1	1	1	1	1	1	1

续表

a_{ij}	F_1	F_2	F_3	F_4	F_5	F_6	F_7	F_8	F_9	F_{10}	F_{11}	F_{12}	F_{13}	F_{14}
F_2	0	1	1	1	1	1	1	1	1	1	1	1	1	1
F_3	0	1	1	1	1	1	1	1	1	1	1	1	1	1
F_4	0	1	1	1	1	1	1	1	1	1	1	1	1	1
F_5	0	0	0	0	1	1	1	0	0	1	1	1	1	1
F_6	0	0	0	0	0	1	0	0	0	1	0	1	1	1
F_7	0	0	0	0	1	1	1	0	0	1	1	1	1	1
F_8	0	0	0	0	1	1	1	0	0	1	1	1	1	1
F_9	0	1	1	1	1	1	1	1	1	1	1	1	1	1
F_{10}	0	0	0	0	0	0	0	0	0	1	0	1	1	1
F_{11}	0	0	0	0	0	0	0	0	0	1	1	1	1	1
F_{12}	0	0	0	0	0	0	0	0	0	0	0	1	1	1
F_{13}	0	0	0	0	0	0	0	0	0	0	0	0	1	1
F_{14}	0	0	0	0	0	0	0	0	0	0	0	0	0	1

资料来源：根据程序运行结果得出。

（四）划分要素层级

在获得全球胜任力培养模式关键要素的可达矩阵后，我们需要对矩阵进行层级分解，以进一步展现不同关键要素之间的关系，进而构建可视化的解释模型。对关键要素进行层级分解的具体做法如下。首先，将因素 a_{ij} 的可达集设定为 $P(F_i)$，由可达矩阵中第 i 行中所有矩阵元素为 1 的列对应的要素集合；其次，将因素 a_{ij} 的先行集设定为 $Q(F_j)$，由可达矩阵中第 j 列中所有矩阵元素为 1 的行对应的要素集合；最后，根据可达集与先行集，可以得出二者的交集 $R(F_i)$，根据可达矩阵得出本书的可达集与先行集，如表 4-10 所示。

表 4-10 全球胜任力培养模式关键要素第一层级可达集与先行集

F_i	可达集 $P(F_i)$	先行集 $Q(F_j)$	交集 $R(F_i)$
F_1	1,2,3,4,5,6,7,8,9,10,11,12,13,14	1	1
F_2	2,3,4,5,6,7,8,9,10,11,12,13,14	1,2,3,4,9	2,3,4,9

续表

F_i	可达集 $P(F_i)$	先行集 $Q(F_j)$	交集 $R(F_i)$
F_3	2,3,4,5,6,7,8,9,10,11,12,13,14	1,2,3,4,9	2,3,4,9
F_4	2,3,4,5,6,7,8,9,10,11,12,13,14	1,2,3,4,9	2,3,4,9
F_5	5,6,7,10,11,12,13,14	1,2,3,4,5,9	5
F_6	6,10,11,12,13,14	1,2,3,4,5,6,7,8,9	6
F_7	6,7,10,11,12,13,14	1,2,3,4,5,7,8,9	7
F_8	6,7,8,10,11,12,13,14	1,2,3,4,8,9	8
F_9	2,3,4,5,6,7,8,9,10,11,12,13,14	1,2,3,4,9	2,3,4,9
F_{10}	10,12,13,14	1,2,3,4,5,6,7,8,9,10	10
F_{11}	11,12,13,14	1,2,3,4,5,6,7,8,9,11	11
F_{12}	12,14	1,2,3,4,5,6,7,8,9,10,11,12,13	12
F_{13}	12,13,14	1,2,3,4,5,6,7,8,9,10,11,13	13
F_{14}	14	1,2,3,4,5,6,7,8,9,10,11,12,13,14	14

资料来源：根据程序运行结果分析得出。

随后，本书开始对关键要素进行层次化抽取。在抽取过程中，还可以借助缩减等其他数学简便方法计算。为了直观展示，本书将具体抽取过程进行展示。层次化抽取有两种方法：一种是自底向上（UP型），即从可达集中开始抽取，以结果优先为抽取逻辑；另一种是自顶向下（DOWN型），即从先行集中开始抽取，以原因优先为抽取逻辑。为了更清晰地展现办学实践的逻辑历程，本书采取了DOWN型抽取方法，抽取结果如表4-11所示。

第一步，当 $R(F_i) = P(F_i) \cap Q(F_j) = Q(F_j)$ 时，该要素即为最高一级关键要素，由表4-10可知，抽取的 F_1 是最高关键要素，并从其他要素中依次去除 F_1 后进入下一步。第二步，从 $Q(F_j)$ 中删除第一次抽取的 F_1，然后继续抽取出 F_2、F_3、F_4、F_9。以此类推，直到第9次抽取时，只剩下 F_{14} 作为最后一个待抽取元素。通过上述步骤，本研究将全球胜任力培养模式的关键要素划分为9个层级，如表4-11所示。

第四章 研究型大学本科生全球胜任力培养模式建构研究

表 4-11 全球胜任力培养模式关键要素的层级分解示意表

层级	层级构成要素	影响层级
第一层级要素	1	根源层
第二层级要素	2,3,4,9	中间层
第三层级要素	5,8	
第四层级要素	7	
第五层级要素	6	
第六层级要素	10,11	
第七层级要素	13	表象层
第八层级要素	12	
第九层级要素	14	

资料来源：根据计算结果按步骤分析得出。

(五) 形成解释结构模型

根据要素的影响层级和递进情况，同时为了区分多个要素之间的影响力层级，有学者仿照麦克利兰教授的胜任力冰山模型（iceberg model）①将解释结构建模得出的要素层级进一步归纳为三个层次：根源层，是决定一个系统和模型存在的根本，能够持续改变系统的运行方向、动力并影响其最终表现；中间层，是系统演化和转变的过程，需要深入、持久地观察才能发现，中间层的形成和调整过程成本较高；表象层，是指模型中最上层，最容易被观察和改变的内容、行为、结果（相甍甍，2018；曹海军，2021）。

根据分析计算结果，本书最终绘制了如图4-2所示的研究型大学本科生全球胜任力培养模式要素解释结构模型图。

根据解释结构模型的计算结果，我们可以按照不同层级之间的因果关系进行层次划分。通常，将模型中最深层次且不可直接观察的因素作为根源层，外显因素或结果作为表象层，连接各个层级起到信息传递作用的因素是中间层（毛义华，2021；曹海军，2021）。为了说明ISM的分析结果，结合文献与案例，本书将研究型大学本科生全球胜任力培养模式的关键要素分为3个基本层次和9个层级，并说明该模型的运行机制。

一是根源层。第一层级为国际化办学愿景，是根源层影响第二层级的唯

---

① 麦克利兰教授提出的冰山模型将胜任力分为多个层次：知识和技能层位于水面，容易被观察和改变；角色定位、个性、价值观和品质层位于水下浅层，不太容易被观察和改变；最底层是动机，是决定个人想法和持续表现的动力来源，是决定个人行为的根本因素。

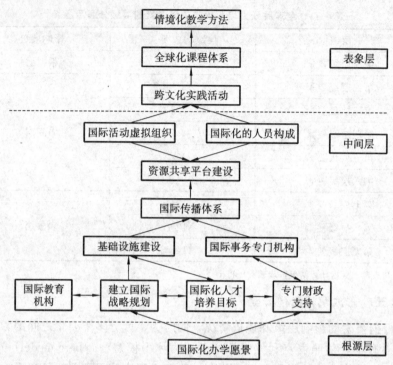

图 4-2　研究型大学本科生全球胜任力培养模式要素解释结构模型图
注：根据计算结果的逻辑关系绘制所得。

一因素。根源层是模型中最深层次的要素，是导致模型结果的根本原因和起点。眭依凡（2000）教授指出，理念对大学的发展具有导向作用，有什么样的大学理念，就有什么样的办学结果。愿景是大学办学理念的具体化，是大学开展国际化改革，支持全球化人才培养的起点。从ISM来看，国际化办学理念主要通过两个途径影响全球胜任力培养：第一，目标控制，即将全球化人才培养纳入战略规划等学校正式文件中，为全球胜任力的培养提供合法性基础，也为计划、实施和评价全球胜任力改革提供基本依据；第二，财政控制，即通过资金投入决定全球胜任力培养的规模和深度，对顶尖大学而言，资金通常要先投入科学研究和研究生学术能力培养，因此全球化的办学理念促使大学将专门资金投入全球胜任力培养中，为人才培养提供了物质基础。此外，从图4-2来看，目标控制和财政控制还能够产生相互影响。

二是中间层。中间层是模型的中介要素，能够影响表象层，也受到根源层的影响，通常在模型中起到承上启下的作用。根据模型图，本书中的中间层包含五个链式层级。

第四章 研究型大学本科生全球胜任力培养模式建构研究

第二层级为国际教育机构、建立国际战略规划、国际化人才培养目标、专门财政支持四个要素。首先，建立国际战略规划和专门财政支持直接受国际化办学愿景影响，建立国际战略规划和专门财政支持又可以对国际化人才培养目标产生直接影响。为了实现国际化人才培养目标，学校通常还会建立专司全球胜任力培养的国际事务专门机构，国际事务专门机构又会通过目标实现影响国际战略规划和专门财政支持。

第三层级为基础设施建设和国际事务专门机构。在制定战略规划和评估培养目标的过程中，学校会发现曾经主要面向学生本土培养的设施和管理机制难以支撑全球胜任力培养，因而积极优化基础设施。同时，根据规划和目标设计，学校一般会设立专门资金以建立国际事务专门机构，支持学校全球活动的开展。

第四层级为国际传播体系。受到基础设施建设和国际事务专门机构的影响，学校逐渐走上国际化发展道路，形成一定的影响力，并积累相应的办学经验。但由于国际化发展具有长期性、曲折性。因此，学校要积极面向全球建立高水平的国际传播体系，开展国际传播活动，以建立自身的国际化、跨文化、多样性和包容性等形象标签，从而提升自身的全球声誉。

第五层级为资源共享平台建设。学校构建高水平国际传播体系的目的是带来高质量的国际化资源，建立本校的全球资源蓄水平台，为更高质量的国际化打下坚实的基础。

第六层级为国际活动虚拟组织和国际化的人员构成。全球资源共享平台通过战略联盟、学术合作、人才培养合作等为学校建立国际活动虚拟组织并形成国际化导师群体奠定了基础，这为学生的全球胜任力培养带来了重要资源：一方面，国际活动虚拟组织能够作为平台，吸引大量本土学生和国际学生开展交流活动，并向校内重大国际活动提供人力、物力、信息等的支持，惠及组织内外群体全球胜任力的提升；另一方面，国际化的人员构成保证了全球胜任力培养活动的开展，又能从课程、实践、教学等方面提高全球胜任力。国际活动虚拟组织主要以学生之间非正式学习和交流的方式提高全球胜任力，国际化的人员构成运用正式学习和指导的方式提升全球胜任力。从整个过程来看，中间层的存在不仅是表象层的中介，更是决定培养模式绩效的催化剂，这在第六层级中表现得尤为明显。

三是表象层。表象层是指模型中最显而易见的要素所处的层级，也是ISM中所有关键要素作用的终点。在本模型中，表象层主要包括跨文化实践活动、全球化课程体系和情境化教学方法三个存在递进关系的要素，即：跨文化实践活动是表象层的起点，决定了全球化课程体系设置；全球化课程体系设置又决定了情景化教学方法的创新和改革。

第七层级是跨文化实践活动。跨文化实践活动作为表现层的第一层，是决定表现层的关键。在全球胜任力培养过程中，根据培养成本，可将跨文化实践活动分为海外和本体国际实践两类，前者包括海外社会实践、企业实习、暑期学校、学术交流等，消耗时间一般在一个星期以上，后者如哈佛大学的全球周、清华大学的国际音乐节和浙江大学的"学生节—国际活动"等以及模拟联合国、全球可持续发展研学旅行等。实践活动耗时长、成本高、调整难度大，是提高学生跨文化适应能力较重要的环节。因此，培养过程的设计必须要考虑跨文化实践活动的需求。

第八层级是全球化课程体系。全球化课程体系的设置往往需要为跨文化实践活动预留学分和正式课程，还需要灵活设计通识课程、专业课程、证书课程与跨文化实践活动形成有益补充，提升隐性的国际化知识和跨文化能力。

第九层级是情境化教学方法。全球化课程体系设计应当为教学创新提供制度空间和实施保障，以促进基层教师开展教学改革，包括引入新的教学方法、尝试开展新的国际化活动、探索新的教学形式等。在全球胜任力培养过程中，教学方法的变革和形式创新与学生较为密切，情境化教学方法能让学生更多地掌握国际知识和跨文化技能。然而，正如冰山模型一样，表象层的改革虽然更容易、见效快，但中间层的催化和根源层的驱动也不应被忽视。

ISM能够帮助研究者梳理全球胜任力培养模式关键要素之间的逻辑关系：第一，办学理念是全球胜任力培养模式形成的逻辑起点，是全球胜任力培养活动得以开展的动力源，影响着组织结构模式和资源条件；第二，培养过程是培养模式的核心，受组织结构和资源条件的直接影响；第三，组织结构和资源条件是培养过程的控制和支撑要素，办学理念直接影响组织结构，进而决定资源配置；第四，培养模式要素之间的作用关系较为复杂，在明确培养模式关键要素的基础上，研究者还需要进一步提出协同关系和实践策略，以保证培养模式的高质量运行。

对培养模式要素关系进行梳理能够为构建培养模式的理论模型提供理论支撑。因此，下文将在此基础上继续构建系统的全球胜任力培养模式的理论模型，并阐述其运行机制。

三、全球胜任力培养模式的理论模型

本章第一节，首先解释了在新全球化背景下，不同培养模式要素的含义和典型做法。随后，通过解释结构模型建模梳理了不同培养模式关键要素之间的逻辑关系。通过文献综述，研究者发现当前研究主要存在秉承"西方中心论"的全球化模式，对新全球化进程认识不足，研究结论对教育实践的启发性较差等。为此，本节将进一步说明在新全球化背景下，全球胜任力培养模式的理论模型及其运行机制。

与传统全球化相比，新全球化在主导力量上从西方转向多国共同参与，拓展逻辑上更加强调平等、包容和共享。在价值观念上，新全球化遵循特殊主义和维护多样性的原则，并以人类命运共同体理念和"一带一路"倡议为内涵（张福贵，2020；《人民论坛》，2021；熊光清，2021）。在充分梳理全球胜任力培养模式关键要素的基础上，研究者基于ISM分析的因果关系，构建了如图4-3所示的研究型大学全球胜任力培养模式的理论模型。该理论模型包含了动力来源、形成基础、核心要素和协同保障机制，解释了研究型大学如何促进和保持培养模式的高质量运行。

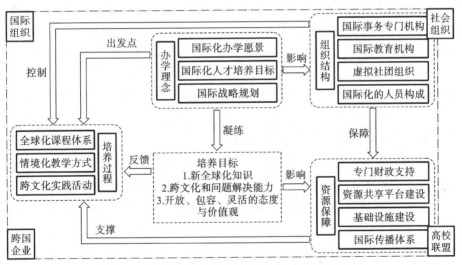

图4-3　研究型大学全球胜任力培养模式的理论模型

注：为了凸显培养目标的价值，本书在培养模式概念图中将培养目标专门标出，实际上培养目标是办学理念的一部分。

图来源：根据研究结果绘制所得。

（一）办学理念是动力，组织结构和资源条件是基础

研究型大学开展本科生全球胜任力教学，需要具备一定的认识基础、制度基础和资源基础。

首先，研究型大学要认识到在百年未有之大变局的全球环境下，新全球

化进程将对学校发展产生重大影响,要积极在办学理念上凝聚共识,革新人才培养目标。同时,要摒弃在"西方中心论"思想下形成的学欧仿美的培养模式,鼓励学生以胜任人类命运共同体构建为己任,完善本校人才培养理念,并在发展战略和政策规划中予以重视,为新全球化时代开展全球胜任力培养提供制度合法性和动力来源。

其次,要根据新全球化时代中华民族发展的人才需求,结合本校的办学理念,从"知识—技能—价值观"等具体维度构建专门人才培养目标:知识上,要了解全球作为命运共同体形成的权力体系、国际利益格局和重要历史沿革;技能上,要掌握剖析全球重大问题,研判跨国、跨文化共同挑战的基本技能,能够从行动上促进全球迈入可持续发展新格局;价值观上,遵循人类命运共同体的基本理念,坚持互利共生原则,寻找共建、共享和共赢的包容性,走可持续发展道路。

最后,根据办学理念和培养目标,构建特定的组织结构和资源条件体系,形成培养模式构建的物质基础。组织结构应包含全球事务机构、全球胜任力培养的责任机构(国际教育机构)、国际化学生社团和俱乐部、多样性和国际化学校的人员构成。根据组织结构改革情况,研究型大学还需进一步完善专门财政支持、基础设施建设、资源共享平台建设、国际传播体系等作为培养模式常态运行的资源条件基础,以确保办学资源的汇聚、整合和分配。

(二) 培养过程是培养模式的核心

在新全球化背景下,研究型大学应基于办学理念提炼人才培养目标,进而设计组织结构和资源条件体系,最后设计面向全球雇佣市场的培养过程。

首先,研究型大学要面向全球化的知识储备整合课程资源,建立专业课程、通识课程、证书课程、工作坊和训练营互为补充和衔接的弹性课程体系,针对人类命运共同体构建和"一带一路"倡议等新全球化理念重塑课程内容。

其次,研究型大学要创新教学方式和方法,从知识本位学习(knowledge-based learning)转向胜任力本位学习(competence-based learning),引入专题学习、主题研讨和模拟活动等情景化教学方法,在课程探讨中积极引入国际开发扶贫、公共卫生、国际安全合作、全球农业发展等"一带一路"合作伙伴面临的实际问题,提升学生解决国际问题的能力。

最后,要形成包含海外科研实习、国际学术交流、全球实习实践、跨文化沟通等在内的实践体系,与"一带一路"合作伙伴,如印度、越南等国家加强联系,通过线上、线下国际活动等增进对拉丁美洲、非洲以及太平洋岛屿国家的了解,了解各国在全球雇佣市场中的差异与应对方式。

(三) 协同机制是培养模式高质量运行的保障

首先,是培养主体与利益相关者之间的协同。培养主体应包括本国政府、大学各部门以及教师和管理人员、本土和国际学生等,利益相关者包括国际组织、本土"一带一路"重点企业以及其他跨国企业、社会组织等。一方面,多主体参与能够重塑培养机制,使人才培养更贴近新全球化需求;另一方面,大学可以借助利益相关者整合国际化资源,推动培养目标的实现。

其次,是培养过程管理的协同。大学教学管理部门和重点用人单位,如重点对外投资的国有企业和民营企业、国际组织、社会组织等联合确定培养目标、实践方案、培养计划等,共同探索教学方法和培养形式的创新方案。企业应为学生海外实践提供支持,并选聘具有国际工作经验的技术与管理人才进入学校国际化导师库。国际组织可通过"旋转门"和学术交流、国际会议等方式引入国际组织官员为培养过程建言献策。社会组织可根据国际关切的重要议题在大学举办会议和主题展览等,或积极接纳学生进行志愿服务活动。大学应通过智库研究、跨文化培养等方式支持企业的全球发展并加强与国际组织合作及人员的交流,通过协作育人的方式夯实全球胜任力培养基础。大学还可以借助全球高校联盟了解国际动态,借助本校平台传播本校的重大教育教学动态,提升本校的全球声誉。

最后,是制度建设的协同。大学应从战略规划、部门规章、教学管理和组织结构等方面系统设计各项制度,明确海外实践实习活动、联合培养、跨校修读课程的学分认定细则,为学生参与国际活动提供资金支持和政策保障,加强学生对外交流的管理与教育。总而言之,要严格围绕大学人才培养目标,形成系统的全球胜任力培养管理办法。

四、全球胜任力培养模式的运行原则

基于培养模式的理论模型,为了保障培养模式高质量运行,研究者还根据案例总结了5条运行原则。

(一) 坚持共建人类命运共同体而非"西方中心论"的教育理念

培养理念是培养模式的逻辑起点。在新全球化时代培养全球胜任力,必须超越传统的"西方中心论"文明观,以共建人类命运共同体为教育实践的价值追求。传统全球化以西方文明为中心,具有鲜明的社会达尔文主义思想，形成了固有的文明等级秩序和优胜劣汰的社会观念，容易陷入民族主义与零和博弈的窠臼。因此，在新全球化时代，研究型大学要从人类命运共同体视角出发重构教育理念，遵循各大文明和国家差异协同、合作共赢的原则，秉承全球包容性、多样性和可持续性的教育哲学，培养有助于实现新全球化构想的人才。

（二）树立建设国际化课程而非英语授课的课程目标

近年来，中国的研究型大学积极推动英文课堂和教材建设。从结果来看，英语授课以及外语授课只是消除了语言交流隔阂和基本障碍，而全球胜任力要求学生在知识、技能和价值观上全方位提升。因此，研究型大学还要在确保能够运用外语进行沟通的基础上，在课程体系、内容建设和质量标准上达到新全球化建设的目标，打造引领全球发展的国际化课程。第一，要在课程体系设计上满足新全球化需求，完善课程设置、实践体系和学分认定规则，与全球高校合作开展交换学习、学分互认、课程资源共享和联合培养等，加强教育资源的全球共享。第二，研究型大学在课程内容上要体现命运共同体，让学生理解共建、共享和共赢的新全球化构想：一方面，研究型大学要引导学生从全球视角思考中国问题，评估中国发展对全球的影响，为中国发展积累全球经验；另一方面，研究型大学要从中国智慧和中国经验出发，思考和分析全球共同议题和重大挑战，为解决全球共同问题作出中国贡献。第三，研究型大学要提升课程质量以打造具有全球影响力的精品课程或人才培养项目，满足新全球化对高层次国际化人才的需求，为新全球化人才培养提供中国方案。

（三）形成胜任力本位而非知识学习的教学目标

全球胜任力是以行动为基本逻辑的综合能力，强调学生能够在多元文化环境中交流、判断和付诸行动（滕珺、杜晓燕，2018）。因此，全球胜任力教学必须形成胜任力本位而非知识学习的教学目标。第一，研究型大学要根据能力培养要求整合课程体系，形成专题学习、通识课程、证书课程和工作坊等多种学习形式，充分覆盖新全球化时代的重要议题、理念和行动，满足不同类型学生提升全球胜任力的需求。第二，研究型大学要根据新全球化的知识储备要求丰富教学形式，开展地区专题研讨、跨文化问题交流、全球议题辩论、跨学科研究和区域热点话题讲座等，开阔学生的全球视野，丰富学生的学习方式和研究方法。第三，研究型大学要根据新全球化的技能要求探索并创新教学方法，如引入情景模拟等全球胜任力开发的常见方法，或借鉴跨文化教育领域的体验式培训、案例分析、角色扮演等以实践为导向的教学方法，锻炼学生在多元文化环境下的灵活性、多样性并提升迁移能力。

（四）以国际化氛围而非国际化指标评判国际化成效

国际化的校园环境，能够使学生以非正式学习的方式，通过非结构化学习和浸润式体验打破正式学习的时间、课程设计的限制，提升学生的全球知识、全球技能并养成良好的学习习惯。"在地国际化"是一种立足本土、本校，强调面向所有学生的跨文化素养和国际化能力，而不是以跨境经历为根本目标的国际化模式（张伟、刘宝存，2017）。以"在地国际化"为基础进行校园文化建设，以提升学校的国际化氛围，避免了仅以国际化指标增长为目标的简单的外延式国际化。具体推进策略如下。第一，研究型大学要以新全球化建设为目标，鼓励中外本科生或研究生合作开展跨文化交流、"一带一路"沿线建设、发展中国家的开发与扶贫、合作抗击新冠疫情等交流活动，以促进中外学生对新全球化理念的认同，与对中国传统文化的认同，培养他们合作共赢、包容尊重和共商共建的国际交往理念。第二，研究型大学要从课程教学、住宿生活等方面推动国际学生与本土学生的趋同化管理，提升双方的日常交流频率，提升本土学生的跨文化沟通和适应能力。第三，研究型大学要提升教育教学师资、行政管理和服务人员的全球胜任力：一方面，要加强跨文化沟通能力，提升基本服务质量；另一方面，要具备全球视野和跨文化思维，以优质的服务推动本校的国际化建设。

（五）让国际交流活动实质深入而非虚有其表

研究型大学的国际化必须遵循实质性原则，通过提供资源来提升国际合作与交流的内涵性、组织性和项目依托性。第一，研究型大学要加强专项资金支持，积极联合企业设立"一带一路"专项基金，争取财政项目，以确保国际化培养项目的扎实落地。第二，研究型大学要加强基础设施建设，消除国际交往中的网络、物理空间限制，为本土学生与国际学生交流、国内外跨文化交流提供便利。第三，研究型大学要整合校内外国际资源：一方面，要利用国际组织、高校联盟、行业协会、"一带一路"重点企业等牵线搭桥，建立国际交流平台和实习实践基地，实现资源的全球整合；另一方面，要利用校内国际政治、外语、传媒、历史和地理等学科及相应的学生社团组织，开展各类证书课程、培训与工作坊、国际交流活动等。第四，研究型大学要努力提升国际传播能力，通过各种网络平台、国际赛事、共享机制等传播本校的新全球化教育理念，提高本校的全球影响力。

第三节 本章小结

延续第三章的案例研究，本章分析了研究型大学培养模式的关键要素并构建了相应的培养模式。首先，本章基于新全球化理念和现有文献，阐释了新全球化背景下研究型大学本科生全球胜任力培养模式的关键要素，包括面向新全球化的办学理念、保障全球化培养的资源条件、服务于新全球化人才培养的组织结构、面向全球雇佣市场的培养过程。

其次，本章基于ISM，对要素之间的关系进行了深入分析，通过邻接矩阵、可达矩阵和矩阵运算，建立了研究型大学本科生全球胜任力培养模式的概念模型。ISM使各种关键要素之间的逻辑关系更加清晰，初步刻画了不同关键要素的因果和时序关系。另外，本章以图形化方式展示了案例研究成果。

最后，根据上述研究，本章提出了在新全球化背景下研究型大学本科生全球胜任力培养模式的概念模型及运行机制，并根据概念模型提出了全球胜任力培养模式的5条运行原则。

本章回答了"研究问题二：新全球化背景下，研究型大学本科生全球胜任力培养模式的理论模型是什么？"值得注意的是，理论模型和运行对策主要基于案例研究、内容分析和解释结构模型，对全球胜任力培养实践的指导价值还存在疑问。因此，研究者还需要采用定量方法进一步分析影响全球胜任力培养的主要因素，为教育实践提供参考。

第五章 全球胜任力培养效果的影响因素研究

第四章借助ISM形成的有向图，提出了培养模式的理论模型。但ISM作为定性研究方法，只能揭示要素之间的因果关系，无法准确描述概念之间的定量关系。通常，检验理论模型的可靠性和提高外部效度，还需要在ISM的基础上进行定量分析（王敬敏，2017）。从实践角度来看，提升培养效果，需要明确培养模式要素之间的关系，了解不同要素对培养效果的影响（王健，2017）。

大量研究表明，除学校教育和培养要素，有几类混杂因素（confounding factor）也能够影响大学的全球胜任力水平，因此需要对混杂因素进行控制：一是个体学习特征，如性别、学校、学科和年级等（Meng，2017；路美瑶，2018；刘卓然，2020；胡德鑫，2021）；二是家庭环境，如家庭经济条件、户籍类型、父母受教育水平等（路美瑶，2018；刘卓然，2020；胡德鑫，2021）；三是出国交流经历，如入学前后的出国旅游次数、出国时长等（Heidi，2013；OECD，2019；Meng，2017；胡德鑫，2021）。混杂因素对提升学生全球胜任力带来了许多困扰：一方面，混杂因素是否会单独影响学生的全球胜任力水平，是否需要在培养过程中予以关注；另一方面，混杂因素是否会影响培养过程的实施，是否需要根据这些混杂因素制订相应的培养计划。回答以上两个问题，既能为研究者完善培养模式提供量化依据，也有助于提高培养实践中资源投入的边际效益。

综上所述，为了分析全球胜任力培养效果的影响因素，本章将通过问卷调查和统计分析进行实证研究。根据现有研究，本书将影响研究型大学全球胜任力水平的自变量分为培养模式要素和混杂因素两类。为了分析培养模式要素和混杂因素对培养效果的影响和组合效应，本书提出了研究型大学本科生全球胜任力培养影响因素研究路线图，如图5-1所示。第一，通过多元线性回归分析方法，分析培养模式要素和混杂因素对研究型大学本科生全球胜任力培养效果的净效应，了解单个要素或因素对培养效果的贡献和影响；第二，通过fsQCA方法，分析培养模式要素和混杂因素对研究型大学本科生全球胜任力培养效果的组态效应，了解多个要素或因素如何共同影响培养效果。

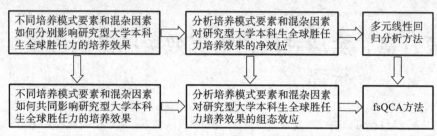

图5-1 研究型大学本科生全球胜任力培养影响因素研究路线图

第一节 研究设计

一、问卷设计

综合上述研究的调查结论,本书将问卷内容分为4个部分:第一,培养模式要素类自变量,主要指学校层面的全球胜任力培养模式要素,本部分问卷内容指标通过第三章和第四章的案例研究、文献分析和理论构建得出;第二,混杂因素变量,主要指可能影响研究型大学本科生全球胜任力培养效果的非教育因素,包括个体特征、家庭特征、全球参与特征3个方面;第三,全球胜任力为因变量,因变量测量问卷基于现有成熟问卷进行改编;第四,被调查者对本研究的建议和看法,此部分主要为开放式问题,以收集相关意见、评价和反馈信息为目的。

问卷的设计流程分为以下几个步骤:第一,根据文献综述和案例研究结果,明确调查问题和基本设计;第二,从案例研究中明确变量结构,以及在文献综述中寻找变量测量依据,确定问卷设计框架;第三,产生问卷初稿,团队内部对问卷初稿进行讨论和修正;第四,在多所研究型大学内部进行小规模的问卷发放和测试,邀请相关专家参与并给予建议;第五,在完成小规模测试和修改后,研究者发现问卷内容效度和信度基本达到要求,进而形成了最终问卷。为确保问卷在大规模发放中的有效性和回收率,研究者在问卷中设计了两个反向问题,并为回答者提供了物质激励。以下将重点说明自变量和因变量的定义与测量方法。

(一)培养模式要素自变量的定义与测量

基于第三章、第四章的研究,研究者可以将全球胜任力培养模式的关键要素作为培养方面的自变量。自变量的各维度测度指标如表5-1所示。各维度指标的选取建立在文献综述和案例研究的基础上:首先,研究者通过文献

表 5-1 全球胜任力培养模式关键要素测量指标

维度	关键要素	测度指标
面向新全球化的办学理念	面向全球开放的办学愿景	学校全球化发展的动力与意愿
	全球战略规划与政策	人才培养规划和政策是否支持全球化
	全球化的人才培养目标	人才培养目标是否包含全球化要素
保障全球化培养的资源条件	专门的财政支持	国家或学校层面的专门财政或基金支持
	基础设施建设	基础设施能否支撑学校的国际化交流
	全球性资源共享平台	出台专门的国际交流政策文件
	国际传播体系	建立专门的国际交流管理部门
服务于新全球化人才培养的组织结构	全球事务专门机构	国际合作网络与管理机构
	全球胜任力培养机构	教学管理机构
	国际化活动虚拟组织	国际学生俱乐部和社团等
	国际化的人员构成	国际化的人员构成,包括学生与导师等
面向全球雇佣市场的培养过程	面向全球知识储备的课程体系	全球化的双学位课程开设情况
		全球化主辅修课程开设情况
		全球化证书课程开设情况
		弹性课程体系
		交换生计划与校际交流活动
	针对跨文化适应能力提升的实践活动	全球的科研和企业实习实践
		海外学术交流和研学旅行
		野外实习与场地参观
	面向全球雇佣情境的教学方式和方法	跨学科的国家或地区专题式课程
		跨文化情景模拟活动,如角色扮演等
		全球化情景决策模拟
		虚拟大学与线上跨文化交流活动

资料来源:根据文献总结得出。

综述确定培养模式的基本维度;其次,研究者根据案例研究和内容分析方法提取关键要素,通过对照和调整对现有框架进行补充和完善,形成具体的测度指标;最后,研究者通过咨询专家以及进行小规模测试等方式,提高测量指标的内容效度,并对测量指标的信度、效度做初步检验。

本书的培养模式测量包含面向新全球化的办学理念、保障全球化培养的资源条件、服务于新全球化人才培养的组织结构、面向全球雇佣市场的培养过程4个维度。维度一：面向新全球化的办学理念，包括面向全球开放的办学愿景、面向全球开放的办学愿景、全球化的人才培养目标（Juan，2006；常善桐，2013；宋永华，2016；OECD，2016）。维度二：保障全球化培养的资源条件，包括专门的财政支持、基础设施建设、全球性资源共享平台、国际传播体系（Gerhardt，1999；Utsumi，2006；薛珊，2012；叶怡芬，2019）。维度三：服务于新全球化人才培养的组织结构，包括全球事务专门机构、全球胜任力培养机构、国际化活动虚拟组织、国际化的人员构成（Elliott，2012；Siczek，2015；OECD，2019；陈诗豪，2020；廖莹，2021）。维度四：面向全球雇佣市场的培养过程，包括面向全球知识储备的课程体系、针对跨文化适应能力提升的实践活动、面向全球雇佣情境的教学方式和方法（Lohmann，2006；Elliott，2012；常善桐，2013；胡钰，2018；李新，2019；杨启光，2020；Parmigiani，2022）[①]。自变量的测量采用李克特量表的方式计分，分值从1到7分别表示从"完全不符合"到"完全符合"7个等级。

（二）混杂因素变量的定义与测量

大量研究已经证明非教育或混杂因素能够显著影响研究型大学本科生全球胜任力效果，因此研究者不得不考虑在混杂因素影响下，如何提升研究型大学本科生全球胜任力的培养效果。根据现有研究，研究者识别了表5-2所示的三类混杂因素：一是个体特征，如性别、年龄、年级、学校和学科（常善桐，2013；Meng，2017；曾倩倩，2017）；二是家庭环境，如家庭户籍类型、家庭经济收入和父母受教育水平（路美瑶，2018；胡德鑫，2021）；三是全球参与，如入学前出国次数、入学后参与国际交流活动的次数和总时长（郝瑛，2019；刘卓然，2020；Engel，2017）。

表5-2 影响研究型大学本科生全球胜任力培养效果的混杂因素

维度	具体内容	测量方式
个体特征	年级	直接回答
	年龄	直接回答

[①] 在第三章和第四章的研究中，研究者发现面向全球雇佣市场的培养过程是培养模式的核心，因此在设计自变量时，将面向全球知识储备的课程体系、针对跨文化适应能力提升的实践活动、面向全球雇佣情境的教学方式和方法分别作为自变量进行研究。

续表

维度	具体内容	测量方式
个体特征	性别	直接回答
	学校	直接回答
	学科	按照教育部学科门类进行分类,并增加未分专业、交叉学科与其他类别
家庭环境	父母受教育水平	直接回答,以父母最高受教育水平为准
	家庭户籍类型	直接回答,分为城市、农村两类
	家庭经济收入	直接回答,分为5个梯度
全球参与	入学前出国次数	直接回答,分为5个梯度
	入学后参与国际交流活动的次数	直接回答,分为5个梯度
	入学后参与国际交流活动的总时长	直接回答,分为5个梯度

资料来源:根据文献总结得出。

(三) 因变量的定义与测量

因变量主要测量培养绩效。本书基于已有测量问卷对培养绩效进行了少量改编。在现有研究中,Hunter(2006)较早开发了全球胜任力测量量表,并在一系列论文中进行了检验,被全球众多学者采用或借鉴(Hunter,2006;Morais,2010;Warnick,2010;Becket,2012;Cherney,2013;Cao,2020)。国内学者刘扬(2015、2020)等也在Hunter(2006)开发的全球胜任力测量量表的基础上开发了面向中国大学生和研究生的全球胜任力量表,该量表成熟可靠,效果较好。因此,本书将对Hunter(2006)、刘扬(2015)和Liu(2020)等的研究成果进行翻译、借鉴和改编,并设计能够测量新全球化背景下研究型大学本科生全球胜任力培养效果的量表。

本书设计的量表主要从3个维度测量研究型大学本科生的全球胜任力:首先是全球化知识与理解维度,包括全球化知识、理解全球化(Hunter,2006;Morais,2010;刘扬,2015);其次是全球化技能维度,包括工具运用技巧、跨文化沟通(Hunter,2006;Warnick,2010;刘扬,2015);最后是全球化态度与价值观维度,包括国际化意识、开放的态度、价值认同(Hunter,2006;Cherney,2013;Cao,2020)。量表的维度、因子结构和题项如表5-3所示(详细内容见附录)。

表5-3 全球胜任力测量量表

维度	因子结构	题项
全球化知识与理解	全球化知识	具备其他国家的语言、文化、政治、历史和地理等知识
	理解全球化	理解全球化的动力、内涵、发展趋势及影响
全球化技能	工具运用技巧	能够使用信息技术等国际通用工具
	跨文化沟通	能够与其他国家和地区的人进行沟通和交流
全球化态度与价值观	国际化意识	愿意接触具有不同文化背景的人，并与他们建立联系
	开放的态度	能够秉承开放、尊重和理解的态度与不同文化背景的人交流
	价值认同	认同自己国家的文化和价值观

资料来源：根据文献总结得出。

二、数据收集

为了提高便捷性并利用被调查对象中智能平台用户较多的特点，本研究设计了电子问卷。在进行问卷小规模测试中，本研究主要使用纸质问卷进行发放，后续大规模问卷发放以问卷星为主。从研究目的出发，问卷主要以研究型大学的本科生为调查对象。为尽可能确保问卷的有效性，研究者在发放问卷时设置了相应的奖励。

大规模问卷发放过程如下：首先，联系各目标院校的辅导员、全球胜任力任课教师、国际交流管理教师等，说明问卷调查的重要性，并向被调查者承诺保密其信息以及共享相关调查结果，以提高学校相关工作人员的参与度；其次，由上述教师通过微信、QQ或钉钉等发放问卷，受访者进行有偿填写；最后，根据课程安排，少量问卷在学校调研和课程教学活动中进行了现场发放。

两种途径共回收问卷1560份，随后研究者对问卷进行了筛选：剔除反向问题回答不合格的问卷316份，删除答题时间不足120秒的问卷161份，从剩余问卷中删除答案高度重叠、背景信息不符合真实情况（如出国次数和时长互相矛盾等）、信息缺失等不合格问卷14份，剩余有效问卷数量为1069份，有效率68.53%。

三、描述性统计

描述性统计部分主要展示调查样本的学校、学科、性别、年龄、年级等基本情况。初步分析后，作者发现本研究获得的1069份调查样本分布较为合理，基本满足研究对样本的随机性要求。受限于作者的精力和研究资源，继续增加样本量的边际成本较高，因此作者决定采用此次调查数据进行后续分析。

从调查样本的分布来看，本次调查共覆盖了14所高校，均为教育部批准设置研究生院的研究型大学，满足研究要求。其中，浙江大学样本266个（24.88%）、西安交通大学样本123个（11.51%）、哈尔滨工业大学样本118个（11.03%）、湖南大学样本108个（10.10%）、中南大学样本92个（8.61%），其余样本均以985院校为主[①]。

此次调查受访者性别分布较为均衡，其中男性452人，占比42.28%；女性617人，占比57.72%。调查样本的学科来源比较丰富，涵盖了大部分学科，其中占比较高的有：工学类363人，占比33.96%；理学类178人，占比16.65%；管理学类123人，占比11.51%。总体上符合我国研究型大学的学生学科修读分布情况。在年级分布方面，本科一年级139人，占13.00%；本科二年级262人，占比24.51%；本科三年级308人，占比28.82%；本科四年级272人，占比25.44%；本科五年级及以上88人，占比8.23%。在年龄分布方面，其中占比较高的：2001年出生的受访者有306人，占比28.62%；2000年出生的受访者有222人，占比20.77%；2002年出生的受访者有232人，占比21.70%。

第二节 信度、效度检验

一、信度检验

（一）培养模式问卷的信度检验

培养模式问卷信度分析及处理结果如表5-4所示。在办学理念维度，校

---

① 为了保证样本质量，本研究在回收问卷后删除了部分大学或不符合要求的研究型大学样本。

表 5-4 培养模式问卷信度分析及处理结果

内容	编码	测度指标	CITC	项已删除后的Cronbach'sa系数	Cronbach's α系数
办学理念	A1	开放的办学理念	0.856	0.884	0.947
	A2	全球化人才培养愿景	0.892	0.854	
	A3	战略规划和倡议	0.795	0.931	
	A4	全球化知识	0.882	0.927	
	A5	全球化技能	0.914	0.902	
	A6	全球化态度	0.869	0.937	
资源条件	B2	学校投入了专门资金	0.6	0.775	0.810
	B3	学校提供了专门的空间和设施	0.706	0.723	
	B4	学校建立了国际传播体系	0.644	0.755	
组织结构	C1	全球事务管理机构	0.74	0.85	0.881
	C2	全球胜任力培养机构	0.711	0.857	
	C3	国际化的人员构成	0.742	0.849	
	C4	国际学生社团/俱乐部	0.735	0.851	
课程体系	D1	双学位课程	0.786	0.881	0.906
	D2	专业课程中的国际化主题	0.675	0.907	
	D3	通识课程的国际化主题	0.832	0.872	
	D4	证书课程	0.78	0.882	
	D5	弹性课程体系	0.772	0.885	
实践活动	E1	全球交换生和访学活动	0.69	0.804	0.844
	E2	全球实习实践活动	0.701	0.803	
	E3	全球研学旅行活动	0.65	0.813	
	E4	全球场地参观和野外实习	0.627	0.821	
	E5	全球问题的案例分析	0.626	0.823	
教学方法	F2	参与全球问题的讨论	0.832	0.9	0.924
	F3	全球情境模拟活动	0.862	0.877	
	F4	跨文化线上交流	0.842	0.893	

资料来源：根据数据分析结果总结得出。

正后项总相关系数（CITC[①]）均大于0.7，Cronbach's α系数（克朗巴赫α系数）为0.947，项已删除后的Cronbach's α系数均小于0.947，说明办学理念维度的测量结果信度较高。在资源条件维度，校正后项总相关系数（CITC）小于0.5，Cronbach's α系数为0.808，各项已删除后的Cronbach's α系数大于0.808，说明有选项信度不足。首先删除项已删除后的Cronbach's α系数大于0.808的选项"B1：国家专门财政投入"，删除后B2、B3、B4的CITC值大于0.5，Cronbach's α系数提高到0.810，各项已删除后的Cronbach's α系数小于0.810，说明删除B1选项后资源条件维度的测量结果信度有所提高。在组织结构维度，校正后项总相关系数（CITC）均大于0.7，Cronbach's α系数为0.881，项已删除后的Cronbach's α系数均小于0.881，说明组织结构维度的测量结果信度较高。

培养过程部分信度较好。在课程体系维度，除了"D2：专业课程中的国际化主题"，其他项校正后项总相关系数（CITC）均大于0.7，Cronbach's α系数为0.906，项已删除后的Cronbach's α系数大部分小于0.906，由于删除D2后信度系数提升并不明显，且D2已删除后的Cronbach's α系数与0.906十分接近，因此保留D2。在实践活动维度，校正后项总相关系数（CITC）均大于0.6，Cronbach's α系数为0.844，项已删除后的Cronbach's α系数均小于0.844，说明实践活动维度的测量结果信度较高。在教学方法维度，校正后项总相关系数（CITC）均大于0.8，Cronbach's α系数为0.853，项已删除后的Cronbach's α系数除"F1：参加全球化专题讲座"均小于0.853，因此决定删除F1。删除F1后，教学方法维度的Cronbach's α系数为0.924，项已删除后的Cronbach's α系数均小于0.924，说明删除F1后，教学方法维度测量信度有所提高。

（二）全球胜任力评估问卷信度检验

全球胜任力评估信度分析结果如表5-5所示。在全球化知识与理解维度，校正后项总相关系数（CITC）均大于0.7，高于0.35的最低标准。Cronbach's α系数为0.949，项已删除后的Cronbach's α系数均小于0.949，说明该维度的测量结果信度较高。在全球化技能维度，校正后项总相关系数（CITC）均大于0.5，高于0.35的最低标准。Cronbach's α系数为0.863，项已删除后的Cronbach's α系数均小于0.863，说明该维度的测量结果信度较高。在全球化态度维度，校正后项总相关系数（CITC）均大于0.6，高于0.35的最低标

[①]在信度分析中，一般认为CITC在0.5以下，各项相关性较低；CITC在0.5以上，各项相关性较高。

准。Cronbach's α 系数为 0.924，项已删除后的 Cronbach's α 系数均小于 0.924，说明该维度的测量结果信度较高。

表5-5 全球胜任力评估信度分析结果

维度	编号	题项	CITC	项已删除后的Cronbach's α 系数	Cronbach's α 系数
全球化知识与理解	Q1A	"一带一路"地区历史和地理知识	0.848	0.94	0.949
	Q1B	"一带一路"地区政治和经济知识	0.851	0.939	
	Q1C	"一带一路"地区语言、文化、宗教知识	0.858	0.939	
	Q2A	全球化的概念及其发展趋势	0.858	0.939	
	Q2B	全球化对国家、社会和个人的影响	0.875	0.937	
	Q2C	国际组织在国际社会中的作用和价值	0.762	0.947	
	Q2D	关注重大全球事件和国际问题	0.746	0.948	
全球化技能	Q3A	使用一门外语阅读和写作	0.57	0.853	0.863
	Q3B	能够使用国际通用软件	0.595	0.85	
	Q3C	浏览外语网站获取相关信息和知识	0.526	0.86	
	Q4A	从其他文化视角去考虑或分析问题	0.737	0.831	
	Q4B	理解外国人以便和他们一起工作或生活	0.738	0.83	
	Q4C	用外语和外国人进行沟通和互动	0.69	0.836	

第五章　全球胜任力培养效果的影响因素研究

续表

维度	编号	题项	CITC	项已删除后的Cronbach's α系数	Cronbach's α系数
全球化技能	Q4D	在其他文化背景中生活、学习甚至是工作	0.601	0.849	0.863
全球化态度	Q5A	愿意与外国人交流并建立联系	0.712	0.916	0.924
	Q5B	愿意感受其他国家的文化和生活	0.767	0.912	
	Q5C	能够接受海外学习、实习和工作	0.778	0.912	
	Q6A	以尊重的态度对待其他文化	0.746	0.913	
	Q6B	能够理解其他文化的不同之处	0.722	0.915	
	Q6C	能够欣赏与自身不同的文化和价值观	0.676	0.918	
	Q7A	认同中国的传统文化和价值观	0.757	0.913	
	Q7B	认同自身的世界观	0.745	0.914	
	Q7C	认同人类命运共同体的理念	0.639	0.921	

资料来源：根据数据分析结果总结得出。

二、效度检验

本次问卷设计的目的是检验研究型大学本科生全球胜任力培养模式的关键要素。效度检验通常分为内容效度（content validity）、结构效度（construct validity）和校标效度（criteria-related validity）。内容效度指测量指标在多大程度上包含了概念；结构效度指在某概念体系内，不同变量之间的相关程度；校标效度指工具与外在校标的关联程度，也被称为预测效度（巴比，2000）。本研究通过问卷调研、访谈、案例研究、文献研究等得出：内容效度较好；校标效度由于无法直接观测，只能通过实证等方式进行检验。因此，本节主要通过探索性因子分析和验证性因子分析检验问卷的结构效度。

（一）全球胜任力培养模式问卷的效度检验

本研究对全球胜任力培养模式关键要素的样本进行KMO值适切性和Bartlett's球形检验。全球胜任力培养模式关键要素的KMO值和Bartlett's检验结果如表5-6所示。一般认为，KMO值（0.908）大于0.9即非常适合进行因子分析。Bartlett's球形检验的近似卡方为6350.453，检验结果呈显著性（$P=0.000<0.0001$），表明本研究的数据适合进行因子分析。

表5-6 全球胜任力培养模式关键要素的KMO值和Bartlett's检验结果

KMO 取样适切性度量		0.908
Bartlett's球形检验	近似卡方	6350.453
	自由度	406
	显著性	0.000

资料来源：根据数据分析结果总结得出。

另外，本研究开展了探索性因子分析。在SPSS25.0中采用主成分分析方法，设定特征值大于1，采用最大方差法正交旋转，最终提取出6个因子。因子的总方差解释率高达75%，每个因子的初始特征值均大于1，具体如表5-7所示。根据探索性因子分析的碎石图，研究者可以发现初始曲线十分陡峭，在第6个因子后趋于平缓，说明6个因子的解释效果已经可以接受。

表5-7 因子分析的总方差解释率

成分	初始特征值			提取载荷平方和			旋转载荷平方和		
	总计	方差百分比（%）	累积百分比（%）	总计	方差百分比（%）	累积百分比（%）	总计	方差百分比（%）	累积百分比（%）
1	11.571	39.901	39.901	11.571	39.901	39.901	4.97	17.139	17.139
2	3.859	13.307	53.208	3.859	13.307	53.208	4.521	15.59	32.729
3	2.272	7.834	61.042	2.272	7.834	61.042	3.827	13.197	45.926
4	1.717	5.921	66.963	1.717	5.921	66.963	2.905	10.018	55.944
5	1.215	4.188	71.151	1.215	4.188	71.151	2.787	9.61	65.554

续表

成分	初始特征值			提取载荷平方和			旋转载荷平方和		
	总计	方差百分比(%)	累积百分比(%)	总计	方差百分比(%)	累积百分比(%)	总计	方差百分比(%)	累积百分比(%)
6	1.16	3.999	75.149	1.16	3.999	75.149	2.783	9.595	75.149
7	0.893	3.08	78.229						
…	…	…	…						

资料来源：根据数据分析结果总结得出（部分内容已省略）。

研究型大学本科生全球胜任力培养模式的探索性因子分析结果如表5-8所示。根据本研究的初始假设，对提取出的6个因子分别进行命名：公因子1命名为"面向新全球化的办学理念"，公因子2命名为"保障全球化培养的资源条件"，公因子3命名为"服务于新全球化人才培养的组织结构"，公因子4命名为"面向全球化知识储备的课程体系"，公因子5命名为"面向跨文化适应能力提升的实践活动"，公因子6命名为"面向全球雇佣情境的教学方式和方法"。根据因子分析结果，27个指标的因子负载系数在所属因子下均大于0.6，说明量表具有较好的收敛效度，因子分析结果接近理想状态。

表5-8 研究型大学本科生全球胜任力培养模式的探索性因子分析结果

题项	因子负载系数					
	1	2	3	4	5	6
A1	0.775					
A2	0.8					
A3	0.745					
A4	0.792					
A5	0.824					
A6	0.806					
B2		0.669				
B3		0.81				
B4		0.682				
C1			0.768			
C2			0.703			

续表

题项	因子负载系数					
	1	2	3	4	5	6
C3			0.615			
C4			0.64			
D1				0.747		
D2				0.703		
D3				0.742		
D4				0.756		
D5				0.633		
E1					0.775	
E2					0.807	
E3					0.796	
E4					0.837	
E5					0.885	
F2						0.694
F3						0.729
F4						0.798

资料来源：根据数据分析结果总结得出。

（二）全球胜任力问卷的效度检验

由于本问卷已经经过多次调查测试，大量学者（刘扬，2015；胡德鑫，2017；路美瑶，2018）在应用该问卷进行调研后，均认为该问卷内容效度较好且结构清晰。因此，本研究无须再对全球胜任力问卷进行探索性因子分析，可直接采用验证性因子分析考察结构效度（王孟成，2014）。研究型大学本科生全球胜任力测量问卷的结构设计如表5-9所示。

表5-9 研究型大学本科生全球胜任力测量问卷的结构设计

主维度	二级维度	三级维度
全球胜任力	全球化认知	全球知识
		全球化认知与理解
	全球化技能	全球工具运用能力

续表

主维度	二级维度	三级维度
全球胜任力	全球化技能	跨文化胜任力
	全球化价值观	全球化意识
		全球化态度
		民族价值认同

资料来源：参考刘扬（2015）等的论文改编所得。

按照原始问卷的结构设计，本研究采用Mplus进行检验，其观测指标主要有5个。研究型大学本科生全球胜任力评估问卷效度检验如表5-10所示。从模型拟合情况来看，问卷除TLI①接近建议值，其余指标均略高于可接受范围，模型基本可以被接受。

表5-10 研究型大学本科生全球胜任力评估问卷效度检验

指标	建议值	实际值
x^2/df	≤3最佳；≤5也可接受	3.12
RMSEA	≤0.05最佳；<0.1也可接受	0.087
SRMR	≤0.05最佳；≤0.08也可接受	0.066
CFI	≥0.9	0.911
TLI	≥0.9	0.899

资料来源：根据数据分析结果总结得出。

第三节 回归分析模型构建与结果

为进一步挖掘研究型大学本科生全球胜任力培养模式的关键要素，验证第四章中构建的培养模式概念模型，为大学的培养实践提供政策建议，本研究采用多元回归分析的方法建立分析模型。模型以因子分析中的面向新全球化的办学理念、保障全球化培养的资源条件、服务于新全球化人才培养的组织结构、面向全球化知识储备的课程体系、面向跨文化适应能力提升的实践活动、面向全球雇佣情境的教学方式和方法6个因子作为自变量，以学生全球胜任力得分为因变量。随后，引入个体特征、家庭特征和全球参与特征三

---

① 塔克-刘易斯指数（Tucker-Lewis Index，TLI）也被称为非规范拟合指数（Nonnormed Fit Index，NNFI）。

类自变量,继续探究它们对研究型大学本科生全球胜任力培养的影响。

一、回归分析基本问题检验

为确保研究结果具有稳定性和可靠性,本研究分别对模型是否存在多重共线性、序列相关和异方差等进行了检验。通过计算方差膨胀因子(VIF)、德宾-沃森(Durbin-Watson)检验值以及异方差散点图,本研究发现不存在上述问题(由于篇幅有限,具体检验过程已省略)。

二、回归分析结果

(一)多元回归分析结果

本研究以培养模式要素为自变量,开展自变量与因变量之间的相关性检验,考察两者之间是否存在相关关系。从表5-11可以看出,每个自变量都与因变量具有显著相关性,前者对后者存在较为显著的影响。

表5-11 自变量与因变量之间的相关关系检验

内容		因子1	因子2	因子3	因子4	因子5	因子6
全球胜任力	Pearson系数	0.104*	0.328*	0.258**	0.531***	0.322***	0.389***
	显著性	0.000	0.000	0.000	0.000	0.000	0.000
	N	1069	1069	1069	1069	1069	1069

注:*** 在0.001级别(双尾),相关性显著;** 在0.01级别(双尾),相关性显著;* 在0.05级别(双尾),相关性显著。

为了更清晰地获得不同因子的影响效果,本研究采用"进入/步进"方法。"进入/步进"方法能够根据变量 F 值的显著性概率或 F 值大小,选择因变量进入模型或者从模型中移去,要求"进入"值必须小于"删除"值,且两者必须为正数(陈胜可,2013)。根据6个模型的 R 值、R^2 值等,研究发现6个自变量因子均被纳入模型是较为理想的。线性回归模型系数与显著性检验结果如表5-12所示。可以看出,上述因子均对研究型大学本科生全球胜任力培养产生了显著影响,回归模型的结果与预期基本符合。6个因子的回归系数分别为0.481、0.344、0.327、0.322、0.319、0.273。

第五章 全球胜任力培养效果的影响因素研究

表5-12 线性回归模型系数与显著性检验结果

模型	未标准化系数		标准化系数	t	显著性	共线性统计	
	B	标准误	β			容差	VIF
（常量）	277.134	3.496		216.499	0.000		
1	19.163	2.081	0.481	14.942	0.000	0.809	1.236
2	13.707	2.3	0.344	10.687	0.000	0.723	1.383
3	13.032	1.949	0.327	10.162	0.000	0.91	1.099
4	12.813	1.823	0.322	9.99	0.000	0.802	1.247
5	12.701	2.434	0.319	9.904	0.000	0.679	1.473
6	10.861	2.553	0.273	8.469	0.000	0.904	1.106

资料来源：根据数据分析结果总结得出。

（二）两类自变量与因变量的多元回归分析

为了进一步探究个体特征、家庭特征和全球参与特征对研究型大学本科生全球胜任力培养的影响，本研究建立了基准多元回归模型，并在此基础上依次加入多个非教育因素的自变量进行逐步验证。根据研究设计，最终形成如下所示的五个模型。

模型一（培养模式基准模型）：$GC=\alpha_i+\beta_1 x_1+\beta_2 x_2+\cdots+\beta_i x_i$

模型二（仅加入三类混杂因素变量）：$GC=\alpha_i+\beta_1 x_1+\beta_2 x_2+\cdots+\beta_i x_i+\mu_1$

模型三（培养模式+个体特征变量）：$GC=\alpha_i+\beta_1 x_1+\beta_2 x_2+\cdots+\beta_i x_i+\mu_1$

模型四（培养模式+家庭特征变量）：$GC=\alpha_i+\beta_1 x_1+\beta_2 x_2+\cdots+\beta_i x_i+\mu_1+\mu_2$

模型五（培养模式+全球参与特征变量）：$GC=\alpha_i+\beta_1 x_1+\beta_2 x_2+\cdots+\beta_i x_i+\mu_1+\mu_2+\mu_3$

其中，GC表示学生的全球胜任力得分；$x_1,x_2\cdots x_i$分别表示研究型大学在不同培养模式关键要素上的因子得分，α_i是模型的常数项，β_i是变量的标准化系数，γ是模型的随机误差。μ_1是个体特征的自变量，包括性别、年龄、学校、学科和年级；μ_2是家庭特征的自变量，包括家庭收入和父母受教育水平；μ_3是全球参与特征的自变量。多元回归模型分析结果如表5-13所示。

表 5-13　多元回归模型分析结果

变量	模型一	模型二	模型三	模型四	模型五
办学理念	12.701*** (0.319)		201.369*** (0.566)	182.897*** (0.567)	179.766*** (0.567)
资源条件	10.861*** (0.273)		199.924*** (0.561)	193.187*** (0.561)	190.837*** (0.560)
组织结构	13.032*** (0.327)		165.953*** (0.471)	160.996*** (0.471)	159.701*** (0.471)
课程体系	19.163*** (0.481)		49.178*** (0.138)	63.407*** (0.185)	63.131*** (0.185)
实践活动	13.707*** (0.344)		105.241*** (0.296)	101.993*** (0.296)	101.399*** (0.296)
教学方式和方法	12.813*** (0.322)		65.851*** (0.186)	47.581*** (0.139)	47.140*** (0.138)
性别		0.105 (−0.006)	−2.05 (−0.006)	−2.052 (−0.007)	−2.052 (−0.007)
低年龄		−0.896* (−0.842)	0.755 (0.312)	0.248 (0.001)	0.253 (0.001)
低年级		0.816* (0.039)	0.643 (0.476)	−0.466 (−0.001)	−0.597 (0.002)
学校		0.229 (0.027)	0.532 (0.002)	0.499 (0.001)	0.421 (0.001)
学科		1.26 (0.2387)	0.498 (0.002)	0.505 (0.002)	0.526 (0.002)
父母受教育程度高		0.887** (0.375)		0.084* (0.001)	0.053* (0.001)
家庭收入高		2.944* (0.169)		0.341* (0.001)	0.238* (0.001)
全球参与特征		3.356** (0.668)			0.345 (0.001)
Contest	112.104***	146.007***	111.574***	111.402***	111.666***
R^2	0.978	0.132	0.978	0.997	0.997

续表

变量	模型一	模型二	模型三	模型四	模型五
F	6.8***	2093***	1142***	9630***	7303***

注：(1) 括号外为 t 值，括号内为非标准化系数。(2) ***表示在0.001级别（双尾），相关性显著；**表示在0.01级别（双尾），相关性显著；*表示在0.05级别（双尾），相关性显著。性别、年龄、年级、父母受教育程度、家庭经济水平均为虚拟变量，受限于篇幅，本研究均只呈现1个虚拟变量。

根据计算结果，可以得出如下结论。

第一，模型一、模型四和模型五的 R^2 均大于等于0.978，说明无论是否考虑非教育因素变量，培养模式的6个关键要素均能对培养结果产生显著影响，这表明本研究建构的培养模式具有较强的解释力。但在加入非教育因素变量后，模型三、模型四和模型五非标准化系数大小均发生了变化。模型五和模型一相比，办学理念和资源条件的非标准化系数均有所提高。说明控制个体特征、家庭特征和全球参与特征后，大学的办学理念和资源条件是影响本科生全球胜任力的关键因素。

第二，在不考虑培养模式关键要素的情况下，非教育因素变量对全球胜任力模型的解释率仅有13.2%。其中，年龄、年级、父母受教育程度、家庭环境和全球参与情况对全球胜任力的贡献较为显著（模型二）。说明，年龄越大、年级越高、父母受教育程度越高、家庭收入较高、具有更多全球参与经历的学生全球胜任力水平越高。但在加入培养模式后，上述特征变量尤其是年龄、年级和全球参与特征对学生全球胜任力的影响迅速降低，部分变量甚至不显著。

第三，在引入多个混杂因素变量后，对比发现仅有父母受教育程度、家庭环境两个因素保持显著。引入混杂因素变量后，发现模型之间的 R^2 变化较小：在加入个体特征作为自变量后，没有特征呈显著状态，且 R^2 没有明显变化。继续加入父母受教育水平和家庭收入后，分别在0.05水平上显著，且 R^2 增加到0.997，模型解释率增加1.9%。继续加入全球参与特征后，不显著，且 R^2 没有明显变化。

第四节　全球胜任力培养效果的组态效应研究

回归分析结果证明了培养模式概念模型的有效性，但也说明研究者应当关注混杂因素：一方面，非教育因素能够直接影响培养效果；另一方面，在复杂的培养环境下，仅考虑培养模式要素难以全面、准确解释培养结果。然而，现有研究主要从个体特征、家庭特征、全球参与特征等视角考察全球胜任力水平（Meng，2017；曾倩倩，2017；郝瑛，2019；刘卓然，2020），较少关注非教育因素和培养要素的协同作用，亟待采取多元和整体的视角进行审视。

因此，本研究从组态视角出发探讨回归分析的研究结论，建立了如图5-2所示的全球胜任力培养协同效应模型。为此，本研究引入了能够从整体视角挖掘复杂性前因的QCA（定性比较分析）方法，重点探究如何通过两类因素协同作用提高研究型大学本科生全球胜任力培养水平。QCA方法的优缺点、适用性和应用过程将在下文进行详述。

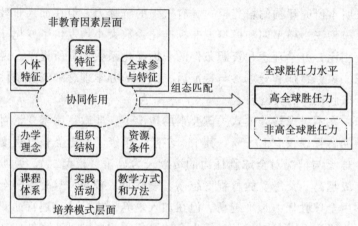

图 5-2　全球胜任力培养协同效应模型

一、研究方法与适用性分析

随着管理问题的复杂化和管理环境的多样化，单一变量或少量权变要素的交互已经难以对管理现象作出合理解释。有学者认为这是统计方法滞后所致，因此发展基于动态性的组态研究（configuration research）能够从简单线性逻辑过渡到全局逻辑，从而有效解决这一问题（张驰、郑晓杰、王凤彬，2017；张明、杜运周，2019）。QCA方法具有以全局逻辑探究复杂管理问题的能力，非常适合分析全球胜任力培养模式要素和混杂因素的共同作用效果。

（一） QCA方法简介

为了应对管理学日益提升的复杂性（complexity），美国学者Fiss（2007）等从类型学（typology）视角出发，以集合论与布尔运算为基础开发了定性比较分析方法（Qualitative Comparative Analysis，QCA），它能探究核心（core）或边缘（periphery）前因条件的互动（替代、抑制和互补等）如何导致被解释结果的变化。2021年，Ska（2022）统计了Scopus数据库中运用QCA方法的1500多篇论文，发现近5年来（2016—2021年）发文数量持续上升，其中不乏Q1（影响因子排名前25%的期刊）论文以及管理学领域的顶级期刊，展现了QCA方法的强大生命力。

近年来，QCA方法被大量运用，这主要归功于Fiss（2011）对传统QCA方法进行完善后开发的fsQCA（模糊集定性比较分析）。Rihoux和Ragin（2017）在《QCA设计原理与应用：超越定性与定量研究的新方法》中将现有的QCA方法分为清晰集、多值集和模糊集三种定性比较分析法，下文将依次说明各方法的优缺点和演进情况。

清晰集定性比较分析（Crisp-set QCA，csQCA）方法，主要用于处理原因和结果变量均为二分变量的情况，是较早开发出来的QCA方法。然而，在使用csQCA方法的时候不可避免会遇到两个问题：一是现实中的变量大多是非二分数据，该方法只能将这些数据转换为二分变量，因而不可避免地会出现信息偏差或遗漏，如研究者在处理变量身高时只能将其转换为矮和高两种状态；二是连续变量和多分类变量在转换过程中信息丢失严重，导致容易计算出自相矛盾的结果。因此，研究者曾尝试扩展变量类型，开发新的分析方法。

多值集定性比较分析（Multi-value QCA，mvQCA）方法是在csQCA方法的基础上开发的新方法，它可以将连续变量转换为多分类变量，能够有效解决信息丢失问题。例如，将"身高"定义为矮（160 cm以下）、较矮（161—170 cm）、较高（171—180 cm）和高（181 cm以上）四类。mvQCA方法突破了csQCA方法的约束，能够显著减少相互矛盾的结果。然而，mvQCA方法也存在缺点，即如何确定变量的分类阈值，对应到身高上，为何要将160 cm、170 cm和180 cm作为划分身高的分界点？

本研究采用的是模糊集定性比较分析（Fuzzy-set QCA，fsQCA）方法，该方法引入了模糊数学理论，突破了csQCA方法和mvQCA方法的限制，能够结合类别（kind）和程度（degree）综合测量变量，能更准确地刻画全球胜任力培养模式要素等连续变量和多分变量的差异。fsQCA方法在分析变量时，一般先设置锚点，然后将结合的隶属度进行刻度化处理，使集合中的要素在某种程度上具备部分隶属的可能性。相比前两种方法，fsQCA方法能够更加精确地评价变量是否具有一致性，在评价范围上也更加广泛。因此，自从2011年Fiss在管理学顶级期刊《美国管理学学会期刊》（*Academy of Management Journal*）上正式提出fsQCA方法后，fsQCA方法便得到了广泛的传播和使用①。

（二）fsQCA方法的适用性

在分析研究型大学本科生全球胜任力培养效果时，QCA方法具有以下三个优点，能够在回归分析的基础上拓展研究结论，为研究者提供更多启发。

第一，QCA方法充分结合了定量和定性研究的优势，能够以中等样本量（1069份）对研究对象进行深入分析，从而获取在大数据和大规模访谈下才能获得的结论。一方面，传统定量研究的本质大多是基于回归分析的，在大样本数据量下才能获得可靠结论；另一方面，定性研究是基于对少量样本"深描"的，要求较高的样本质量和信息。QCA方法结合了定量和定性研究方法的优势，可以结构化处理包含大量定性研究或案例的数据，在中等样本量中使得研究成果的边际效益最大化。研究者对已发表论文中QCA方法进行统计：在自变量较少时，样本量通常是几十个，大部分在250个以内；在自变量较多时，样本量也随之增加，最多可达1000个（张驰，2017；Ska，2022）。基于此，Ragin（2017）才将QCA方法称为"超越定量和定性研究的新方法"。

第二，能够应对复杂的前因变量（自变量），无须担心共线性问题，从而能够进一步挖掘不同自变量是如何共同影响研究型大学本科生全球胜任力的。李蔚与何海兵（2015）指出，与传统的基于回归的统计分析方法相比，QCA方法有两个优点：一是QCA方法能够分析中小样本和复杂性因果关系，而回归的统计推断受限于样本量，难以给出有效结论；二是QCA方法能够分析因素的组合情况，而回归只能找出自变量的净效应。为了找出净效应，回归分析要求变量不存在多重共线性问题，因此无法解决多变量问题，而QCA方法却可以挖掘多因素之间的非线性关系。

第三，QCA方法的分析结果是非对称的，即QCA方法的分析结果是因果关系而非相关关系，这有助于本研究探索导致高水平全球胜任力培养的因素组合。回归分析得出的是相关关系而非因果关系，需要通过理论假定作用

---
①在本研究中，后续如无特殊说明，提及的QCA方法均包含fsQCA方法。

方向。QCA方法讨论的是集合隶属，最终展现构型与结果之间的充分必要关系，因此导致高水平结果和低水平结果的条件组态不一定相同。相比之下，因果关系只能回答自变量与因变量在水平上的同步变化情况，QCA方法的集合隶属能够进一步挖掘条件因素的组合模式，强化了回归分析的结论（张驰，2017）。

二、数据分析与计算过程

fsQCA方法能够帮助研究者更好地探索"培养模式要素＋混杂因素"这一复杂的前因变量与"全球胜任力水平"这一结果变量之间的关系，因此本研究引入该方法进一步探索全球胜任力的培养规律。根据fsQCA方法的使用规范，数据分析与计算过程分为三步：数据测量与校准、单个条件的必要性分析、条件组态分析。数据仍采用1069份有效问卷的数据，描述性统计分析请见本章第一节，数据处理和计算的具体过程如下。

（一）数据测量与校准

本研究关注的结果是研究型大学本科生全球胜任力水平。影响全球胜任力水平的条件变量有两类：一是全球胜任力培养模式要素；二是影响全球胜任力培养效果的混杂因素。结果变量与条件变量的所有数据均通过问卷调查获得，具体测量方法和样本在回归分析中已详细描述。

获得样本后，部分数据并不能直接用于fsQCA方法，所以本研究先进行了数据处理。根据数据类型和特点采用了三类处理方法。一是不进行处理，直接将调查结果作为变量进行计算，如年龄、年级、父母受教育水平和家庭环境等。二是采用线性加权平均处理方法。在fsQCA方法计算过程中，条件变量过多会导致计算结果过于复杂，因此本研究根据需要将内容较为同质化的全球参与特征进行了加权拟合。同时，本研究根据既往研究，直接将结果变量全球胜任力水平进行了加权处理。三是采用主成分分析法对指标进行降维处理。吴艳和温忠麟（2011）研究发现，采用因子分析等打包处理方法不仅偏差不大，还能够显著提高数据质量和模型拟合程度。因此，本研究基于探索性因子分析结果，对培养模式的6个要素均采用因子法（factorial algorithm）进行打包。采用因子法打包会将部分样本数据变成负数，本研究根据fsQCA方法的数据校准要求，继续采用"最大值-最小值"标准化方法进行修正，便于后续校准使用。处理公式如下：

$$X = \frac{x - Min}{Max - Min}$$

在进行fsQCA的组态分析之前，本研究还需要对数据进行校准（calibrate），将所有数据转换为隶属于模糊集合的形式。校准后的数据取值为0—1，为了刻画条件变量的分布情况，本研究还需要提供校准的锚点（完全隶属、交叉点、完全不隶属），三个校准点通常为5%、50%和95%（杜运周、贾良定，2017）。综上所述，各变量的校准定位点如表5-14所示。

表5-14 各变量的校准定位点

变量名称	变量标签	指标描述与拟合方式	完全隶属	交叉点	完全不隶属
年龄	age	直接获得问卷中提供的年龄	26	21	20
年级	grade	直接获得问卷中提供的年级	5	3	1
父母受教育水平	education	根据父母最高受教育水平计算，初中及以下为1、高中为2、大专为3、本科为4、硕士为5、博士为6	4	2	1
家庭环境	family	根据家庭年收入进行综合计算，年收入3万以下为1；年收入3—8万为2；年收入9—15万为3；年收入16—30万为4；年收入30万以上为5	6	3	1
国际交流	international	根据出国交流次数、交流时长、交流类型进行加权，是大于0的连续变量	9	1	0
办学理念	mission	降维处理后，采用"最大值—最小值"标准化方法进行拟合，数据为(0,1)的连续变量	0.795	0.597	0.357
资源条件	resource	降维处理后，采用"最大值—最小值"标准化方法进行拟合，数据为(0,1)的连续变量	0.779	0.578	0.331
组织结构	organization	降维处理后，采用"最大值—最小值"标准化方法进行拟合，数据为(0,1)的连续变量	0.745	0.549	0.321

续表

变量名称	变量标签	指标描述与拟合方式	完全隶属	交叉点	完全不隶属
课程体系	curriculum	降维处理后，采用"最大值—最小值"标准化方法进行拟合，数据为（0,1）的连续变量	0.768	0.603	0.383
实践活动	practice	降维处理后，采用"最大值—最小值"标准化方法进行拟合，数据为（0,1）的连续变量	0.745	0.571	0.360
教学方式	teaching	降维处理后，采用"最大值—最小值"标准化方法进行拟合，数据为（0,1）的连续变量	0.942	0.753	0.442
全球胜任力得分	global competence	借鉴刘扬（2015）、胡德鑫（2021）等的研究，采用线性加权方式计算，数据为大于0的连续变量	141.5	112	80

注：由于fsQCA方法无法识别位于交叉点的数据，会自动将属于交叉点的数据抛弃。为确保数据量，本研究对交叉点数据进行了±0.01的处理且小数点后仅保留三位小数。

（二）单个条件的必要性分析

在进行条件组态分析前，研究者通常需要对所有条件变量的必要性（necessity）进行逐一检验。在本研究中，需要检验单个变量是否构成全球胜任力水平的必要条件。必要条件分析如表5-15所示。fsQCA方法的必要性检验有两个指标：一是一致性（consistency），表示条件变量与结果的一致性程度，即结果在多大程度上需要该变量的存在，类似于显著性程度，通常一致性大于0.9可以认为该条件是结果的必要条件；二是覆盖率（coverage），即有多少比例的案例符合或者可以解释该条件（Rihoux、Ragin，2017）。根据检验结果，研究者可以发现高水平组和低水平组的一致性均小于0.9，说明不存在导致全球胜任力水平高或低的绝对必要条件。

表5-15 必要条件分析

分组	高水平绩效组		低水平绩效组	
条件变量	一致性	覆盖率	一致性	覆盖率
age	0.652549	0.636359	0.650671	0.677686
grade	0.773360	0.643743	0.553118	0.705303

续表

分组	高水平绩效组		低水平绩效组	
条件变量	一致性	覆盖率	一致性	覆盖率
education	0.594201	0.674409	0.604357	0.547174
family	0.614311	0.709669	0.665448	0.594176
international	0.816575	0.700714	0.565762	0.689760
mission	0.867358	0.860931	0.464249	0.474637
resource	0.870760	0.901145	0.465874	0.457055
organization	0.848060	0.838944	0.468820	0.480983
curriculum	0.855677	0.868914	0.481211	0.480821
practice	0.818810	0.763917	0.469327	0.513644
teaching	0.760004	0.738260	0.526559	0.550722

资料来源：根据计算结果整理所得。

（三）条件组态分析

在进行单一条件必要性检验后，采用条件组态分析可以揭示多个条件组合对结果充分性的影响。在条件组态的充分性分析过程中，有两个标准：一是充分性阈值；二是频数阈值。不同学者采用的阈值标准不同，Fiss（2011）建议，在数据量充足且案例较多时选择0.8作为充分性阈值；Ragin（2007）认为，在案例较少时可以选择0.75或0.7作为充分性阈值，而频数阈值在小样本中应为1，在大样本中应大于1。本研究采用0.8作为充分性阈值，频数阈值为1，最后包含22个可接受样本。根据上述标准，经由QCA计算最终得到高水平全球胜任力本科生的组态分析结果如表5-16所示。可见，无论是单个组态还是总体解的一致性都在接受标准0.75以上，下文将对各组态的命名进行阐述，并对计算结果进行分析和解释。

表5-16 高水平全球胜任力本科生的组态分析结果

组态命名	综合型	实践-教学型	实践为主型	环境型
组态	1	2	3	4
age	●	●	●	○
grade	●	●	●	○
education		○	●	●

续表

组态命名	综合型	实践-教学型	实践为主型	环境型
组态	1	2	3	4
family		○	●	●
international	○	○	○	○
mission	●	○	○	●
resource	●	⊕	⊕	●
organization	●	○	○	●
curriculum	●	○	○	●
practice	●	●	●	●
teaching	●	●	○	●
一致性	0.999731	0.8093	0.88039	0.999765
原始覆盖率	0.377158	0.166159	0.12858	0.216382
覆盖率	0.172151	0.0197543	0.0086329	0.058755
解的一致性	0.904946			
解的覆盖率	0.475726			

注：●表示条件存在，⊕○表示条件不存在；⊕●表示核心条件，○●表示辅助条件；空白表示该条件可存在，也可不存在。

三、计算结果与解释

表5-16呈现了高水平本科生全球胜任力的四种组态，不同组态对应的核心与边缘条件差异较大。为了更清晰地阐述上述计算结果，下文从组态构成和"核心—边缘"条件两个视角进行解释。

（一）组态构成视角下的结果阐释

组态1表明，全球化办学理念、国际化资源、组织结构和实践活动在提升全球胜任力过程中发挥了核心作用，课程学习和教学方式起辅助作用。该组态可以有两种解释方式：一方面，从家庭环境来看，这条路径表明在不考虑家庭环境的情况下，校内全球胜任力培养活动对所有缺乏国际交流经历的学生都有较高价值，因此可以被命名为"综合型"；另一方面，从年龄和年级来看，这条路径也表明随着年级和年龄的增长，知识学习提升全球胜任力的边际贡献逐渐下降，而办学目标、资源、组织等隐性的国际化资源和氛围提升全球胜任力的价值愈发凸显。组态1的原始覆盖率为0.377158，覆盖率为0.172151，一致性为0.999731。该路径能够解释约37.72%高水平全球胜任力培养结果，其中约有17.22%高水平全球胜任力培养结果仅能被这条路径解释。简言之，该组态说明对高年龄、高年级学生，学校全球化的办学目标、充足的全球化资源、全球化的组织结构和丰富的实践活动对提升研究型大学本科生全球胜任力效果较好。

组态2表明，全球化实践活动在提升研究型大学本科生全球胜任力过程中发挥了核心作用，教师的教学方式发挥了辅助作用。组态2表明，如果研究型大学严重缺乏国际化资源，国际化办学目标不清晰且相应的办学体系不健全，它仍然能够以全球化的实践活动为主、教学方法创新为辅来提升高年级学生的全球胜任力水平，可以被命名为"实践-教学型"。该组态的原始覆盖率为0.166159，覆盖率为0.0197543，一致性为0.8093。该路径能够解释约16.62%高水平全球胜任力培养结果，其中约有1.98%高水平全球胜任力培养结果仅能被这条路径解释。简言之，该组态说明对于国际化资源欠缺的研究型大学，对外要重点拓宽跨国、跨文化交流渠道，对内要积极革新教学方法。

组态3表明，全球化实践活动在提升研究型大学本科生全球胜任力过程中发挥了核心作用。组态3表明，如果研究型大学严重缺乏国际化资源，国际化办学目标不清晰且相应的办学体系不健全，但学生家庭经济条件较好的情况下，仅通过更多地参加实践活动也能有效提升本科生的全球胜任力水平，因此该路径可以被命名为"实践为主型"。该组态的原始覆盖率为0.12858，覆盖率为0.0086329，一致性为0.88039。该路径能够解释约12.86%高水平全球胜任力培养结果，其中约有0.86%高水平全球胜任力培养结果仅能被这条路径解释。简言之，该组态说明，大学在缺乏全球化的办学理念和环境时，可以鼓励家庭经济条件较好的高年级本科生通过对外交流和实习、实践等方式提升自己的全球胜任力水平。

组态4表明，全球化办学目标、组织结构和资源条件在提升研究型大学本科生全球胜任力过程中发挥了核心作用，而实践活动、教学方式和课程学习发挥了辅助作用，可以被命名为"环境型"。组态4表明，低年级本科生应主要从全球化的办学环境、丰富的国际化资源和国际化的学生社团等方面提升全球胜任力水平，并适当参与课程学习、教学和实践活动。该组态的原始覆盖率为0.216382，覆盖率为0.058755，一致性为0.999765。该路径能够解释约 21.64% 高水平全球胜任力培养结果，其中约有 5.9% 高水平全球胜任力培养结果仅能被这条路径解释。简言之，该组态说明对于低年级和低年龄的本科生来说，全球化的办学理念、服务于国际化的组织结构等是提高他们全球胜任力水平的主要条件，而教学方式、实践活动和课程学习是辅助条件。

（二）"核心—边缘"条件构成视角下的结果阐述

从条件构成来看，高水平全球胜任力培养的核心条件主要有年龄、办学理念、资源条件、组织结构和实践活动等，边缘条件主要有年级、课程体系和教学方法。综合"核心—边缘"条件构成来看，本研究能够得出如下重要启示。

第一，关注年龄和年级对培养效果的影响。年龄和年级是影响全球胜任力培养效果的重要因素，年龄和年级越高，培养路径越单一，越依赖参与实践活动来提升全球胜任力。相比于家庭环境和入学前后的国际化活动的影响，包含年龄和年级的组态解释度更高。从回归分析结果来看，年龄和年级是影响全球胜任力培养的显著变量，但在加入培养模式要素后不再显著。这说明，学校提供实践能力方面的针对性培养，能够提升所有年龄段和年级本科生的全球胜任力。实际上，从联合国和平大学、开普敦大学和匹兹堡大学的案例中也可以发现，证书课程和专题讲座等主要面向低年级本科生，实践活动则在学生进入高年级后开展。

第二，重视实践活动在培养过程中的作用。在培养过程方面，面向跨文化适应能力提升的实践活动是提升研究型大学本科生全球胜任力的重要途径，对于不同风格的群体都适用。对于高年级本科生的重要性要大于低年级本科生。鉴于实践活动方面的重要性，研究型大学应大力拓展国际合作，同时整合国际化资源开展"在地国际化"活动。在本研究的案例中，清华大学、联合国和平大学和匹兹堡大学等都提供了很好的示例：一方面，研究型大学要积极拓展国际合作资源，建立学生国际交流渠道；另一方面，研究型大学要鼓励国际学生和教师群体融入本校，加强内部国际化资源的挖掘，争取扩大学校国际化办学的受益面。

第三，恰当的实践和教学措施能够弥补理念、资源和组织方面的不足。综合组态分析来看，在缺乏全球化办学理念、资源条件和组织机构支持的情况下，研究型大学仍然能够通过开发本地的国际化资源、推动教学方法革新和课程内容改革等提升本科生的全球胜任力。从组态 3 和组态 4 来看，如果本科生家庭经济条件较差，通过教学方法改革仍能弥补学生先天性文化资本的不足。

综合上述分析,本研究可以得出三个重要结论:第一,研究型大学高水平全球胜任力培养的路径通常有4条,分别为综合型、实践-教学型、实践为主型和环境型。4条路径分别展示了在混杂因素和培养模式要素共同作用下,高水平全球胜任力培养可采取的4种途径。例如,综合型强调构建完善的培养模式;实践-教学型强调拓宽交流渠道和革新教学方法;实践为主型鼓励加强对外交流和实习实践;环境型提倡全球化办学理念和打造国际化的校园环境。第二,要建立全球化的办学理念,投入配套的办学资源,开展组织结构和培养过程改革。从组态分析的覆盖率来看,组态1和组态4的覆盖率分别为17.21%和5.88%,组态2和组态3的覆盖率分别为1.98%和0.86%。这说明,通过有针对性的教学和实践设计虽然能够提升研究型大学本科生的全球胜任力,但实现的可能性较小。从培养绩效视角来看,研究型大学应建立全球化办学理念、开展资源配套和组织结构改革。第三,从组态视角来看,年龄和年级是影响研究型大学本科生全球胜任力培养的主要并发因素,他们父母受教育水平和家庭环境是影响培养效果的次要并发因素。对于高年级和高年龄段的本科生来说,研究型大学应充分利用全球化的办学环境和资源环境,重点加强实践活动对本科生跨文化适应能力的影响;对于低年龄段和低年级的本科生来说,研究型大学应鼓励他们参加国际化社团活动,感受国际化的氛围,以课程、教学与实践作为辅助。同时,研究型大学也要适当关注家庭经济条件较差的本科生的全球胜任力培养。

第五节 本章小结

本章对研究型大学本科生全球胜任力培养模式进行了实证研究,验证了第五章中构建的培养模式概念模型的合理性与有效性,这表明全球胜任力培养模式的6类要素能够显著提升培养绩效。实证研究过程如下:第一,本研究根据案例研究和培养模式构建的结果,明确了自变量和因变量,以及测量方法;第二,本研究根据研究设计,在全国获得1069份研究型大学本科生的有效问卷,经过信度、效度检验发现问卷的整体信度和效度均良好;第三,本研究采用多元线性回归方法,将个体特征、家庭特征和全球参与特征纳入自变量,检验它们与培养模式要素对全球胜任力水平的净效应。最终,本研究得出如下结论。第一,全球胜任力培养模式要素均能对全球胜任力培养产生显著的正向作用,对研究型大学本科生全球胜任力水平的解释力较

第五章 全球胜任力培养效果的影响因素研究

强。其中,在不纳入非教育因素时,课程体系和组织结构对研究型大学本科生全球胜任力的影响较大。在纳入非教育因素时,办学理念和资源条件对研究型大学本科生全球胜任力的影响较大。第二,对非教育因素进行检验发现,不考虑培养模式要素的贡献时,个体特征、家庭特征和全球参与特征对研究型大学本科生全球胜任力培养水平的贡献显著,综合解释率为13.2%。第三,在引入混杂因素后,本研究发现培养模式要素对研究型大学本科生全球胜任力贡献要显著大于个体、家庭和全球参与特征。研究型大学培养的解释率高达97.8%,而非教育因素仅能够增加1.9%的解释率。这说明,培养模式要素是解释研究型大学本科生全球胜任力培养水平的主要要素。

为了继续检验混杂因素和培养模式要素对全球胜任力培养的协同作用,本研究又采用了fsQCA方法检验两者的协同效应。最终得出如下主要结论:第一,研究型大学高水平全球胜任力培养的路径通常有四条,分别为综合型、实践-教学型、实践为主型和环境型;第二,研究型大学要建立全球化的办学理念、投入配套的资源、开展组织结构和培养过程改革;第三,年龄和年级是影响研究型大学本科生全球胜任力培养的主要并发因素,他们父母受教育水平和家庭环境是影响培养效果的次要并发因素。

第六章 结论、建议与展望

在新全球化时代，研究型大学本科生全球胜任力培养是推动实现全球共建人类命运共同体伟大构想的人才基础。为了回答"新全球化背景下研究型大学本科生全球胜任力的培养模式"这一研究问题，本研究首先采用案例研究和内容分析法提炼了研究型大学本科生全球胜任力培养模式的关键要素；其次，采用ISM方法梳理了要素之间的逻辑关系并在此基础上构建了全球胜任力培养模式的理论模型；再次，采用统计分析和fsQCA方法探究了影响全球胜任力的因素以及如何有针对性地培养全球胜任力；最后，本章将总结研究的主要结论，对培养实践和未来研究提供建议。

第一节 研究的主要结论

本研究聚焦"新全球化背景下研究型大学本科生全球胜任力的培养模式"这一核心展开。首先，本研究通过文献分析和历史回溯，结合国际局势和研究视角，梳理了全球胜任力的历史承袭和概念演变。将新全球化背景下研究型大学本科生全球胜任力的概念定义为以推动构建人类命运共同体理念为目标，秉承包容合作、互利共赢、友好尊重的态度，能够与来自其他文化背景的人就全球重要议题进行公开、适当和有效的交流互动，以及为全球发展贡献独特智慧和多元行动的能力。新全球化背景下的全球胜任力与传统全球化背景下的全球胜任力内涵有所不同，主要体现在：理念上，新全球化更强调传承性和包容性而非斗争性；目标上，新全球化提倡共建人类命运共同体而非单纯的全球扩张；手段上，新全球化强调差异合作和共生共享而非传统"西方中心论"视角下的等级分工。

基于上述概念，本研究从新全球化背景下研究型大学本科生全球胜任力培养模式的关键要素、理论模型和影响因素三个研究问题展开了具体研究，得出以下结论。

（1）研究型大学本科生全球胜任力培养模式包含4个维度，不同维度的改革呈现差异协同的特点。通过对研究型大学的探索性多案例研究和内容分析，本研究发现研究型大学本科生全球胜任力培养模式包含面向新全球化的办学理念、保障全球化培养的资源条件、服务于新全球化人才培养的组织结

第六章 结论、建议与展望

构和面向全球雇佣市场的培养过程4个维度。其中，面向新全球化的办学理念维度包含国际化办学愿景、建立国际战略规划、国际化人才培养目标等；保障全球化培养的资源条件维度包含专门财政支持、基础设施建设、资源共享平台建设、国际传播体系等；服务于新全球化人才培养的组织结构维度包含国际事务专门机构、国际教育机构、国际化的人员构成等；面向全球雇佣市场的培养过程维度包含全球化课程体系、跨文化实践活动、情境化教学方法等。

根据内容分析中各要素的出现频率，本研究可以总结出研究型大学本科生全球胜任力培养模式改革呈现差异协同特点：一是研究型大学本科生全球胜任力培养必须长期坚持面向新全球化的办学理念，进而驱动培养模式的整体变革；二是根据办学理念，对培养过程进行迭代式优化改革，不断优化培养模式以提升全球化人才培养质量；三是根据培养过程对组织结构和资源条件进行适时调整，以保障人才培养过程的实施。从上述改革历程来看，研究型大学本科生全球胜任力培养形成了"理念变革—过程优化—实施保障"之间的协同，保证了培养质量。

（2）研究型大学本科生全球胜任力培养模式的理论模型是一个具有3个层次4个模块的多级递进结构。基于ISM模型，本研究发现培养模式各要素之间在逻辑上存在多级递进的层次关系。从逻辑上来看，研究型大学本科生全球胜任力培养模式存在以下规律：第一，国际化办学愿景作为根源层，是决定研究型大学开展全球胜任力培养的深层次原因和动力源，促进了培养模式的整体性变迁；第二，组织结构、资源条件和办学理念形成了中间层，是培养模式的中介和催化剂；第三，培养过程是表象层，包括跨文化实践活动、全球化课程体系和情景化教学方法，是人才培养的具体措施。

从功能结构来看，研究型大学本科生全球胜任力培养模式的理论模型又包含4个模块：一是以面向新全球化的办学理念为动力来源；二是以服务于新全球化人才培养的组织结构和保障全球化培养的资源条件为支撑；三是以面向全球雇佣市场的培养过程为核心；四是以要素之间的协同机制为保障。

根据上述理论模型，为了保障研究型大学全球胜任力培养模式的高质量运行，本研究认为在实践中应遵循五条原则：一是坚持共建人类命运共同体的教育理念；二是打造国际化课程的课程目标；三是形成胜任力本位的教学目标；四是以国际化氛围评判国际化成效；五是让国际交流活动实质且深入。

（3）研究型大学本科生全球胜任力培养效果受到个体特征、家庭特征和全球参与特征等混杂因素的影响，并与培养模式要素协同作用形成了综合型、实践-教学型、实践为主型和环境型四条高水平全球胜任力培养路径。本研究通过问卷调查和统计分析，设计了以培养模式要素和混杂因素共同作为自变量，研究型大学本科生全球胜任力水平为因变量的多元回归模型。本研究发现：第一，在所有包含了培养模式要素为自变量的模型中，自变量均能对培养结果产生显著影响，且解释力均在97%以上；第二，综合所有情况来看，影响研究型大学本科生全球胜任力培养效果的混杂因素分别为年龄、年级、父母受教育程度、家庭环境和全球参与经历。

为了继续探索外部因素与培养模式对研究型大学本科生全球胜任力培养的并发作用，本研究又采用了fsQCA方法检验其协同效应，最终发现如下结论。第一，研究型大学高水平全球胜任力培养的路径通常有四条，分别为综合型、实践-教学型、实践为主型和环境型。第二，从覆盖率最高的环境型来看，研究型大学的新全球化人才培养要建立面向新全球化的办学理念，投入配套的办学资源，积极开展组织结构和培养过程改革。第三，从组态构型来看，培养过程要重点关注两类因素：影响研究型大学本科生全球胜任力培养的主要并发因素，如年龄和年级，影响培养效果的次要并发因素，如父母受教育水平和家庭环境。

第二节 研究的创新点

本研究系统讨论了在新全球化背景下，研究型大学本科生全球胜任力培养模式的关键要素、理论模型和影响因素，搭建了较为完善的"概念—理论—实践"体系。具体来看，本研究的创新点主要表现在以下方面。

（1）明确了全球胜任力培养模式的四个关键要素，为人才培养模式从服务于传统全球化到向新全球化转型提供了依据。此前具有代表性的全球胜任力概念，如Lambert（1993）、Hunter（2003）和PISA（OECD，2019）等，提出了引发国际教育界对全球胜任力关注的观点。尤其是PISA基于SDGs提出培养青少年的全球胜任力以促进人类福祉，并在全球范围开展全球胜任力国际测评，对全球胜任力研究产生了深刻影响。大量学者将PISA关于全球胜任力的理论奉为圭臬，或依据PISA全球胜任力测试进行理论研讨，或运用该框架解读培养实践。然而，有学者认为"西方中心论"，忽略了南方国家（global south）的价值诉求（Britney，2019）。Lambert（1993）和Hunter（2003）提出的全球胜任力也以服务美国国家安全、维持美国全球领导地位等为出发点。据此衍生的全球胜任力培养实践对我国的研究型大学虽

第六章 结论、建议与展望

然具有一定的借鉴意义，但不能直接移植到中国，研究者还需要充分考虑文化传统、价值立场、民族认同等（滕珺、杜晓燕，2018；张蓉，2019）。

针对上述问题，本研究首先通过案例研究和内容分析提取了全球胜任力培养模式的关键要素，提出了新全球化情境下的全球胜任力培养模式要素，并将其总结为以下四个维度：一是面向新全球化的办学理念；二是服务于新全球化人才培养的组织结构；三是保障全球化培养的资源条件；四是面向全球雇佣市场的培养过程。相比于传统的全球化培养模式，本研究提出的培养模式在理念内核、具体内容和实现机制上都更贴近新全球化目标，有助于研究型大学从基于"西方中心论"的传统全球化视角，向以人类命运共同体为核心的新全球化视角转变，为后续构建功能完善、逻辑自洽的培养模式奠定基础。

（2）构建了系统的全球胜任力培养模式的理论模型，为研究型大学系统开展本科生全球胜任力培养提供了理论指导。当前，我国在参与全球治理、企业海外业务和经济社会发展方面都在一定程度上受到国际化人才不足的影响（陈向阳，2017）。缺乏理论支撑导致了人才供给与需求之间存在矛盾，导致人才不足的原因可能如下：首先，国内研究型大学虽展开了全球胜任力培养改革，但办学理念相对滞后、教学方式和方法较为传统、缺乏实践活动等，无法更为全面地为企业国际化发展和国家战略行动提供人才保障（刘扬，2015；李新，2019；刘晓光，2020）；其次，欧美等研究型大学开展的全球胜任力培养，在人才理念、培养层次、学生规模和国际化资源投入上与我国研究型大学有较大差异，缺乏足够的参考价值（Lohman，2006；Grandin，2009）；最后，国内研究型大学在全球化人才培养中还存在学科割裂现象，大部分学生缺乏国际视野以及处理多学科和跨学科问题的能力等（张汉和赵寰宇，2017）。这些问题都表明，当前学术界应着力构建更加系统的全球胜任力培养模式理论，以帮助我国研究型大学的管理者和教师更新办学理念、完善培养体系、提升资源整合能力。

本研究基于探索性案例研究和ISM理论建模方法，在梳理不同培养模式要素之间关系的前提下，建构了研究型大学本科生全球胜任力培养模式的理论模型。本研究通过ISM建模发现，办学理念是开展新全球化人才培养的动力来源，属于根源层，组织结构、资源条件是将办学理念落地的必要依托，属于中间层，培养过程是开展全球胜任力培养的具体方法和措施，属于表象层。根据上述层次关系，本研究进一步构建了培养模式的理论模型，即：以办学理念为动力和起点；完善组织结构和资源条件的基础作用；以培养过程为培养模式的核心；完善协同机制保障培养模式的高质量运行。该理论模型为研究型大学的全球胜任力培养提供了理论指导，有助于满足相关理论和实践需求：一方面，该理论跳出了"西方中心论"下的国际化人才培养体系，提供了适切于中国在新全球化情境下研究型大学人才培养改革的理论视角（王欢欢，2010）；另一方面，该理论有助于中国的研究型大学整合国际化资源，制定合适的国际化发展战略，提升人才培养质量（李敏，2021），为国家重大战略提供人才支撑。

（3）本研究从净效应和组态效应两个视角检验了影响研究型大学本科生全球胜任力培养效果的要素，有助于开展全球化人才选拔，以及培养方案的动态优化。现有全球胜任力研究多以宏观政策和微观测评研究为主，较少对人才培养过程等中观层面的问题进行研究（谭卿玲，2021）。从研究型大学本科生全球胜任力培养实践和培养效果来看，现有研究主要分析了个体的某些特征或经历对提升全球胜任力的影响，总体来看存在两点不足：一是上述研究主要从个体学习习惯、学习动机、家庭环境和国际交流经历等某一方面着手，研究其对全球胜任力培养的主客观影响（Meng，2017；郝瑛，2019；刘卓然，2020），且较少对上述因素进行系统分析和比较；二是主要采用回归分析的方式考察了不同要素对全球胜任力的净效应，较少同时考虑上述混杂因素和培养模式要素对全球胜任力的协同作用（胡德鑫，2021），这样也就无法针对不同影响要素提出相应的对策或建议。

为此，本研究从净效应和组态效应两个视角切入，采用统计分析和fsQCA方法进行了实证研究，剖析了培养模式要素和混杂因素对全球胜任力的协同作用效果。通过上述分析，本研究能够为研究型大学的人才选拔和培养模式动态优化提供实践参考：一方面，从对全球胜任力水平贡献的净效应来看，学生个体特征、家庭特征和全球参与特征均能影响研究型大学本科生的全球胜任力，具备上述要素某些特征的本科生更有可能在投入较低培养成本的情况下获得较高水平的全球胜任力，因此在人才选拔中尤其要关注此类要素；另一方面，从组态效应来看，在混杂因素和培养模式要素的协同作用下，本研究提出了4条具体的高水平全球胜任力培养路径，这表明研究型大学需要根据本科生的个体特征、家庭特征和全球参与特征对培养政策进行动态调整，制定更有针对性的培养模式。本研究构建的培养模式理论模型的外部效度，也为研究型大学选拔人才和制定培养方案提供了参考，为人才培养的循证改革提供了更多支持。

第六章 结论、建议与展望

第三节 实践启示

在新全球化阶段，我国研究型大学本科生的全球胜任力在知识和能力上与国际排名相当的欧美院校存在一定差距，制约了我国参与全球治理能力的提升，无法支撑高水平的对外开放（常善桐，2013；曾倩倩，2017；Meng, 2017）。根据以上结论，本研究针对我国研究型大学本科生全球胜任力的培养提出以下6条建议。

一、与时俱进、调整理念，瞄准新全球化人才需求

正如原哈佛大学校长萨默斯所说："哈佛大学决不能培养一批对世界问题孤陋寡闻的本土学生，我们的知识应当超越美国的一孔之见。"哈佛大学从一所地方大学成长为全国性大学再到全球性大学，较关键的原因是形成了全球化的办学理念，并将全球化办学理念纳入战略规划，将自身发展牢牢融入全球化趋势中。回归分析表明，在混杂因素影响下，办学理念成为较重要的培养模式要素。由此可见，全球胜任力培养不是独立于国际化理念之外的，而是办学理念的具体实践。如表6-1所示，在新全球化时代，研究型大学必须与时俱进，走出传统全球化的窠臼。首先，研究型大学要明确新全球化时代的办学愿景，不仅要服务于我国的国际化战略，还要支持全球形成新的有效的治理秩序，维护文明多样性和多元发展。其次，研究型大学要将新全球化人才培养纳入战略规划中，为全球胜任力培养提供有力支持。例如，积极围绕全球胜任力培养目标更新培养方案：知识上，研究型大学要深刻理解人类命运共同体视角下的国际权力体系、利益格局和可持续发展需求等重要内涵，实现从以欧美为师到放眼全球的知识观转变；能力上，研究型大学要掌握全球问题的分析方法，了解发展中国家和新兴经济体的诉求；价值观上，研究型大学要倡导互利共生、促进全球走向包容性发展，以实现共建人类命运共同体为目的。此外，研究型大学还要引导学生关注"一带一路"合作伙伴之间教育资源的整合与共享，改变过分重视与欧美发达国家的教育交流而忽视其他国家与地区的现状。一方面，研究型大学要积极整合"一带一路"合作伙伴的优质教育资源，吸引当地优秀人才来华留学和就业，积极"引进来"；另一方面，研究型大学要积极面向全球共享教育资源，促进教育理念的扩散，实现更多"走出去"。

表 6-1 传统全球化与新全球化的人才培养的差别

类别	传统全球化人才	新全球化人才
办学理念	维护"西方中心论"	遵循人与人有差异的特殊主义，强调维护文明多样性
培养目标	培养支持资本全球扩张和维护全球市场等级分工秩序的人才	培养促进更大范围，尤其是发展中国家和地区的开放与发展型人才
终极目标	维持"西方中心论"的全球格局	共同构建人类命运共同体
课程内容	关注欧美等发达国家或地区的政治、经济、历史和文化特征，了解西方国家的核心理念和倡议	了解亚洲、非洲和拉美等更广阔地区的地理、文化和历史，关注全球发展议题等
实践活动	重视与西方国家大学的合作，加强学生互访互派和教师交流合作	与全球众多国家开展人才培养交流，关注发展中国家的诉求
资源条件	以吸取经验、获取支持和争取国际认可为目标	通过理念传播、资源共享或深度合作促进共赢，提高双方声誉

资料来源：根据梁骏（2019）、文雯和崔亚楠（2020）、徐小洲和阚阅（2021）、姚威（2021）、张应强（2021）等的文献整理所得。

二、立足校情、突出特色，系统开展组织结构改革

与全球胜任力培养相关的机构有 4 类：一是负责全球事务的综合性机构，具有制定和解释全球活动规则的权力，如哈佛大学国际事务副教务长办公室；二是服务国际学生和本土学生国际事务的常设机构，如哈佛大学国际办公室、国际支持服务办公室、国际教育办公室等；三是专门服务于人才培养的实体、半实体-半虚拟或完全虚拟的机构，通常开展全球胜任力培养相关的非学位类课程、活动和培训等，如清华大学学生全球胜任力发展指导中心项目等；四是促进国际交流和跨文化活动的学生组织和社团，如巴黎政治学院的学生国际化社团等。定量分析结果显示，组织结构改革可以从以下方面着手：首先，研究型大学要根据学校组织结构设计的基本情况，建立半实体-半虚拟或完全虚拟的全球胜任力培养管理机构，统筹校内本科生全球胜任力培养项目、课程计划、活动安排，落实人才培养计划、管理和评价培养过程；其次，研究型大学要鼓励以跨文化学生社团、全球化主题式学生组织

第六章 结论、建议与展望

等形式开展"在地国际化"活动,形成具有自身特色的校内跨文化活动和国际交流的品牌机构与项目,提升大学的国际氛围;再次,研究型大学的全球活动和国际事务专门机构应当积极履行职责,优化机构和职能设计,为人才培养提供有力支撑;最后,研究型大学要根据组织结构改革和培养模式的运行情况,提供财政投入、基础设施、资源平台、政策保障等方面的支持,使组织结构改革、资源条件和办学理念实现协同发展。

三、增加投入、汇聚资源,强化支撑保障作用

通过综合回归分析与 fsQCA 方法,本研究可以发现资源条件对提升家庭经济条件较差本科生的全球胜任力有更明显的帮助。这可能是因为家庭经济条件较差的本科生在国际化投入上存在不足,因此在获得学校国际交流资助后,这部分本科生的全球胜任力提升更为显著。综上所述,研究型大学应以双管齐下的方式加强资源投入:一方面,研究型大学要加强国际化建设投入,通过拓展收入渠道、专项冠名基金等方式吸纳资源,形成专门财政资金保障国际交流项目的顺利实施,并为家庭经济条件较差的本科生提供专门资助,避免不同家庭经济条件本科生的全球胜任力差异过大;另一方面,研究型大学应加强基础设施建设保障,如改造校园和宿舍空间、增设跨文化交流场所、提升英文标识和网站的公共服务水平,以便学生在本土进行国际交流。同时,提升通信基础设施,如网络和设备,能提高线上跨文化交流的便利性和舒适性。此外,研究型大学应积极整合全球化资源,以强化人才培养保障:一是构建全球校友网络,利用国际大学联盟、国际组织和跨国企业等全球化机构,拓展学生实习和实践的交流渠道;二是加强对外展示和传播体系建设,塑造公益、积极、健康的国际形象;三是重视优质教学和科研资源的全球共享,提升全球影响力。

四、重视差异、夯实基础,面向新全球化知识建设课程体系

结合案例研究和实证分析结果,本研究发现面向全球胜任力培养的课程体系改革,应从三个方面着手。首先,研究型大学要在课程体系设置上符合新全球化人才培养的需求,为交流融合提供便利。通过建立课程互认机制,增强学生的双边交流,或灵活设计课程体系,以满足学生多样化的学习需求。其次,研究型大学应改革课程内容和议题设计,围绕人类命运共同体构建和"一带一路"倡议等新全球化主题更新课程内容,既要充分

体现国际视野、夯实相关知识基础，又要通过国际问题驱动学生的深度学习和研究。最后，在课程体系改革中，研究型大学应关注学生个体差异，提升课程质量。一方面，研究型大学应通过教学方法创新扩展知识广度，帮助缺乏跨文化交往经验的学生提升全球化知识和技能；另一方面，研究型大学应强化课程质量意识，建立高效且负责任的课程管理、立项和评价机制，注重激励优秀教师，促进教师主动探索提升不同学生全球胜任力的具体方法。

五、扎根本土、立足实践，开发包容平等的跨文化胜任力

在回归分析中，实践活动的非标准化系数高达0.344，在培养模式要素中仅次于课程体系。随着国际交流的增加，研究发现，无论是传统的案例与资料分析，还是直接的跨境交流，都存在一定的不足之处：前者无法改善具身体验，学生缺乏对文化的默会知识，难以迅速适应跨国、跨文化情境；后者存在时间约束、成本高昂和物理空间隔离等限制。为此，瑞典学者本特·尼尔森（Bengt Nilsson）在其著作《在地国际化——理论与实践》(*Internationalization at Home—Theory and Praxis*）中系统阐述了"在地国际化"的概念，即通过除海外流动外的国际活动，使学生在本土接触国际理念和其他文化，从而提升自身能力和素养，以应对全球化挑战（蔡永莲，2021）。以后，传统以西方为中心的国际化转向"全球在地化"的趋势，为研究型大学扎根本土、培养学生的全球胜任力提供了契机。研究型大学的全球胜任力培养应以包容平等的理念为基础，培养学生的跨文化胜任力。具体措施如下：一是在原有跨境交流和国际化活动的基础上，积极调整各项支持措施，探索新的国际交流模式，提升线上国际学术会议的数量、联合课程、线上访问和讨论；二是继续保持与海外大学、企业及国际组织的合作关系，减少不利影响，并积极扩大海外交流与合作的范围，鼓励与"一带一路"合作伙伴大学开展交流活动，积极传播人类命运共同体理念；三是围绕国际学生开展以民族文化为主题的跨文化交流活动，涵盖饮食、服饰、文化、历史、宗教、体育等重要社会文化主题；四是在有条件的情况下，研究型大学可探索国际学生与本土学生的趋同化管理，鼓励中外学生在日常生活中加强交流；五是加强对行政服务和管理人员全球胜任力的培养。

六、行动导向、创新教学,提高学生全球性问题分析和解决能力

全球胜任力是以行动逻辑为基础的,强调学生在多元文化环境中有效交流和理性判断,并将观点付诸行动的能力(滕珺,2018)。这也表明,单纯以知识传授为主的教学难以真正提升旨在分析和解决全球共同问题的全球胜任力。教学方式和方法的创新可以弥补跨境流动学习的不足,扩大本科生的受益面。围绕教学方式和方法的创新,本研究提出如下建议。一是研究型大学要积极推动教学方式和方法创新,从知识本位教学(knowledge-based teaching)转为胜任力本位教学(competence-based teaching),借鉴胜任力开发尤其是跨文化胜任力开发方法,引入专题学习、主题研讨、模拟扮演、工作坊、实地参观等。内容上,研究型大学要引导学生关注扶贫、健康、安全等"一带一路"合作伙伴亟须解决的重要议题。二是研究型大学要在教学中引入基于问题的学习,围绕全球热点议题,如可持续发展、扶贫开发、文化遗产保护、政治冲突和极端种族主义等,选择重要的全球性问题展开研讨分析。三是研究型大学要开展评价体系改革,从传统"学生学,老师评"的教学评价方式,转变为多元化综合评价方式,为学生提供更多诊断性评价和发展建议。例如,Rosenberg(2011)提出通过个人活动评价、个人录像回放、团队展示、自我评估报告等方式,从全球化理解、沟通技巧、专业能力等方面综合评估学生全球胜任力的变化。

第四节 研究不足与未来展望

一、不足与局限性

全球胜任力概念的复杂性是本研究面临较大难度的主要原因之一。导致全球胜任力概念复杂化的原因有以下三点。一是概念的变化与发展。全球胜任力概念起源于人类学和外语教育领域,随着全球化程度的提高,其内涵、目标以及培养方向也发生了变化[①]。二是概念的情境性。全球胜任力的概念

[①] 从美国的全球胜任力教育政策来看,20世纪50年代初主要侧重于培养熟悉国外政治、经济、文化的高级管理者和智库人员。到了20世纪80年代末,更侧重培养大批精英学生,参与全球治理、跨国企业管理和全球金融等。"9·11"事件后,美国的政策强调通过全球胜任力教育促进不同种族学生之间的合作、理解和团结。

具有情境嵌入性,由于目标和国际环境的差异,不同组织和国家对全球胜任力的理解存在较大差异。三是概念内涵的跨学科性。全球胜任力的概念涉及教育学、语言学、跨文化管理等多个学科领域,各学科对它的理解各有不同。总体来看,概念的复杂性使得要素之间关系的梳理以及概念模型的构建具有较大难度。

在新全球化背景下,中国在参与全球治理的过程中面临着传统西方大国带来的挑战,因此更要扩大"一带一路"倡议的覆盖范围,这些都使得讨论全球胜任力的培养具有现实意义。在导师指导和团队的努力下,本研究在一定程度上回答了3个研究问题。但囿于研究水平,仍存在几点局限,具体如下。

(一) 对关键要素的识别有待深入,部分关键要素未通过检验

首先,本研究通过大量的案例研究和内容分析,确定了培养模式的关键要素,并依据建构的概念模型确定了测量问卷的具体指标项内容。然而,培养模式关键要素的全面性和准确性还需要后续研究进一步验证。其次,在信度检验中,B1(国家专门财政投入)选项因为信度分析不足被删除。实际上,在后续的效度检验中作者发现如果不删除B1直接进行因子分析,则正交因子得分低于0.5。作者查阅资料后认为,导致B1信度不佳的可能原因如下:一方面,提高国家专门财政投入并不意味着加强在全球胜任力培养方面的投入,如伍宸(2019)和刘晓光(2020)等学者在研究论文中提及的提高国家专门的财政投入主要指用于提高大学全球科研声誉,解决国内、国际教育不平衡问题;另一方面,国家提高财政投入的方式和渠道有很多,比如美国国家自然科学基金委设立专门的本科生海外交流基金等。因此,该题项可能导致被调查者产生误解,即国家财政投入与本科生全球胜任力培养的保障体系并无直接关系,导致问卷的信度、效度较差。这说明,问卷中的这一概念并不准确,还有一定的提升空间。

(二) 全球胜任力培养的评价研究仍需进一步深化

全球胜任力的培养评价有助于完善培养过程,但限于研究精力本研究并未涉及。培养过程的评价可以从个人、学科、学校、政府等多个层面展开,评价指标可以包含财政支出、组织结构设计、人才培养效果、学校声誉提升等。案例中提及的大学通常以白皮书、规划报告、会议等形式对全球胜任力培养效果进行评价。例如:哈佛大学的《一个哈佛,一个世界》分析了国际教育的相关数据和进度;清华大学制定了《清华大学全球战略》,撰写了规划文件、报告和相关会议等。然而,由于资料、文件和调查数据的可获得性

以及研究精力的限制，本研究难以对全球胜任力的培养评价进行深入探讨，而是直接借鉴了现有研究中普遍采用的个体全球胜任力评价方法。

（三）影响全球胜任力培养的外部因素可以进一步拓展

外语能力可能会影响学生全球胜任力的培养，但由于研究精力和主题的限制，本研究未予涉及。部分研究认为，外语能力对全球胜任力的培养与测评存在影响，具体影响机制可能通过沟通能力或参与动机的中介效应来体现（Lee，2001；Semaan，2015；Engel，2017）。然而，在本研究的实际调查和计算过程中，由于种种问题，难以将外语纳入讨论范围：一是因为大部分一年级和二年级的本科生未取得任何外语测试成绩，调查结果显示数据严重缺失；二是部分高年级本科生所学外语并非英语；三是不同英语考试的成绩评价存在差异。上述三个因素综合作用导致外语成绩无法有效进行对等转换，因此作者在计算时放弃了外语能力这一变量。

二、未来展望

针对本研究存在的不足，一方面，可以继续增加问卷样本数量，以检验和提升外部效度；另一方面，还可以进一步拓展议题，扩大在国家重大战略决策背景下的全球胜任力培养研究范畴。本研究提出了以下三个可能的研究方向或议题。

（一）关注教育对外开放新格局背景下的全球胜任力培养

教育对外开放是我国未来教育改革的重要方向。教育部国际司发言人曾指出，教育对外开放是教育现代化的鲜明特征和重要推动力。为了提高我国教育对外开放水平，强化人才培养对"一带一路"倡议和人类命运共同体构建的支撑，2016年，中共中央办公厅、国务院办公厅印发《关于做好新时期教育对外开放工作的若干意见》；2020年，发布了《教育部等八部门关于加快和扩大新时代教育对外开放的意见》；2020年10月，中国共产党十九届五中全会又提出要形成"更高水平开放型经济新体制"。在开放型经济体建设和不断提高教育对外开放水平的新格局背景下，对人才的需求和素质要求发生了哪些变化？随着教育对外开放水平的提高，如何整合和利用涉外办学和国际学生等资源，以提高本土学生的全球胜任力等，这些都是值得关注的议题。

（二） 关注研究型大学本科生全球胜任力培养评价的重要议题

在案例研究和调研过程中，本研究发现案例大学的全球胜任力培养主要关注课程体系、教学方式和方法、实践活动，较少关注培养过程评价。原因可能有两点：一是对培养过程评价的重视不足，过于关注课程内容和体系的设置；二是缺乏对证书课程、工作坊和实践活动的有效评价方法，现有工具无法评估情感、沟通等默会知识和技能的增值，且应用过程不够简便实用。

在以往研究中，部分学者，如 Hunter（2006）、刘扬（2015）和 Meng（2017）等虽然提出了全球胜任力结构模型和测量问卷，但这些模型和问卷仅能用于对学生学习结果进行主观报告，无法对学生的知识水平、技能、培养设计等进行客观分析与评价。为了提高全球胜任力的培养质量，研究者应从教学管理、课程体系设计和学生能力等综合视角进行评价，以为完善培养模式提供依据。

（三） 关注研究生层面全球胜任力的培养问题

由于研究精力有限，本研究主要分析了研究型大学本科层次的全球胜任力培养，未来还需关注研究生的全球胜任力培养。一方面，研究生培养和学术声誉是研究型大学的重要特征，全球胜任力是其培养高质量人才的基本要求。另一方面，以全球治理人才为代表的高层次国际化人才具有较高的准入门槛，而本科生的专业知识和学历背景往往不足。因此，面向硕士研究生和博士研究生层次的全球胜任力培养，有助于满足高层次国际化人才的需求。

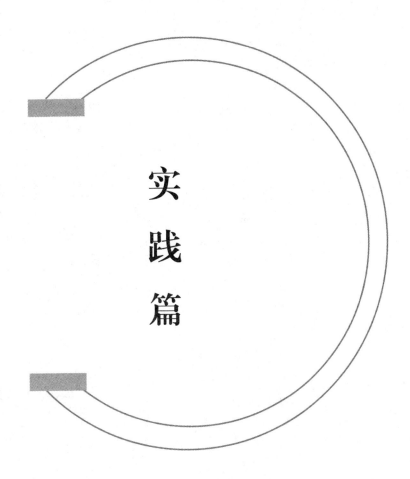

实践篇

理论篇通过案例研究和内容分析,提取了研究型大学本科生全球胜任力培养模式的四个维度:面向新全球化的办学理念、保障全球化培养的资源条件、服务于新全球化人才培养的组织结构、面向全球雇佣市场的培养过程。为了更清晰地说明不同培养模式的特征,实践篇对案例大学进行了全面论述,并分别从上述四个维度阐述大学的改革过程。受限于资料来源和研究精力,部分章节可能会有一定的侧重点。

第七章 办学理念与培养目标改革案例

组织目标是组织存在的合法性来源和动力所在。组织目标常被比喻为"列车时刻表",每一趟列车都有一个最终目的地,在不同的阶段也有具体的目的地。组织改革是为了在特定时间到达预想中的目的地,也就是说,组织目标决定了组织的前进方向和具体行动。从时间维度来看,组织目标有两个层次:一种是长期目标,它具有强大的惯性,能够说明组织的长期行为;另一种是短期目标,主要是因为外部环境变化而发生的权变,能够解释组织的短期行为。在分析研究型大学本科生全球胜任力培养改革理念中,本研究姑且从办学理念和培养目标入手:办学理念关注大学长期形成的办学文化,代表大学办学的观念基础;培养目标体现了大学的制度设计和保障情况。

一、哈佛大学:从"美国的大学"到"世界的大学"的理念变迁

哈佛大学长期盛行着全球化的办学理念。哈佛大学文理学院原院长柯伟林(Kirby)曾表示:"作为美国顶尖的院校,哈佛大学有责任培养学生认识其他国家,并站在其他国家角度审视本国问题的能力,因为这些学生将来生活和工作的地点可能在美国本土,也有可能在世界各地"。2004年,《哈佛大学课程评估报告》发布,其中甚至提到反对学生到英国去学习,因为学生到非盎格鲁-撒克逊文化背景或者第三世界国家留学,要比到英国或者澳大利亚这样的国家留学更能提高学生的全球素养(刘易斯,2007)。

哈佛大学全球化的办学理念也在各种政策文件和报告中得到了体现。国际事务副教务长办公室(Office of the Vice Provost for International Affairs, OVPIA)是哈佛大学制定校级国际化发展与合作策略的机构。OVPIA的目标是支持和鼓励哈佛大学的学生和教职工的工作,将哈佛大学推向世界,也让哈佛大学拥抱世界。OVPIA在《一个世界,一个哈佛》(*One World, One Harvard*)的年度报告中指出,尽管哈佛大学有着让人眼花缭乱的全球活动,但仍然可以用一句话来总结这些活动的目的,即不拘一格地吸引才华横溢的学生和教职人员,并让他们能够在世界各地进行学习、研究和教学。

负责本科生教育的哈佛学院将自己的使命(mission)明确为通过哈佛学院的博雅与科学教育(liberal arts and sciences education)塑造的变革性力量来培养未来世界的领导者。秉承"将学生培养为未来世界的领导者"的目

标，哈佛大学开展了课程改革和海外交流改革等。原哈佛学院院长哈瑞·刘易斯（2007）曾在《失去卓越的灵魂》中指出，哈佛大学21世纪的课程改革是让学生更多地了解世界其他地方而非美国，甚至矫枉过正以至于忽视了体现人性自由、启蒙思想和美国社会民主思想……没有给学生提供认识自己国家的机会，而改革的动力是哈佛大学试图从一所"美国的大学"成为一所"世界的大学"，就像20世纪哈佛大学从一所地区性学校发展成全国性大学一样。可以发现，哈佛大学在20世纪的改革体现了从"美国的大学"向"世界的大学"的转变，为哈佛大学开展全球胜任力教育提供了制度基础。

二、巴黎政治学院："法国的例外"与国际化的办学

巴黎政治学院有着"法国的例外"之称，是因为它在长期的办学过程中探索形成了与众不同的办学理念、培养模式和治理结构。独特的办学体系是凝练培养特色的前提，巴黎政治学院能够根据自身需要设计课程体系或合作模式，并吸引了全世界的优秀学生。在巴黎政治学院独特的办学体制下，"国际化"和"公务员"成为它的标签。正是在这种培养特色下，巴黎政治学院才培养出了大量的国际"公务员"和各国外交人才。

（1）独特的办学性质。巴黎政治学院第一个独特之处在于它是私立的、股份制公司（private institution incorporated as a joint stock company），但它又作为教育机构接受公共部门和私人基金的资助，是一所混合所有制学校。这种性质使它可以较大程度地接受各方资助，自由选择学生、教师，设计办学体系，这也是它被称为"法国的例外"（French exception）的原因。

（2）双重的治理结构。巴黎政治学院的第二个独特之处是双重的治理结构。巴黎政治学院的治理是基于私人基金会——国家科学政治基金会（FNSP）和公立高等教育机构——巴黎政治学院（IEP）两个实体的。董事会（board of directors）是巴黎政治学院的决策机构。FNSP主要负责战略方向、学校运行和财政管理；IEP主要负责教学、研究和图书服务。FNSP和IEP直接对董事会负责。

（3）精深的专业特色。巴黎政治学院的第三个独特之处是它长期保持学科特色和专业精深度。从THE等大学排行榜来看，巴黎政治学院常年位于全球100—500名，它的国际关系和政治学专业常年位居全球前五。从2019年的数据来看：巴黎政治学院有本科生约6700人，其中约5000人在法国国内学习，将近1700人在海外交流；两年制硕士生（含五年制本硕连读最后两年的学生）约6000名，90多名一年制硕士（one-year master's programme），300多名博士生。巴黎政治学院的国际化程度较高，数据显示2024年巴黎政治学院的国际学生来自全球150多个国家和地区，国际学生占比高达50%。巴黎政治学院维持了有限学科的深度发展，学科主要围绕公共事务、国际关系、法学、创新创业和新闻学等优势方向展开，学生和教职工规模整体较小。

（4）鲜明的办学理念。巴黎政治学院的第四个独特之处是它是面向公共部门培养人才的。在办学之初，巴黎政治学院创始人埃米尔就提出要办一所站在"统治阶级的十字路口"（crossroads of the ruling classes）的大学。1906年前后，巴黎政治学院又将自身的办学使命（vocation）明确为"更好地理解世界，以便将世界变得更好"（to better understand the world in order to change it for the better）。为此，巴黎政治学院建立了以国际法律、历史、社会学、地理学、经济学等为基础的政治科学（political sciences），并鼓励以此为核心开展跨学科研究和教学。巴黎政治学院试图让有志于成为国际组织官员、商界精英的群体齐聚一堂，进行多元化交流、互动式探讨。

（5）巴黎政治学院的教育目标是采用全球性的方法研究当代问题。在这一独特办学体制的要求下，巴黎政治学院确立了教育目标，即以法律、经济、历史、政治和社会学等学科的知识与方法为基础，使学生能够从时间和空间的视角审视社会发展，培养学生批判性思维和合规行事所需的技能。为了实现这一教育目标，巴黎政治学院还制定了三个具体培养目标，并明确了相应的要求。

第一，培养学生的学科知识与跨学科知识（disciplinary and multidisciplinary knowledge）。该维度包括以下具体目标：定义和分析学科关键概念；理解争议话题的历史背景和地域特点；学会收集、评估与整合书面和口头信息（文本、图形、数据等）；通过在不同领域之间建立联系来培养思维的灵活性；基于研究和社会规范形成批判性思维。为了实现上述目标，学生首先需要充分学习经济学、历史学、人文科学、法学、政治学、社会学等具体学科内容，随后从多学科的角度展开研究。

第二，培养学生的学术和方法技巧（academic and methodological skills）。本维度包括以下具体目标：针对特定主题进行文献研究；提升阅读、解释和信息分析能力；提出研究问题，并提出个人的学术观点；提高用数据和图形表达的能力；以多种语言制作文本、图像、图形等；学习倾听、公开演讲和辩论技巧。为了培养学生的上述技能，巴黎政治学院采取了如下训练方法：通过跨学科和多学科方法进行国际比较，让学生提升探究和严谨思考的综合能力；同时，要求学生通过书面和口头的方式，用不同语言表达观点。

第三，培养学生的个体和公民技能（personal and civic skills）。具体目标包括：自我管理，能够有计划地执行任务并管理压力；培养求知欲和研究兴趣；以自我提升为目标，学会反思；敢于面对困难和挑战；承担作为社区成员的责任；在分享时学会倾听；能够适应各种环境，并根据受众类型和情况调整沟通方式；具备较强的主动性和团队合作意识。为了培养上述技能，巴黎政治学院采取了以下训练方法：研学旅行、实习、模拟、团队项目以及学生俱乐部和组织，鼓励学生通过实地体验获得实践经验。

三、东京大学：成为"世界一流的研究与教育平台"

在日本全国性政策的影响下，近年来东京大学的办学积极性朝着国际化方向发展。在办学目标上，东京大学明确提出要成为"世界一流的研究和教育平台，通过与全球领先的大学合作为人类作出贡献"。为此，东京大学制定了全球化的人才培养目标，积极创新教学和课程体系，培育国际化的校园文化，从理念和行动上向"世界一流的研究与教育平台"迈进。

（1）全球化的人才培养目标与规划。在人才培养目标上，东京大学旨在培养具有强烈公共责任感和开拓精神，兼具专业能力和广泛知识的全球领导者。为了更好地执行或达到这一目标，东京大学提出，要以自由的人文教育为基础，结合多样和灵活的专业教育，进行本科教育改革。

为此，在《东京大学：愿景 2020》（*The University of Tokyo: Vision 2020*）中，东京大学在"愿景 3：与社会合作"中提出，在 21 世纪的全球化社会中寻找公共角色，强调在更大的社会空间和历史时间内寻找自身的角色定位，为推动世界发展和后代共同福祉而努力；在"愿景 2：教育行动"中提出三条促进全球化的行动：要通过鼓励学生了解海外国家和社会，丰富全球知识，扩展全球视野；积极吸纳海外学生，促进学生群体多样性提升；支持学生进行海外交流活动等。这些明确的目标和政策文件有效确保了东京大学国际化措施的落实。

（2）建设全球化的校园。东京大学的国际化办学理念得到了日本社会各界的认可，并因为办学实力和国际化方面的特长入选了"超级国际化大学"计划。该计划是日本文部科学省（MEXT）发起的资助项目，旨在加强日本高等教育的国际兼容性和国际竞争力（international compatibility and competitiveness）。"超级国际化大学"计划为日本大学开展国际化工作，建设世界一流的创新型大学提供支持。

东京大学的"在UTokyo建设全球校园"(constructing a global campus model at UTokyo)计划入选了"超级国际化大学"计划A类(type A),其目标是促使入选学校成为全球排名前100的世界一流大学。东京大学认为,全球校园(global campus model)具有六个特征:开展世界顶级的前沿研究;推进教育系统改革以适应全球化时代;所有学位课程和项目均可用英语授课;开设英语以外的其他语言课程;提升大学行政人员和学生在文化、语言、性别和年龄等方面的多样性;建立一个支持全球校园的组织,形成一支高水平的师资队伍(刘兴璀,2018)。

为了实现上述目标,东京大学制定了"3+4+3"的实施计划:第一步,在2014—2016年,通过全面的教育改革和课程体系调整,构建一个全新而有效的教育体系,以满足全球化的需求;第二步,在2017—2021年,通过与全球领先高校建立战略合作伙伴关系,在教育和研究两方面提升全球声誉;第三步,在2022—2024年,建立促进全球校园规划和实施的平台,打造可持续的全球校园建设机制。

四、清华大学:家国情怀与全球视野

在国内的研究型大学中,清华大学较早明确了面向全球的人才培养理念。2014年,清华大学在第24次教育工作讨论会上,发布了《清华大学关于全面深化教育教学改革的若干意见》,将清华大学的校级人才培养目标明确为致力于培养肩负使命、追求卓越的人。为了实现上述目标,2016年,清华大学在《清华大学事业发展"十三五"规划纲要》(简称《清华"十三五"规划》)中将国际化人才的培养目标明确为建立"清华设计、全球培养"的人才培养新模式,培养具有全球胜任力的拔尖创新人才。《清华"十三五"规划》还总结了清华大学的全球胜任力培养策略,即构建高质量的全球化人才培养体系,深化国际合作与交流,推进国际化校园建设,培养具有全球胜任力和影响力的创新型人才。

清华大学在《清华大学全球战略》中,提出了全球胜任力培养的总体部署、大致方向和战略重点。在此基础上,清华大学还颁布了各类文件和相应政策,以推进国际化校园建设,全力推动学生全球胜任力培养。2017年11月,清华大学制定了"国际化能力提升计划"(也称"2020计划"),以提升学校国际化能力为目标,在学校层面统筹解决办学理念、教育教学、服务管理、校园"在地国际化"建设等问题。

五、开普敦大学：与种族和民族问题作斗争的大学

自1994年南非取消种族隔离政策，建立民主政府以来，为更好地塑造国家形象，融入全球化体系，高等教育国际化成为一大突破口。为了了解开普敦大学（UCT）的办学环境和办学理念，我们系统地考察了南非的政治经济环境和UCT的成长史。

（1）南非国内外的政治、种族与文化环境。南非在历史上先后成为荷兰、英国的殖民地，于1961年独立。南非独立后，白人仍然位于统治地位，为了继续享受政策优惠，白人不断以行政和立法等方式巩固种族隔离的政策。由于种族隔离政策，南非遭到了国际社会的孤立和制裁，与非洲及全球其他国家的关系恶化。直到1994年，南非才第一次实现了面向黑人和少数族裔的全民大选，成立了宪法议会和政府，在制度上取消了种族隔离政策（因此也被称为新南非）。在国际上，由于为种族平等作出巨大贡献，新南非先后恢复了联合国合法席位，并于2016年成为联合国人权理事会成员，2018年当选为联合国安理会的非常任理事国。

然而，受制于长期的殖民传统和种族隔离制度，直至今日，新南非仍面临种族、民族、文化和国际化等问题。首先，不同种族和民族在实际意义上仍未实现平等，在经济、观念和文化方面仍存在隐形天花板。其次，民族和种族冲突不断，导致社会动荡，经济发展滞缓。一方面，种族冲突问题频繁发生，大量高素质人才外流至澳大利亚等国；另一方面，来自其他国家的移民在融入过程中，使安全形势更加复杂，经济发展环境恶化。最后，在文化上，不同语言和文化传统的群体之间存在天然隔离，传统文化、移民文化、殖民文化等交织在一起，不仅加深了民族和种族矛盾，还提升了投资的难度和成本。2017年以来，新南非的政治经济动荡局势加剧，政府内阁深陷腐败丑闻，经济数据下滑，国家主权信用评级持续低迷。在此背景下，UCT作为新南非乃至非洲顶尖的研究型大学之一，不仅要努力推动自身发展，还承担着解决南非乃至全球种族、民族和国际化问题的重任。

（2）在多元文化环境中成长的UCT。UCT的前身南非学院（South African College）成立于1829年。1880年左右，南非发现黄金和钻石后，对采矿工人的需求迅速增加，因此南非政府为UCT提供了大量的私人基金和政府财政支持。1918年，UCT正式成为一所公立大学，并获得了国家固定的财政拨款。1928年，UCT搬迁到塞西尔·约翰·罗德斯（Cecil John Rhodes）赠送给国家的土地上，随后继续开展研究和教学工作，并逐渐成长

为一所全球知名的研究型大学。UCT部分学科，如医学、采矿、化学等具有较高的全球影响力。

UCT为南非和非洲乃至全球的文化融合、国际交流和民族团结作出了积极贡献。

一是UCT较早在非洲尝试男女同班学习，促进了两性平等。早在1886年，UCT化学系教授Paul Daniel Hahn（保罗·丹尼尔·汉）就说服理事会试行接纳4名女性进入他的化学课堂，1887年化学学院又宣布全院招收女性学生，到2004年UCT的女性学生占比接近一半。作为对比，哈佛大学于1963年才实现女校与文理学院合并，耶鲁大学和普林斯顿大学等名校于1969年才开始招收女性本科生。

二是在全球范围内，UCT率先接纳黑人学生，为种族间教育机会的平等作出了贡献。1920年，UCT招收了第一批黑人学生，尽管面临巨大的阻力，UCT此后一直持续招收黑人学生。从20世纪80年代到20世纪90年代初期，UCT录取的黑人学生人数增加了35%。到了2004年，UCT的约20000名学生中，近一半是黑人。

（3）UCT的价值愿景：让21世纪成为非洲的世纪。UCT明确提出了"让21世纪成为非洲的世纪"的办学目标。作为非洲在教学和研究上较具实力的大学，UCT于2021年9月发布了《开普敦大学的2030愿景》（*UCT Vision 2030*），提出了UCT的愿景，即利用UCT员工和学生非凡的社会和文化多样性、创造力和创新能力，为"让21世纪成为非洲的世纪"作出贡献。为了实现上述目标，UCT将愿景总结为三个核心支柱：卓越（excellence）、转型（transformation）、可持续（sustainability）。正如UCT副校长Mamokgethi Phakeng（马莫克赫提·法肯）所说，为了应对我们面临的不确定未来，我们需要三样东西：对卓越的不懈追求；对转型的非凡关注；用不同方式做事的勇气。

第一，成为卓越的大学。为此，UCT提出师生要在价值理念上接受南非身份，提升个人素质和社区生活水平。在尊重人权的基础上建立公平的社会秩序，通过教学、创造知识和社区活动来应对挑战。

第二，通过转型实现目标。UCT从校园文化、学校治理体系等方面加速转型。正如Mamokgethi Phakeng所说，虽然改变权力构成很重要，但我们必须意识到这还不够，还需要改变处理事情以及认识和存在的方式。因此，这种转型不仅是治理上的，还需要更深入地包容性发展（inclusivity）、加强与社区的伙伴关系（community partnerships）、促进就业平等（employment equity），以及消除歧视、骚扰和暴力（discrimination, harassment and violence）等问题。

第三，实现学校的可持续发展（sustainability）。可持续发展是国际社会关注的目标，也是人类社会转型的重要标志。UCT 较早便开始关注可持续发展。1990 年，UCT 加入了《塔乐礼宣言》（Talloires Declaration）；2012 年，UCT 制定了可持续发展章程（sustainable campus charter）。此外，UCT 还致力于在 2020 年前后向绿色校园（green campus）转型。

（4）引领社会变革的文化氛围。作为南非乃至非洲首屈一指的大学，UCT 力争创造引领社会变革的文化氛围。UCT 在《走向更加包容的 UCT：执行转型发展的框架》（Towards an inclusive UCT: A Framework for Implementing Transformation）中指出，希望建立的文化环境如下。

"我们希望拥有一所与今天大不相同的大学。它拥有包容性的文化，让每个人都能感受到宾至如归。我们想要一个尊重不同价值观、观点和传统的社区。无论白人或黑人、单一性别或跨性别，还是来自私立学校或乡镇学校，富裕或贫穷，每个人都不应感到自己是'另类'。我们希望在这里能够自由表达想法，无须担心会造成刻板印象。我们想要一个更加团结的社区，让我们每个人都感到自己是其中的一员。我们期望一所大学，能够让我们的投入物有所值。我们希望 UCT 能够比今天产生更大的影响——在学生生活、新知识的创造以及我们所服务的社区中都产生更深远的影响。"

这段文字展示了开普敦大学对包容性文化环境的渴望和想象。根据这份报告我们可以发现，UCT 倡导的校园文化可以总结为三点。一是 UCT 强调研究导向和好奇心驱动。在一所研究型大学中，知识创新和研究驱动是区别于其他大学的根本特点。UCT 提倡的文化氛围可以总结为研究改革（research-reformed）、好奇（curious）和创造性（creative）三个关键词。二是 UCT 强调在多元文化环境下拥有开放的心态。在各种文件和规划中，UCT 都频繁提及开放（open）、开放心态（open-minded）、包容性（inclusive）等，这彰显了 UCT 的开放性文化。三是强调培养学生的优秀品质。UCT 关注学生社会责任感的培养，提出要将学生培养为诚实的（honest）、有责任心的（responsible）和尊重他人的（respectful）人。

六、联合国和平大学：为世界和平而建的大学

联合国和平大学深刻遵循了联合国服务全球化和促进全球和平发展的理念，这一点在其建校历史和办学理念中可见一斑。2018 年，国家留学基金管理委员会与联合国和平大学建立了国际组织人才培养合作关系，越来越多的

第七章　办学理念与培养目标改革案例

中国学生开始前往联合国和平大学就读。联合国和平大学的办学理念和体系得到了许多国家，尤其是发展中国家的认可。然而，目前关于联合国和平大学的专门文章或报道较少。因此，我们在有限资料的基础上，对联合国和平大学办学情况进行了简单梳理。

（1）联合国和平大学建立的历史。联合国和平大学位于哥斯达黎加（Costa Rica），哥斯达黎加良好的国际政治环境为联合国建立联合国和平大学提供了土壤。哥斯达黎加位于中美洲南部，与巴拿马接壤，1564年沦为西班牙殖民地，官方语言为西班牙语。哥斯达黎加于1821年独立，成为拉美地区的一个总统共和制国家，此后逐渐形成了民主、稳定的国内政治环境。哥斯达黎加于1949年永久性废除军队，只保留警察和安全部队维护国内安全秩序，于1983年宣布成为永久中立国。相较于拉丁美洲其他国家的动荡不堪，哥斯达黎加稳定的政治环境、中等偏上的生活水平以及优美的自然风光，使它获得了"中美洲的瑞士"和"美国后花园"的赞誉。哥斯达黎加还为全球的人权工作作出了巨大贡献。约自1865年起，哥斯达黎加便开始为遭受政治迫害的人提供庇护，并于1901年倡议并组织成立了中美洲法院（Central American Court of Justice，1918年解散），该法院成为第一个依据国际法和人权问题对国家采取法律行动的常设国际法庭。可见，哥斯达黎加民主而稳定的国内环境，非暴力的国际关系准则，中立而重视人权的国际形象是联合国在此建立联合国和平大学的前提。

联合国和平大学较早由哥斯达黎加某任总统罗德里戈·卡拉索（Rodrigo Carazo）倡议建立。罗德里戈·卡拉索于1978—1982年任哥斯达黎加总统，在任期间，他积极参与了联合国、美洲规划协会、拉丁美洲技术整合议会等国际组织举办的活动。在罗德里戈·卡拉索任职期间，国际经济受到两次石油危机的沉重打击，中美洲地区陷入剧烈的政治动荡，哥斯达黎加国内也受到上述影响出现了失业和通货膨胀等现象。为此，哥斯达黎加不得不借助联合国等国际组织进行斡旋，促进地区的和平。在此过程中，罗德里戈·卡拉索认识到全球化人才和国际组织的重要性。因此，在1978年联合国大会上，罗德里戈·卡拉索提出建立联合国和平大学的提议。

联合国和平大学的建立得到了联合国大会的直接批准。1979年，联合国大会批准设立国际委员会负责与哥斯达黎加政府合作，共同开展联合国和平大学的筹建工作。1980年，联合国通过了《设立和平大学国际协定》（*International Agreement for the Establishment of the University for Peace*）与《和平大学章程》（*Charter of the University for Peace*），宣告联合国和平大学正式建立。联合国和平大学的双重身份决定了它的特殊性：一方面，它是以和平与冲突方面的人才培养和研究为目标的高等教育机构；另一方面，它又是联合国大会授权的联合国下属二级分支机构，不隶属于任何国家或其他国际组织。

（2）联合国和平大学的办学理念与目标。《设立和平大学国际协定》与《和平大学章程》，明确了联合国和平大学的宗旨（purposes）与目标（aims），即"成立联合国和平大学是基于为全人类提供一所促进和平的国际高等教育机构的决心。联合国和平大学的目标是促进全球理解、宽容与和平共处，加强国与国之间的合作，减少危及世界和平与进步的障碍与威胁，最终实现《联合国宪章》中的崇高理想。为了实现这一目标，联合国和平大学将通过教学、科研和知识传播等，为实现'为和平而教'这一伟大使命作出贡献"。

由此，联合国和平大学的办学目标得以明确，发展和建设方向也得以确立。为了达到上述目标，联合国和平大学还提出了四条办学原则：第一，人们应该认识到和平对人类发展的重要性，同时明白教育是实现和平的关键；第二，维护和平是国家政权的重要义务，也是联合国存在的根本原因和奋斗目标；第三，只有从小接受和平教育，才有可能在教育中形成为和平而奋斗的良性循环；第四，教育不仅能提供科学与技术，还能成为实现和平的方法。

为了确保联合国和平大学的生源和资金来源，联合国和平大学优先为签署《设立和平大学国际协定》及《和平大学章程》的国家和东道国提供人才培养支持，并为其学生提供学费减免等支持措施。1981年至今，已有40多个国家签署了上述两个文件，主要是中小发展中国家或缺乏优质高等教育资源的国家。凭借较高的学术水准、在国际组织中的认可度以及本身独特的身份，联合国和平大学已成为中小发展中国家培养全球治理人才的重要基地。为此，联合国和平大学理事会授权并设计了许多新项目，涵盖和平教育、培训、研究等，致力于提升国际化水平，重点关注预防冲突、人类安全、人权、环境安全以及战后重建等中小发展中国家面临的问题。

七、匹兹堡大学：成为全球的"会聚点"

匹兹堡大学是一所美国地方性综合型大学，在办学资源上不及哈佛大学等全球声誉较高的院校。然而，正是这样一所大学在全球化人才培养方面的举措，值得许多中国大学借鉴。匹兹堡大学高度重视办学理念和发展战略，从各个方面为全球胜任力的培养奠定了坚实的观念和制度基础。

第七章　办学理念与培养目标改革案例

（1）办学愿景：成为全球的"会聚点"。在全球化浪潮下，匹兹堡大学提出了"拥抱世界"（Embrace the World）的口号，并建立了宏伟的全球愿景（vision）：会聚全球的智慧，探索解决全球性问题的方法，通过参与科学研究、政策制定、建立伙伴关系以及学习语言和文化，开启培养全球公民精神的大门。为了实现这一愿景，一方面，匹兹堡大学力图通过会聚全球智慧，保持其在研究领域的领先地位；另一方面，匹兹堡大学致力于培养学生的全球意识，鼓励学生将全球视为一个共同体，每个人都致力于解决前沿问题。

为提升全球影响力，匹兹堡大学提出了三个计划：第一，成为全球的"会聚点"（global convening point），个人和社区都可以通过匹兹堡大学自由地参与对话和活动，以影响世界各地人们的生活质量、健康、繁荣和社会流动性；第二，将自身视为全球社区的成员，以整合本地和跨国观点，促进知识创新，同时培养文化意识，维持全球合作伙伴关系；第三，在保证自身教学、研究、公共服务和产学合作的基础上，面向全球吸引资源，从而改善大学、城市和地区的国际化氛围。

匹兹堡大学计划通过两条途径来培养学生的全球意识，提升全球胜任力：第一，在课程中增加相关内容或鼓励学生出国学习，来加强学生对国外文化的了解；第二，开阔学生的全球视野并提升学生的文化共情能力和对现实世界问题的理解能力，丰富学生的核心技能。

（2）国际计划："拥抱世界"的蓝图。为了实现"拥抱世界"的目标，匹兹堡大学制定了详细的国际化发展计划。2009年，匹兹堡大学发布了《匹兹堡大学国际计划框架》（2009 International Plan Framework），该文件是匹兹堡大学国际化发展的纲领性文件，提出了以下三大目标。

第一，提升匹兹堡大学全体学生的全球胜任力。

第二，为匹兹堡大学教师提供更多国际合作与跨学科研究机会。

第三，帮助匹兹堡大学履行对城市、地区、国家及全球发展的责任。

2012年，匹兹堡大学对2009年发布的框架进行了修订，承诺在2020年之前使国际化水平再上新台阶，并更新了国际化目标，具体如下所示。

第一，鼓励更多的能促进国际理解的研究和资金投入。

第二，提升学生的全球公民意识和领导力。

第三，研究和解决当下重要的全球问题以改善人类生活水平。

2016年，匹兹堡大学推出了新的《全球计划》（2016 Global Plan），在此前国际战略的基础上进一步"加码，实现了两个"首次"：一是校董事会首次将全球化置于战略优先地位；二是校长首次将全球议程置于战略优先地位。为了将匹兹堡大学建设成为全球性大学，2016版《全球计划》提出了四大目标及实现方式，以便学院、部门、中心和项目组根据学校战略制订适合自身的计划。

八、佛罗里达州立大学：建设多元化社区

佛罗里达州立大学（FSU）的战略目标是继承、发展和传播科学、技术、艺术、人文等专业知识，同时拥护博雅教育。FSU致力于在教学、研究、创新和社会服务领域追求卓越，在自由探究和多样性包容的社区中培养具备终身学习能力、个人责任感的人。FSU高度重视多样性在大学文化中的作用，将包容性视为核心价值观之一。FSU认为，一个多元化社区的价值不仅体现在人群的多样性上，还在于为培养深厚归属感所作出的努力上，这些努力促使社区成员建立更深入、高质量的联系。FSU认为，企业家精神、跨学科学习和多样性是高质量人才培养及获得州政府支持的根本。

FSU全球参与中心（Center for Global Engagement，CGE）是FSU负责国际活动的机构，专门为国际学生、学者及其家庭成员提供咨询和服务。CGE的使命是提升国际多样性，增进学生对全球的理解与认识，并致力于提高FSU社区的国际化程度。CGE希望通过自身努力，打造一个学生和教职工都重视文化多样性、积极参与全球社区活动的校园。

FSU制定了详细的实施策略，并对效果进行逐年统计。FSU在《FSU的未来：2017—2022战略规划》（*The Future is Florida State：Florida State University Strategic Plan, 2017 - 2022*）中明确了创新与企业家精神、卓越的学术与研究、多样性与包容性、学生成功、学校名誉等五个具体规划。围绕多样性与包容性（diversity and inclusion），FSU确定了两个目标，目标一是提升学生群体和教职工的多样性，具体包含三个实施策略：招募和关注代表性不足的学生群体；从战略上解决聘用和留住教职工过程中存在的各种问题，如低参与度和晋升机会不多等，提升教职工的代表性；通过多样性和包容性的课程与课外活动，营造充满包容性与多样性的校园文化。目标二是提升FSU社区的全球胜任力，具体包含三个实施策略：通过课外活动或辅修课程提升学生在跨文化活动中的参与度；通过海外交流活动提升学生在国际事务中的参与度；让学生认识到全球化对自身成功发展的价值，并将这一认知转化为全球胜任力。

第八章 资源与条件改革案例

全球化办学资源与条件支持是全球胜任力培养的重要要素。受限于大学的办学定位、学术声誉、合作网络和资金等一系列因素，不同大学对全球化人才培养的支持力度差异较大。通常，围绕全球胜任力培养，大学可以采取两条路径：一是增量调整，投入更多的资金、优化教师和学生结构、建立国际化的行政服务体系和国际化的人才合作网络等；二是存量调整，充分挖掘已有的国际化资源，通过加强线上线下的国际化、跨文化、跨学科交流等活动，以低成本的方式提升全球胜任力。本研究中，资源与条件改革部分关注增量调整，组织结构改革部分关注存量调整。

一、哈佛大学：营造国际化的办学氛围

在资源和条件上，哈佛大学的特色可以总结为两点：一是大量吸收外国留学生，引入外国籍教师，调整组织的人员结构；二是投入资金，利用校友网络，为本校学生创造对外交流机会，同时举办大量的"在地国际化"活动。

（1）国际化的人员结构和校园环境。哈佛大学国际化的校园环境得益于它是由多样性的群体组成的。哈佛大学在校留学生来自的国家和地区十分广泛，在生源质量、地域和种族的多样性上保持了一定的平衡。哈佛大学校长劳伦斯·巴科（Lawrence S. Bacow）指出，我们高度认可国际学生带给我们校园、国家和整个世界的价值。他之所以如此高度评价国际学生的价值，是因为国际学生对提升哈佛大学知名度和提升哈佛大学人才培养效果有巨大帮助。

哈佛大学关注国际学生招生和鼓励学生前往国际舞台任职，使得哈佛大学拥有遍布世界的校友，他们能够为哈佛大学和其学生发展提供支持。为了提升国际教育水平，哈佛大学还大力提高国际化教师的比例，积极提升教师的国际教育教学水平。从20世纪80年代开始，哈佛大学就开启了师资队伍的多样化和国际化行动，不断扩大少数族裔和其他国籍教师的数量，以提升学校教育环境的多样性。

（2）建立国际化中心，开展国际化活动。哈佛大学有大量以促进学生跨文化交流，拓展其国际视野为目标而建立的非正式组织。以学生组织为例，

著名的哈佛国际教育项目（Harvard program for international education）主要培养学生对批判性政治问题的分析能力。哈佛大学还为学生提供了面向全球各地的实习机会与暑期学校，还有第一年全球日（first-year global day）等一系列重要的国际活动，并给予学生一定的资助。

截至2022年5月，哈佛大学组建了50多个国际中心，并在全球建立了20多个地方合作办公室，以支持科研合作、学生实习实践等海外活动。以东亚为例，哈佛大学在东京建立了哈佛商学院日本研究中心，在中国香港建立了哈佛商学院亚太研究中心，在上海建立了哈佛大学上海中心。在非洲，哈佛大学不仅建立了商学院非洲研究中心，还与卢旺达大学合作建立了口腔健康研究、培训和服务中心，以推进当地的牙科教育解决当地居民的口腔健康问题。哈佛大学还面向全球建立了Harvard X（哈佛X）在线学习平台。截至2022年5月，为全球193个国家和地区的超过600万人提供在线学习服务。在资金投入方面，哈佛大学为本科生、研究生以及教职工分别提供了各式各样的奖学金和资助项目，以促进国际交流与合作。

二、匹兹堡大学：教职工全球胜任力发展计划

匹兹堡大学从提升教职工的全球胜任力入手，提升全校的国际服务水平，以促进学校的全球胜任力培养。为了满足学校发展对管理和服务能力的需求，匹兹堡大学人力资源办公室（Office of Human Resources）推出了教职工发展计划（the faculty and staff development program，FSDP），以提升教职工的各项能力。为了实现学校建设全球性大学的目标和践行"拥抱世界"的理念，近年来，匹兹堡大学在FSDP项目中加入了全球胜任力证书课程（Global Competence Certificate Program，GCCP）作为选修课程。选修课程模块的具体内容如表8-1所示。

表8-1　选修课程模块的具体内容

课程名称	课程内容
选修课程1：跨文化模块	了解东亚（中国、韩国、日本等）
	了解南亚（印度、尼泊尔、巴基斯坦、斯里兰卡、孟加拉国等）
	了解中东
	了解非洲

续表

课程名称	课程内容
选修课程1：跨文化模块	了解东欧（俄罗斯以及欧亚大陆）
	了解西欧
	了解拉丁美洲和加勒比
	跨文化敏感性开发模型和IDI（综合判别改善指数）评估工具①
	跨文化模拟
选修课程2：在国际环境中运作	全球化运营
	考虑全球参与的计划
	国际旅行的策略和资源
	创建成功的海外留学计划
	接待学术访问者和国际代表团
	国际伙伴关系协定
	与国际学生合作
	与国际学者和员工合作

注：IDI（Intercultural Development Initiative）是对跨文化胜任力进行测量的一种方法和工具。
资料来源：匹兹堡大学人力资源处发布的《FSDP：全球能力证书计划》。

GCCP致力于培养教职工的全球和跨文化意识、合作伙伴意识以及生活研究能力、整合本地和跨国观点能力，以完成突破性创新。GCCP能够为教职工提供认识和理解多元文化的机会，加强他们对学校政策和资源的了解，以获得他们对"拥抱世界"计划的支持。

GCCP主要通过互动式讨论授课，让参与者定义全球胜任力，理解文化价值观，并分析自身价值观对工作和学习环境的影响。参与者还需与同事和专家讨论，分享实践经验，学习如何推动部门的全球参与。

GCCP要求参与者完成两次必修课、四次选修课，并参加由UCIS全球参与团队成员推动的论坛活动。GCCP包括两门必修课程"在匹兹堡大学拥抱世界"和"跨文化胜任力：超越基础"，以及四门其他选修课程。选修课包括"跨文化模块"（选修课程1）和"在国际环境中运作"模块（选修课程2），具体内容见表8-1。另外，课程参与者还需要使用"完成和跟踪表"确保自己的进度，并报告必修课程的完成情况。

匹兹堡大学还通过UCIS重点吸引企业冠名的基金项目。例如，UCIS

建立的惠普等国际资助项目，专门资助校内所有教职工（包括全职和兼职）的国际研究、课程开发、国际会议和学术旅行等。该基金项目根据地区、领域和教职工类型设立了资助标准，以满足不同教职工的国际发展需求。

三、佛罗里达州立大学：促进校内跨文化交流网络的形成

佛罗里达州立大学（FSU）全球参与中心（Center for Global Engagement，CGE）作为FSU开展国际活动的主要执行和管理单位，聚集了大量开展国际化活动的资源。跨文化交流与研究中心（Institute for Intercultural Communication and Research，IICR）是CGE的下属机构，主要负责教学和科研等，是重要的执行机构。FSU以CEG为责任机构，重点从以下几个方面投入培养资源。

（1）促进跨文化合作交流网络的构建。IICR为正在或有志从事跨文化交流的教职工和学生提供合作机会，并促成本科生管理部门和学术部门的合作。例如，为促进不同文化背景之间学生的互动，CGE面向所有学生定期开设社会和文化课程，并在每周五举行国际咖啡时光（international coffee hour）活动，促进多元文化的互动。另外，CEG还与校内的其他院系进行沟通，如CEG与FSU的信息与传播学院、社会科学院、文理学院、教育学院、FSU国际项目（international program）、强化英语研究中心（CIES）、研究生院等进行紧密合作，为开展国际化活动提供支持。

（2）开展跨文化的教育与培训工作。该工作主要由IICR负责，工作内容主要是开展全球胜任力和跨文化胜任力培训，包括三种类型：一类是向FSU所有学生开设跨文化交际课程（curriculum）和培训班（training course）；第二类是为教师开设工作坊，目的是为教师提升课程的国际化水平提供帮助和指导；第三类是面向所有成员开放的跨文化交流研讨会，通常围绕特定主题展开，形式多样。

（3）建立国际化建设效果评价体系，激励学生参与国际化活动。为了了解FSU国际化建设的成效，IICR还负责长期追踪与评价学校的跨文化建设和国际化效果，同时开展科学研究，主要包括跨文化能力、国际化项目的效果评价和需求研究等。FSU还设立了全球公民奖（global citizen awards），旨在表彰积极参与跨文化活动，在促进和支持全球化方面发挥领导作用的学生。全球公民奖作为一项荣誉奖项，有几个具体评选要求：第一，在促进FSU建设全球社区的过程中，展现了非凡的领导作用；第二，通过在校园或社区中支持多元文化而营造了积极的校园环境；第三，是在校生并且学术成绩良好。

四、清华大学：高水平的国际化支撑体系

清华大学在国际化校园建设尤其是国际化支撑服务体系上特色较为鲜明，主要体现在以下方面。

（1）提升国际化服务水平，支撑高水平国际化活动。为适应国际化办学目标，清华大学开展了以打造国际化管理和服务队伍为目标的行政改革活动。为提升教职工的国际化水平，清华大学选派员工出境参与"国际学生辅导员及行政管理国际化能力提升计划"，这些员工在新加坡国立大学、南洋理工大学、马来西亚大学等进行了全英文课程培训、沉浸式体验和实地参观。同时，清华大学还开展了"国际学生工作队伍能力提升"等胜任力开发课程。此外，清华大学还聘用美国籍专家大卫·祖普科（David Zupko）担任副处长，指导清华大学的全球胜任力教育、学术政策、教学及课程改革。在建设国际化校园方面，清华大学大力提升校园软件、硬件设施，创造多元文化学习环境。为了提升硬件水平，清华大学整合学校平台资源，上线中英双语网站，打造一批教学和学习空间，为中外交流提供了便利。清华大学还举办了文化交流活动，设立了支持国际学生参与的社团组织、国际学者俱乐部等，以构建多元文化社区，如清华大学国际文化节等活动和国际文化交流协会等社团组织。

（2）软件、硬件同步改革，调整国际学生管理机制。为了加强多元文化交流，清华大学开始尝试将国际学生管理与本土学生管理融合。从2015年底开始，清华大学对原负责国际学生工作的留学生工作办公室进行了职能调整，形成了"教务—生活—行政"分离的管理服务模式（刘鑫鑫，2020）。在教务管理方面，专业院系和教务部门负责国际学生的招生、培养和教学管理等事务；在生活服务方面，成立国际学生学者中心，为国际学生和学者提供涉外事务、校园生活和文化交流服务；在行政服务方面，院系和学校的学生工作部门负责国际学生的日常事务管理。

为支持国际学生管理体制改革，清华大学从硬件配置和软环境等多个方面入手改善了学习环境。一是打造跨文化和跨学科的交流融合平台，构建中外学生朋辈教育体系和开放性社区，打破传统中外学生分离的住宿和学习方式。二是形成多部门协同统筹，以学生为中心搭建治理体系，发挥学生的团队领导能力。通过上述改革，清华大学不仅让国际学生融入了校园，还提升了本土学生与国际学生的互动频率。

（3）建立国际化的师资队伍，提升学生的全球胜任力。国际化的师资队

伍是推进全球胜任力培养的关键，清华大学充分利用自身的影响力和社会网络形成了一支国际化的师资队伍。师资队伍主要包括校内全职团队、相关领域专家、国际商务或政治人士、学生四类。全职团队包括中心讲师和朋辈导师等，他们能够为需要全球胜任力辅导的个人、团体以及重大活动举办者提供咨询服务和资源支持。全职团队通过深度互动、陪伴式督导提升来访者的全球胜任力，咨询内容包括学术提升、短期国际交流、海外工作学习与生活、校园国际化建设等。除了咨询服务，全球胜任力中心还为全校学生提供了高水平的课程如"理解中国"实践课程等。

为了扩大全球胜任力师资团队，清华大学还聘请了相关领域的学者或专家作为兼职教师。为提升学生的国际就业兴趣，清华大学还积极邀请了国际商务或政治人士前来分享。例如，聘请哈佛大学法学院国际金融系统项目研究员、清华大学五道口金融学院客座研究员，以及曾就职于美国国会众议院金融服务委员会的罗青（Robert Greene）为学生开设美国国会与美国监管体制的工作坊。又如，清华大学聘请了具有中国学习和工作经历的创业人士马丁（Miatta）为学生讲述非洲大陆的技术创新活动和创业机会，以及为何中国公司热衷于前往非洲投资等。为了鼓励学生社团组织开展海外学习交流分享活动，清华大学形成了互助的朋辈组织，全球胜任力中心联络了一批具有在国际组织任职、跨国公司实习、海外社会实践、国际合作科研等经历的学生，请他们参与分享讲座，分享相关经验。

第九章 组织结构改革案例

在办学理念和目标的驱使下,大学还需要进行组织结构改革,整合相应的资源,提升人才培养效果。与办学资源、条件改革相比,组织结构的改革更能体现大学对全球化人才培养的重视。因为办学资源总是有限的,大学在难以通过增量调整提升学校办学质量的时候,往往会尝试将现有资源进行整合以及再分配,因而就会涉及机构改革。本章通过多个案例展示大学如何通过组织改革来支持本校的全球胜任力培养,考虑到组织结构改革具有复杂性,本研究主要从组织管理、人员优化、实践活动的组织与开展等方面进行介绍。

一、哈佛大学:整合国际化资源

为了保障国际化改革的顺利进行,哈佛大学较早开展了国际化改革。早在1944年,哈佛大学就成立了国际办公室(Harvard International Office,HIO),为不断增长的国际学生提供生活、学习、税收、签证等方面的服务。随着国际学生的增加,哈佛大学又于2006年成立了以OVPIA为主的管理体系,使其成为大学与政府机构、立法机构进行协调和沟通的桥梁,以及为学校国际事务决策提供建议的智囊(薛珊,2012)。

完善的组织管理机制使哈佛大学形成了良好的国际教育环境,吸引了全球的优质师资、生源和教学资源。截至2022年5月,哈佛大学成立了四个(类)服务国际化的正式机构。首先,是OVPIA,负责合法性审查和重大全球性政策,监管全球各地的国际办公室和区域中心。其次,是国际支持服务(Global Support Service,GSS)办公室,主要负责本校教职工和学生的对外交流事务。再次,是国际办公室,负责国际师生的相关事务。最后,是学院一级的国际教育服务办公室或中心,如哈佛学院下属的国际教育办公室(Office of International Education),主要负责教学管理和国际日常事务。哈佛大学与全球胜任力培养支持有关的组织如表9-1所示。

在OVPIA架构下,哈佛大学还成立了大学国际项目与驻地委员会(University Committee on International Projects and Sites,UCIPS)负责审查全球活动与项目的合规性,以及校级政策的全球影响力,并为校长、教务长、系主任和教职工开展国际活动提供指导。UCIPS有权审查新建国际办公室或合作站点，监督经费超过 100 万美元的项目经费使用情况，以及批准开展重大、复杂、高风险的国际活动等。

表 9-1 哈佛大学与全球胜任力培养支持有关的组织

名称	任务/目标
国际事务副教务长办公室	（1）协调校内院系之间的大型国际活动； （2）审查对外交流活动的合法性； （3）为学校的国际化政策提供决策支持
国际支持服务办公室	（1）为全校师生的出国旅行、研究和项目开展提供安全、健康、文化、移民、就业、金融和法律等咨询服务； （2）帮助服务对象在出国旅行和国际活动中最小化风险和不确定性
国际办公室	（1）为全校所有国际学生和学者在抵达或离开美国时遇到的生活和行政问题提供帮助，如移民和签证等； （2）作为美国移民局与国际学生及学者之间沟通的桥梁； （3）在美国政府机构和立法部门关于国际学生和学者议题的决策中扮演重要角色
国际教育服务办公室或中心	（1）服务对象是哈佛大学的学生； （2）为国际学生提供学术、课外学术活动（co-curricular activity）、课外活动（extra-curricular activity）等方面的帮助或建议； （3）为计划出国学习的学生提供建议或帮助，如关于项目选择、学术计划、学分认定与转换等，并在学生出国前提供健康与安全、学术及其他方面的建议

资料来源：根据相关文件和宣传资料整理所得。

二、清华大学：面向本土国际化的培养改革

根据《清华大学全球战略》等文件，清华大学制定了清晰的国际化总体设计体系，从人才培养体系、国际合作与交流体系和国际化校园建设三个方面出发构建战略框架，以保障全球胜任力培养效果。在全球化人才培养体系改革上，清华大学主要围绕本土学生国际化培养、国际化创新人才培养平台建设和留学生培养水平提升等几个方面展开。在国际合作与交流体系上，清华大学强调形成全球战略伙伴合作网络，加强与国际双边和多边机构合作，

推动国际科研合作。

为了支撑全球胜任力培养,清华大学围绕"十四五"规划等文件要求进行了组织机构调整。其中,较重要的组织机构改革是新建了学生全球胜任力发展指导中心。清华大学学生全球胜任力发展指导中心成立于2018年4月,隶属于校学生工作指导委员会,由国际教育办和学生部合作开展工作,挂靠学生部。该中心主要负责在校级层面上协调和开展学生的全球胜任力培养工作。师资力量主要包括全球胜任力研究人员、一线教师、海内外资深学者、外聘专家等。清华大学学生全球胜任力发展指导中心主要活动一览如表9-2所示。清华大学的组织机构改革体现了本土国际化理念。

表9-2 清华大学学生全球胜任力发展指导中心主要活动一览

类型	维度	具体目标
能力培训	世界知识与全球议题	围绕全球议题展开讨论,学习世界历史和文化等相关知识
	语言、跨文化共情能力	掌握联合国官方语言(如西班牙语和法语等)和沟通技巧,提升跨文化沟通能力与跨文化共情能力
全球拓展	潜入国际组织	通过在线会议、模拟访谈等方式,帮助学生深入了解国际组织,提升他们对国际事务的理解
	海外社会实践	支持学生开展海外研究和实践,鼓励他们拓宽国际视野,增强社会责任感
文化共享	中国文化交流	通过学习、研究和演讲,学生要掌握讲好中国故事的英语能力,并建立文化自信
	伙伴导师计划	为国内外学生提供了探讨全球议题的交流平台,以使学生在尊重文化差异的同时,获得多元文化知识
全球领导力	全球胜任力培训项目	通过在沉浸式学习环境中与全球专家和学者交流,扩大学生的国际视野,培养全球思维
	领导力发展项目	通过朋辈导师小组、国际组织培训和参访顶尖大学等活动,培养学生的领导力

三、联合国和平大学：培养全球治理人才

联合国和平大学的运行主要由联合国和平大学理事会（简称理事会）决定。理事会的成员以联合国官员为主，确保联合国对联合国和平大学办学理念和方向的总体把控。联合国和平大学在组织机构设计和人才培养体系上都有明显的和平发展理念烙印，研究机构和学院均围绕经济发展与和平的目标开展工作。

（一）理事会：联合国和平大学的权力机关

理事会是联合国和平大学的权力机关，是大学的管理机构。理事会由以下成员组成：联合国和平大学校长、联合国和平大学荣誉校长、联合国秘书长以及联合国教科文组织指定的两名代表、东道国政府指定的两名代表、联合国大学（United Nations University）[①]的校长。此外，理事会将由联合国秘书长和教科文组织共同任命全球10位在和平与安全领域有杰出贡献的专家作为成员。在任命时，理事会还将考虑成员在学术、地理和文化等方面的代表性。

理事会具有以下职能和权力：管理学校的基本活动和运行政策；通过、修改或废除联合国大学日常运作的规章制度；制定理事会的议事规则；选举理事会主席和副主席；选举校长；根据校长的提议批准年度预算并帮助执行；审议校长关于大学活动的报告；在大学章程内设定地区总部、机关和办公室等。为节约运行成本，理事会通常一年召开一次，最多不超过两次会议。联合国和平大学校长的主要任务是执行理事会制定的政策并管理大学，准备大学的工作计划、年度预算，以及担任大学的法定代表人，任命副校长和院长，管理学校的日常运行等。

（二）以全球治理研究和人才培养为核心的组织设计

截至2022年5月，联合国和平大学共设有四个学术研究和教学机构：国际法律系（Department of International Law）、和平与冲突研究系（Department of Peace and Conflict Studies）、环境与发展系（Department of Environment and Development）和区域研究系（Departamento de Estudios Regionales）。其中，前三个系以英语为主开展教学活动，最后一个系以西班牙语为

[①] 联合国大学成立于1972年，位于日本东京，旨在促进国际学术交流、成人培训，开展全球事务与问题研究。与联合国和平大学不同，联合国大学不提供学位教育。

主开展教学和研究工作,研究内容主要围绕国际政治和法律、地方发展等。截至2022年5月,联合国和平大学还有四个直属机构,负责政府组织、非政府组织以及从业人员、学者和公务员培训,相关主题的学术交流活动有:可持续发展教育地球宪章中心(Earth Charter Center for Education for Sustainable Development)、高级经理培训中心(UPEACE Centre for Executive Education)、欧洲和平与发展中心(European Center for Peace and Development)、人权中心(UPEACE Human Rights Centre)。此外,联合国和平大学还在全球各地设立了地方办公室。

在《和平大学章程》允许的框架内,联合国和平大学还通过多种方式提升了权威性与影响力:首先,签署了《设立和平大学国际协定》的缔约国必须正式地自动承认联合国和平大学颁发学位的法律效力;其次,由于联合国和平大学的建立是联合国大会通过的,因此联合国成员不能质疑联合国和平大学学位的有效性和法律效力;再次,作为联合国和平大学的东道国,根据《设立和平大学国际协定》中的相关规定,哥斯达黎加政府必须给予联合国和平大学法人资格,通过东道国自身的高等教育认证体系;最后,联合国和平大学的学位还获得了国际大学联盟和联合国教科文组织的认证,以表明联合国和平大学的学位获得了国家主管当局的认可。

四、匹兹堡大学:以服务学生为中心的组织设计

为促进学生的全球参与,匹兹堡大学组建了正式和非正式组织。正式组织为学校专门设立的实体,负责全球活动的管理、资源分配和评估等工作;非正式组织是自发成立的、受学校赞助的学生组织,旨在开展国际活动。秉承以服务学生为中心的设计理念,正式组织主要负责项目管理与国际服务,非正式组织负责学生活动的开展。

(一)正式组织

正式组织包括大学国际研究中心、全球研究中心等。大学国际研究中心(University Center for International Studies, UCIS)是整合性的国际事务行政和研究机构。UCIS主任由国际事务副教务长担任。同时,UCIS还下属多个与国际活动相关的单位,如表9-3所示的学术中心、国籍办公室、全球参与资源办公室等。全球研究中心(Global Studies Center, GSC)是UCIS下属的负责研究、教学和培训活动的机构,其目标是通过跨学科的全球研究帮助学生形成批判性思维以及对世界的实际认识。通过与本地及世界各地的学

生、教职工和社区合作，GSC创造了多元且包容的创新空间。

表9-3 匹兹堡大学UCIS中心机构/人员设计

机构/人员	职能
国际事务副教务长	国际事务副教务长同时兼任UCIS的主任，负责学校所有与全球事务相关的活动、教学、研究等方面的工作
学术中心	学术中心共包含六个下属机构，分别负责各自地区的研究、教学和项目等：非洲研究中心、亚洲研究中心、欧洲研究中心、全球研究中心、拉丁美洲研究中心，以及俄罗斯、东欧与欧陆研究中心
国籍办公室	国籍办公室是一个用于展示当地文化和种族多样性的教室，供学生和游客参观
隶属中心与项目	隶属中心与项目共包含以下机构：国际法律教育中心、Matthew B.Ridgway（马修·B.里奇威）国际安全研究中心、世界历史中心、国际教育研究所等
全球参与资源办公室	全球参与资源办公室为国际项目（计划）提供建议和沟通支持，促进互惠互利关系的形成，整合本地、区域和国际合作资源
全球体验办公室	全球体验办公室主要为学生、教师等提供海外交流和学习机会，建立国际联系
国际服务办公室（Office of International Services）	国际服务办公室主要提供移民、出国学习等咨询服务

（二）非正式组织

非正式组织包括"全球枢纽"（Global Hub）、"匹兹堡与你"（Pitt to You）项目和线上全球参与活动等。Global Hub是匹兹堡大学在2016年全球计划倡议下建立的，以服务学生为宗旨的资源聚集、咨询和全球参与中心。该中心面向全体学生，开展全球性话题的专业交流、课程与证书学习、语言与文化体验等活动。

Pitt to You项目将匹兹堡大学在读学生与即将入学的国际学生组成互助小组，为学生在到达美国前后提供指导和帮助。学校每年会从大二和大三学生中挑选一些学生担任学生大使（student ambassador）。在新生入学时，学生大使还会组织家庭聚会和匹兹堡市内的短途旅行，帮助留学生更好地融入社区。一名参与过该活动的留学生乔伊斯·曲（Joyce Qu）表示："Pitt to

You项目是我参加过的最棒的项目,让未曾谋面的我在大洋彼岸就感受到了匹兹堡大学的热情,它给我留下许多独特而又惊喜的美好回忆。"

线上全球参与活动(virtual global engagement activities)是在新冠疫情期间,由Global Hub组织的一系列线上活动。线上全球参与活动的目的是通过各种方式促进国内外交流,保证新冠疫情期间学生能进行全球参与和学习。匹兹堡大学在新冠疫情期间定期围绕如表9-4所示的政治/政策/国际关系、艺术与文化、其他、重大线上活动四个主题开展形式丰富、内容多样的交流活动。

表9-4 匹兹堡大学线上国际交流活动举例

主题	具体内容举例
政治/政策/国际关系	(1) 联合国简报; (2) 联合国U.S.A协会:全球参与在线系列; (3) 美国国务院新闻; (4) 伦敦经济学院新冠疫情:系列政策响应会议; (5) 外交关系委员会
艺术与文化	(1) 艺术为人民服务:拉丁美洲文化的在线展览; (2) 虚拟博物馆旅游; (3) 在线游克罗地亚国家公园; (4) 匹兹堡大事件; (5) 罗马斗兽场的虚拟之旅; (6) 来自世界各地的虚拟街道艺术之旅; (7) 虚拟游中国长城
其他	(1) 杜克大学出版社:了解大流行的重要知识; (2) 五所高校东亚研究中心:网络档案研讨会
重大线上活动	(1) 公开全球演讲; (2) 从何而来:茶的文化元素; (3) 欧盟与中国关系

除上述活动,匹兹堡大学还开展了一些具体活动,以便为所有学生、教职工和社区成员提供全球经验,并积极落实拥抱世界和建设全球性大学的理念。代表性活动包括:在K12教育(幼儿园至高中)阶段的学校和社区大学领导人培训项目中增加国际研究和世界语言的内容;成为涵盖11个州的国家亚洲教学联盟协调站;与当地少数族裔社团合作,提供文化活动和节日庆祝活动;与卡内基-梅隆大学合作,为学生和公众提供全球主题的微型课程等。

五、佛罗里达州立大学：多样化的国际化活动

与其他几所大学不同，佛罗里达州立大学由于办学资源相对有限，办学目标以服务地方社区为主，因此办学投入相对有限，机构数量也少于哈佛大学和匹兹堡大学等。为满足不同群体需求，佛罗里达州立大学设计了丰富的项目和活动体系，积极拓展国际化业务内容。当前，佛罗里达州立大学主要提供四类服务。

（1）证书课程与培训。佛罗里达州立大学提供了全球公民证书课程、全球伙伴证书课程和跨文化培训证书课程，分别对本科生、教师和其他团体的跨文化技能进行培训。

（2）国际支持服务。一类是为来自120多个国家和地区的2400余名国际学生和300余名访问学者提供移民咨询、工作坊及相关情况介绍，同时为FSU的国际教职工提供移民服务；另一类是与全球各地大学发展合作伙伴关系，促进双边合作并设立交流项目。

（3）全球交流项目。一是拓展全球交流范围，提供到40多个FSU国际合作伙伴学校就读的机会，并促使学生与来自全球的伙伴进行互动。二是组织短期跨境文化交流活动，或与合作高校共同安排旅行项目。三是"3＋1＋1"学术项目，为FSU研究生提供跨机构学习的机会，学生在硕士阶段完成为期一年的非学位项目学习后，再从所在机构毕业。四是特别项目，安排学生在国际化城市中参与跨文化沟通、酒店管理等领域的实践活动。

（4）跨文化活动。一是国际咖啡时光（International Coffee Hour）活动，每个星期五下午全球餐厅会提供特色茶点，并与社区中来自世界各地的学生、学者等进行互动。二是全球咖啡馆（Global Café）活动，它是一个面向所有学生开放的午餐聚会，经费通过学生募捐筹集，鼓励国际学生参与。三是跨文化项目系列活动，鼓励学生通过展示、表演、动手制作及品尝各国美食来了解不同国家或文化的特色。四是参加关于当代全球议题的讲座和论坛，邀请演讲者探讨一系列具有挑战性的全球问题。五是全球大使计划（GAP），旨在担任社区的文化大使，向他人介绍留学生的祖国及其国际经验，从而提升公开演讲能力。六是英语会话俱乐部，鼓励参与者在聚会中练习英语，该活动对学生、学者及其家人开放，并由经验丰富的英语导师进行指导。

第十章 培养过程改革案例

面向全球雇佣市场的培养过程是全球胜任力培养的核心,也是办学理念、资源条件和组织结构改革的主要指向,更是直接决定人才培养效果的关键环节。培养过程的改革可以是多元化的,不同大学在人才培养路径上的选择也有所差异。具体来看,培养过程改革可以体现为课程体系与课程内容改革、教育教学方法改革、教育教学评价体系改革、实践活动改革等。具体到课程体系和课程内容改革上,又有通识课程、专业课程、课程体系等改革。同理,在教育教学、评价体系等上也有不同的方式和方法,本章案例无法一一展示,仅选择其中具有代表性的做法予以展示。

一、哈佛大学课程改革:通识教育如何服务于全球胜任力培养

课程体系是人才培养的核心,以通识教育为基础的全球胜任力教育是哈佛大学培养全球胜任力的关键。哈佛大学的通识教育历史悠久,为了认识全球胜任力教育改革在通识教育改革中的价值定位与过程,我们梳理了哈佛大学通识教育的概念、通识课程改革的逻辑、通识教育课程体系等。

(一)哈佛大学的课程体系与通识教育课程

哈佛大学本科生的全部课程包括学院课程(college curriculum)、选修课程(electives)和方向课程(concentration)三类,学生需要累计修满32门博雅教育与科学课程(liberal arts and sciences courses)。学院课程由哈佛学院开设,共分为五类,学生需至少修满12门。

1. 通识教育课程

通识教育(general education)课程是哈佛大学课程的基石,主要聚焦于紧迫性和长期性的问题,旨在将学生的学科知识与他们未来的生活及课堂之外的世界联系起来。目前,哈佛大学的通识教育课程包括四个方向:美学与文化、道德与公民、科学技术与社会,以及历史、社会与个人。通识教育课程超越了学科分界,能够将学生的学习内容嵌入更广泛的人文价值中去。所有哈佛大学的学生需要在每个方向至少修读一门课程,总共修满四门课程。

2. 学部课程

学部(divisional distribution)课程的目的是让学生充分感受哈佛大学的

学科多样性，包含三类专业通识课（department course，非 Gen Ed）：人文艺术，社会科学以及科学、工程与应用科学。从2019年秋季开始，2020年5月及之后毕业的学生必须完成上述专业通识课程中每个类别至少一门，总计三门课程。

3. 运用数据进行定量推理课程

运用数据进行定量推理（Quantitative Reasoning with Data，QRD）课程主要向学生介绍数学、统计和计算等方法，这些方法使学生能够对数据进行批判性思考。从2019年秋季开始，2023级及以后各级的学生必须完成一门关于数据定量推理的课程。

4. 说明文写作课程

说明文写作（expository writing）课程所有一年级的学生均须参加。

5. 语言课程

学位申请者必须满足哈佛大学对英语以外语言的要求，因此需要语言（Language）课程。

在讨论通识教育在哈佛大学课程体系中扮演的角色之前，我们需要明确通识教育的概念。迄今为止，通识教育仍缺乏明确的定义，其目标在于提供广泛的教育和为专业学习奠定基础，因此很难准确界定其范围（孙颖，2020）。在国内学术语境中，哈佛大学的通识教育可分为广义和狭义两种。

狭义上，哈佛大学通识教育指的是哈佛大学开设的通识教育课程。2016年和2019年，哈佛大学将学院课程结构拆分为"4+3+1"，其中的"4""3""1"分别对应通识教育课程、学部课程、运用数据进行定量推理。因此，通识教育主要指四门通识教育课程（李会春，2018）。

广义上，哈佛大学通识教育主要指哈佛大学开设的全部学院课程，包括上述三类课程中的通识教育、写作、定量推理、新生研讨等（谭宗颖，2020）。实际上，从20世纪末到21世纪初，哈佛大学对核心课程内容范围和课程修读数量的要求不断提高，早已超出了狭义通识教育的范畴。一些研究并未明确界定哈佛大学通识教育的范围，如李曼丽（2018）教授在《哈佛大学新制通识教育方案及其实施效果辨惑》中默认写作和外语等课程是通识教育的一部分。本研究主要关注2019年及之后的分布式哈佛大学通识教育课程，因此本研究采用广义上的哈佛大学通识教育概念，认为哈佛大学提供的学院课程均为通识教育课程。

（二）面向全球化时代的通识教育改革

哈佛大学与时俱进的通识教育改革，是哈佛大学全球胜任力培养的关键。21世纪以来,哈佛大学进行了多次较大规模的通识教育改革(reform)或修订(revision),改革频率较20世纪明显提高。这几次改革均在一定程度上满足了全球胜任力培养的需要。本研究将哈佛大学自20世纪80年代开始的改革历程分为三个阶段,以便更清晰地了解哈佛大学通识教育改革的全球胜任力导向。

阶段一:20世纪80年代至2005年,培养国际视野。

正如哈瑞·刘易斯所说,哈佛大学的改革经历了从一所地方大学成长为全国性大学再到全球性大学的转变。20世纪80年代后,哈佛大学积极响应美国政府加强经济、技术、文化和教育输出的号召,采取了促进多元化和种族平等、加强跨学科的国际合作研究、面向全球招聘教授等国际化改革措施(白强,2016)。在国际化办学理念的引导下,哈佛大学又开展了通识教育改革。1978年,哈佛大学通过了文理学院院长罗索夫斯基(Rosovsky)主导的教学改革方案《哈佛核心课程报告》(*Harvard Report on the Core Curriculum*),在哈佛大学本科生的培养目标"一个有教养的人"中强调本科生应具有国际视野,具体内容如下(白强,2016)。

(1) 能够清晰、有效地思考与写作。
(2) 应在某一专业领域具有一定深度的知识。
(3) 应能正确反思人们获取和应用知识,以及认识宇宙、社会和自我的方法,如具备文学和艺术方面的审美能力,能够运用历史方法理解人类社会的演变等。
(4) 应对道德和理论问题有一定的认识和思考。
(5) 生活在21世纪后三分之一时期的美国人不应目光狭窄,也不应对其他国家的文化和历史一无所知。

这一版本的核心课程方案将具有国际视野作为本科生培养的目标,要求学生了解其他国家的文化和历史。为此,哈佛大学将本科生课程分为核心课程、专业课程和选修课程三类,每名学生需修读八门核心课程。1978年,《哈佛核心课程报告》将核心课程划分为五个领域:文学与艺术(literature and arts)、科学与数学(science and mathematics)、历史研究(historical study)、社会与哲学分析(social and philosophical analysis)、外国语言和文化(foreign language and cultures)。

1985年,哈佛大学又对上述领域进行了调整,变成了六个领域:文学与艺术(literature and arts)、科学(science)、历史研究(historical study);社会分析(social analysis)、道德思考(moral reasoning)、外国文化(foreign cultures)。

2005年，哈佛大学在上述六个领域的基础上又增加了定量推理（quantitative reasoning），变成了七个领域，并对每个领域进行了细分（陈华杰，2009）。

阶段二：2005年至2016年，在全球情境下审视自身。

2007年，哈佛大学文理学院通识教育工作组发布的《通识教育工作报告》（Report of the Task Force on General Education）指出，本轮通识教育课程的改革目标如下。

（1）更好地帮助学生参与公共生活。让学生认识到驱动地方、国家和全球变革的关键因素，如多元文化、政治经济、社会系统和前沿科技。此外，应该培养所有学生在全球情境中理解美国历史、制度和价值观的能力。

（2）教会学生理解自身作为文化、艺术、思想和价值的一部分，并使学生能够参与文化等方面的建设。学生需要理解文化冲突与文化差异，具备其他文化和宗教的基础知识，能够欣赏不同信仰和文化。

（3）为学生批判性和建设性地处理不确定问题做好准备。

（4）让学生从道德伦理维度去理解自己的言行。

为了达成上述目标，哈佛大学采取了下述改革措施：第一，取消核心课程，使学生具有更大的选择自由度；第二，推进小班制教学，促进师生交流；第三，鼓励人文学科的学生学习科学知识；第四，鼓励学生赴海外交流；第五，提升学生的书面和口头表达能力（李曼丽，2018）。哈佛大学此轮教学改革将课程内容分为八大模块，学生需要在每个模块中至少修读一门课程：美学的阐述与理解（aesthetic and interpretive understanding）、文化与信仰（culture and belief）、经验推理（empirical reasoning）、伦理推理（ethical reasoning）、生命系统科学（science of living systems）、物理宇宙科学（science of the physical universe）、世界中的社会（societies of the world）、世界中的美国（The United States in the world）。

阶段三：2016年至今，培养全球公民（global citizen）。

2016年，哈佛大学进行了新一轮的通识教育改革，于2018年进行了修订，并于2019年秋季学期正式实施。哈佛大学文理学院2016年发布的《通识教育评估委员会最终报告》（General Education Review Committee Final Report）指出，通识教育要为四个全球目标的达成做准备，具体内容如下。

（1）公民参与：参与有关公民美德等重大问题的讨论。

（2）社会传统：探索社会和传统的起源。

（3）道德维度：从道德层面审视人们所说和所做的事。

(4) 行动响应：能够对社会、科学和文化变革作出具有建设性和批判性的响应。

《通识教育评估委员会最终报告》还对哈佛大学的通识教育改革目标进行了总结，即哈佛大学的任务在于培养世界公民和领袖，哈佛大学正朝着这一目标迈进。当今世界极其多元，科技变革频繁涌现，各种信息充斥。对不同理念和主张的了解有利于学生理解彼此。当前，高等教育正处在关键时期，学者应该思考怎样提升学生为未来生活做好准备的能力。哈佛大学的通识教育，从四个焦点出发，有助于学生智慧地、有贡献地在全球生活。

为了实现上述目标，哈佛大学新一轮的课程改革将通识教育课程分成了四个大类：美学与文化（aesthetics and culture）、道德与公民（ethics and civics）、科学技术与社会（science and technology in society）以及历史、社会和个人（histories, societies, individuals）。学生需要在上述四个大类中各选修一门课程，此外学生还要从艺术与人文学科，社会科学，科学、工程与应用，定量推理，语言和写作中各修读至少一门课程。

2019年，新一轮改革正式实行，2020年入学的本科生完全按照新方案培养。哈佛大学本科生教务主任（dean of undergraduate education）阿曼达·克莱博（Amanda Claybaugh）对当前哈佛大学提供的160多门通识课程进行了高度赞赏。她认为，哈佛大学历史上一共进行过两次通识教育改革：第一次是第二次世界大战后为学生提供自由社会教育的改革；第二次是将学生培养为全球公民的改革。

二、巴黎政治学院：面向全球、关注区域的通识教学

巴黎政治学院为本科生提供了三种学位：文学学士、人文和科学学士、国际合作双学位。虽然在具体教学内容上存在较大不同，但都采取了面向全球、关注区域发展的通识化教学模式。前两种学位为三年制，即第一年和第二年在法国本土学习，第三年前往合作高校学习，毕业后获得学士学位或继续修读两年获得硕士学位。巴黎政治学院与合作高校共同设立国际合作双学位项目，即学生前三年在巴黎政治学院学习，最后两年在国外合作院校学习，毕业后被两所学校授予学士和硕士学位。

（一）培养特点

文学学士（Bachelor of Arts，BA）项目是巴黎政治学院历史较悠久、办学体系较成熟的学士学位项目。BA项目有三个原则：学术严谨性（academic rigour)、国际化（internationalization）和公民参与（civic engagement），围绕这三个原则，巴黎政治学院设计了具体培养方案。BA项目的首要目标是鼓励学生从多学科视角出发，形成对当代社会运行的认识。文学学士学位的学习体系如图10-1所示。在三年的学习中，巴黎政治学院致力于让学生通过多学科视角来理解当代社会并批判性地思考社会变化，以及个体作为利益共同体参与社会变革的方式。第一年，学生参加每个基础学科的入门课程（fundamental in humanities and social sciences）；第二年，学生通过多学科视角继续深入学习，同时在经济与社会（economy & society）、政治人文（political humanities）、政治与政府（politics & government）具体方向上"三选一"；第三年，学生需要在国际学术环境中完成顶点项目（Capstone Project）。

图10-1 文学学士学位的学习体系

资料来源：根据相关资料自行绘制。

BA项目强调通过多学科、多语言和多区域的方式，从多个角度探讨全球问题。后两年，不同校区的BA课程将主要围绕特定区域（如美洲、非洲、亚洲、欧洲、中东等）的相关问题展开深入讨论，内容包括政治、社会、经济和文化问题及它们与全球化进程的关系等。课程通常涵盖的典型全球议题包括民主、不平等、和平、城市化、移民、信息传播与生产、环境保护、粮食安全等。

BA项目还强调培养公民精神和实践能力。BA项目要求所有学生加入公民学习计划（civic learning programme），完成六个ECTS学分的实习①（最多九个）。同时，学生还要完成一项六个ECTS学分的顶点项目（capstone project），这一课程的目标是通过在实践中学习（learning by doing）的方式提升学生在长时间内设计、评估和实施项目的技能，同时提升学生观察、沟通和解决复杂现实问题的能力。

人文和科学跨学科学士学位（an interdisciplinary dual degree in liberal arts and sciences）简称文学和科学学士（Bachelor of Arts and Sciences，BASc）学位，是巴黎政治学院与三所高等教育机构合作完成的四年制学位项目。学生毕业后将获得合作机构的科学学士学位（bachelor of science）和巴黎政治学院的人文与科学学士学位。

BASc旨在通过多学科对话，帮助学生掌握应对复杂社会问题所需的概念和方法。为了避免过度扩展，巴黎政治学院提出了BASc的具体培养目标：第一，理解科学、人文学科和社会科学中的关键概念；第二，能够基于历史、社会文化、经济和政治背景，批判性地分析实际问题；第三，能够灵活运用知识，尝试建立不同知识领域之间的联系；第四，能够运用方法进行精确和结构化的推理；第五，能够运用多种方法解决复杂问题；第六，能够从多学科角度分析问题，并提出可持续且负责任的解决方案。

在课程教学上，BASc也体现了多学科学习的特点。学生通常需要修读科学类、人文学科和社会科学类课程，以及涉及当代重大挑战的交叉学科或横断学科（intersecting and interdisciplinary），如应对气候变化、生态转型、生物伦理或大数据对决策的影响等，这些课程均由巴黎政治学院与合作机构共同开设。为了实现有针对性地跨学科和多学科学习，巴黎政治学院与合作机构定制了"社会科学＋环境/地球/数学/生物科学"四个主题的BASc课程。每个主题都关注时下全球热门话题，并根据双方的学科特点设定具体培养目标。

（二）专业方向与课程体系

在专业方向和课程体系设计上，巴黎政治学院坚持面向全球的特点：一方面，面向全球主要国家和地区设计专业方向；另一方面，结合国家和

---

①ECTS即欧洲学分转移和累积系统（European Credit Transfer and Accumulation System），是基于博洛尼亚进程建立的，在欧洲诸国之间是高等教育领域相互衔接的教育标准。一学年约等于60个ECTS，1500—1800学时。能够确保不同国家、不同教育质量和不同教育等级之间的相互衔接。

地区的历史、文化与传统的特殊性提供各类课程。巴黎政治学院专业方向安排如表10-1所示。巴黎政治学院充分利用多校区结构设计了星型专业方向。在七个校区中，巴黎校区负责学术研究和本科生通识课程教学，其他六个校区分别对应一个具体国际研究方向（international focus），也提供相应语种的教学。巴黎政治学院还与哥伦比亚大学、加州大学伯克利分校、英属哥伦比亚大学、庆应义塾大学、新加坡国立大学、香港大学、悉尼大学签署了固定的双学位项目，根据"合作方—校区"方向匹配并安排国际交流。

表10-1 巴黎政治学院专业方向安排

校区（位置）	专业方向与培养内容	人数
巴黎校区（Paris campus）	本科生通识课程（general curriculum programme），全部研究生项目	1757
兰斯校区（Reims campus）	本科生北美洲和非洲项目（north America specialisation）：跨大西洋的北美与欧洲关系；非洲大陆与欧洲关系。提供英语、西班牙语、德语、意大利语或阿拉伯语课程。此校区为唯一提供证书课程（certificate studies）的校区，并与七所固定合作高校开展双学位项目	1387
第戎校区（Dijon campus）	本科生中东欧项目：欧盟扩张、中东欧的共产主义历史与后共产主义转型；巴尔干半岛、乌克兰与俄罗斯问题；东欧国家语言。与七所固定合作高校开展双学位项目	260
勒阿弗尔校区（Le Havre campus）	本科生亚洲项目：亚太地区的地缘政治与经济问题、儒家思想、艺术和文化等；亚太国家外语课程。与七所固定合作高校开展双学位项目	491
芒东校区（Menton campus）	本科生中东—地中海项目：地中海地区的阿拉伯伊斯兰文明与宗教，重点关注地中海地区及土耳其、以色列和沙特阿拉伯，提供阿拉伯语和希伯来语课程。与七所固定合作高校开展双学位项目	387
南锡校区（Nancy campus）	本科生欧洲（法德）项目：从法国和德国比较的角度研究欧盟的政治、经济和社会一体化，用法语、德语和英语授课。与伦敦大学学院（UCL）和柏林自由大学开展双学位项目	486

续表

校区（位置）	专业方向与培养内容	人数
普瓦捷校区（Poitiers campus）	本科生拉丁美洲项目：以欧盟、尤其是伊比利亚半岛的视角，关注拉丁美洲的政治、地缘政治和经济问题；提供西班牙语和葡萄牙语课程。与伦敦大学学院（UCL）、美国哥伦比亚大学、巴西圣保罗天主教大学、阿根廷托尔夸托·迪·特拉大学、智利天主教大学合作开展项目	313

资料来源：根据网站相关内容整理所得，表格中的统计时间截至2022年5月。

巴黎政治学院的课程设置有几个明显的特点。第一，强调本硕阶段的学习衔接，本科生不分专业和学科，而是通过政治、法律、经济等多学科的学习，形成对某一区域的广泛认识；硕士阶段则根据学院的要求缩小学习范围，深入研究某一具体领域。第二，所有课程均可用法语和英语两门联合国通用语言授课，并提供20多种其他语言课程。第三，设置丰富的分布式课程，包括介绍性课程、研究方法课程、艺术工作坊、第二外语课程及实践课程等，学生必须至少学习其中的一门课程。第四，吸纳来自公共部门和重点企业的专业人士，形成长期合作关系，确保他们具备讲授实践课程的能力。

三、东京大学："走向全球"的知识体系

东京大学鼓励每位学生都具备与世界各地各种人一起生活和工作的能力。为评价上述能力，东京大学设计了如图10-2所示的全球胜任力要素结构图。东京大学设计的全球胜任力共由五个关键要素组成：沟通和语言技能、信心与决心、开放的心态与灵活性、合作能力与领导力、全球视野。从图中可以发现，东京大学的全球胜任力并不等同于语言能力或海外访问经历，而是对其他国家和地区的文化、价值观的洞察力。

（一）以全球胜任力为核心的课程体系改革

为了提升学生的全球胜任力，东京大学于2018年发起了"走向全球之门"（Go Global Gateway）计划，帮助学生通过跨文化体验、国际交流等提升全球胜任力。东京大学"走向全球之门"证书课程体系如表10-2所示。"走向全球之门"的主要目的是使学生在专业课程学习之余，能够积极参与

国际化活动，丰富国际经历以提升全球胜任力，以及学生的全球思维和语言技能等，帮助学生在全球范围取得成就。

图 10-2　东京大学全球胜任力要素结构图

资料来源：根据东京大学官方网站内容整理所得。

表 10-2　东京大学"走向全球之门"证书课程体系

课程类型	内容	要求
类别一：语言类	获得外语全部学分	完成大学课程规定的全部外语课程
	*获得语言课程学分	必须是日语、英语以及母语之外的第三种语言
类别二：专门课程类	专业课程	以英语或母语修读，获得学分
	专业课程	以日语修读，获得学分
	MOOC（慕课）课程	语言任意，获得学分
类别三：国外经历	留学项目	参与国外的志愿服务、实习、实地考察或研究项目等，以校内外合作形式开展的合法项目均可
类别四：全球参与	参加非母语学生俱乐部活动	可自行选择参与时间、类型和具体活动，以非正式形式参与国际学习，可以在本地实现
	参与国际交流活动	同上
	参加、组织或出席国际研讨会	同上
	在日本国内的国际组织做志愿者或实习生	同上

资料来源：根据东京大学官方网站内容和宣传资料整理所得（*表示学制外或本项目的要求）。

（二） 以提升沟通能力为目标的全英文本科课程改革

在课程体系改革的基础上，东京大学还积极为本科生开设了全英文课程，其中的代表性课程有人文学科的 PEAK（the Programs in English At Komaba，PEAK）和理学类的 GSC 学位课程。东京大学驹场校区文理学院①进行全英文授课，主要有：基础课程（foundation on courses），包括外语、人文与社会科学、新生研讨等必修课程；整合课程（intergrated course），包括语言与沟通、思想与艺术、国际与区域研究、社会与制度、人类与环境、数学与信息科学；主题课程（thematic courses），包括学术前沿系列讲座、专门研讨会、田野工作、全球实践等。

前两年为初级学习模块（junior division program），完成后方可进入高级学习模块（senior division program）。在高级学习模块，学生将被分流为两大方向：东亚的日本（Japan in East Asia，JEA）和环境科学（Environmental Sciences，ES）。JEA 课程主要有三个特点：首先，用比较和多元视角进行文化研究，从文学、哲学、语言学等跨学科视角切入，研究东亚背景下日本文化的相关议题；其次，区域研究，从地理和历史角度分析全球问题，进行跨国比较；最后，综合采用政治学、社会学、管理学的理论和方法，分析日本和东亚的复杂社会现象。ES 课程主要围绕六个方面展开：环境原理，科学技术与可持续发展等；环境管理与环境政策；测量与评估环境变化；材料系统及其动力；能源与资源；健康与安全、城市规划技术。为了满足日益全球化以及身处东亚地区特殊环境下的需求，东京大学文理学院还面向所有学生开设了三语项目（trilingual program）。三语项目每年有70多个名额，学生从入学后或完成文理学院第一学期课程的本科生中选拔，主要标准是英语能力，学习周期为三个学期。入学后可以进一步学习中文、法文等其他语言课程，并有机会到相应国家交流和学习。

（三） 全球胜任力证书项目

为了提高学生进入国际组织和跨国企业工作的能力，东京大学面向全校学生设计了全球胜任力证书项目。其中，全球领导力项目（Global Leadership Program，GLP）是东京大学在2014年推出的证书课程。东京大学全球领导力高端证书项目课程设计如表10-3所示。全球胜任力证书项目旨在培养

---

① 东京大学驹场校区只有两个学院，即文理学院（College of Arts and Sciences）和文理研究生院（Graduate School of Arts and Sciences）。PEAK 课程由文理学院开设，主要面向本科生。文理学院负责学校全部本科生前两年的课程安排，相当于国内的本科生院。后两年，学生再转入各自的院系进行学习，如理学院（school of sciences）等。

学生具备渊博的知识、负责任的态度和创造性的技能,以成为全球舞台上的变革者。在大一和大二阶段,GLP课程与必修课程结合,要求学生在满足英语和面试要求后才能申请高级阶段课程。在大三和大四阶段,则针对全球领导力要求制定了多个高级证书课程。GLP课程的目标在于提高学生的外语交际能力,加强学生对重大区域或全球问题的理解,提高学生的跨文化意识和能力,因此所有课程均用英文授课。

表10-3 东京大学全球领导力高端证书项目课程设计

年级	课程	要求
初级阶段（大一和大二）	全球教育学科（global education subjects）	2学分
	问题解决与实践技能（problem-solving and practical skills）	2学分
	外语（foreign languages）	2学分（主要为中文、德文、法文、俄文和韩文等）
高级阶段（大三和大四）	GEfIL独立研究项目（independent research project）	4学分（以小组形式围绕成员感兴趣的全球议题,在导师或博士后指导下开展跨学科研究项目,并进行公开交流与演讲）
	GEfIL国外项目（abroad program）	4学分（在夏季或冬季参与海外全球顶尖大学的交流、实习、志愿活动等,最多可参加两次并获得企业奖学金）
	GEfIL全球领导者讲座（global leader lectures）	2学分（3—4天的workshop（工作坊）活动,由全球顶级的商业领袖或专家学者主持）
	GEfIL专家导师讲座系列（expert mentor lecture series）	2学分（7—8个交互式的讲座和讨论活动）

资料来源:根据网站相关内容整理所得。

独立研究项目是实现跨学科和问题解决能力培养的关键,在全球创新与领导力教育(Global Education for Innovation and Leadership,GEfIL)的独立研究项目中,学生需要从可持续发展、多样性、冲突解决与和平重建、全球健康、全球治理(危机治理、人权保护、教育等)、全球经济发展与管理运营这六大主题中进行选择。为了促进学生的理解,东京大学会围绕上述主题组织头脑风暴会议、专题工作坊、学术研讨会、专家演讲等。在学年结束后,学生需要进行公开汇报以展示项目或研究成果。

(四)实践活动:加强国际双边交流,打开全球视野

东京大学通过与全球合作伙伴合作,提供了大量专门的短期非学位课程项目,以促进学生的交流。例如,东京大学为国际学生暑期交流专门设计的全球日本研究暑期项目(the university of Tokyo global Japan studies summer program)。全球日本研究暑期项目试图帮助全球学生分析并塑造日本与亚洲关系的社会、文化和政治力量,如移民、贫困和历史等。课程为期十天,主要内容包括:①跨学科学术讲座,包括日本的人文、社会科学和工程等;②在东京及周边地区精心策划的田野观察;③根据个人需要定制的日语课程。

除此之外,东京大学的各个学院还开设了短期项目,以加强学校之间的交流,如工学院的工程学暑期教育项目(通用类)(engineering summer education program-general),生物学院的东京大学安进学者项目(UTokyo Amgen scholars program)等。

东京大学在开展暑期活动时,还尤其注意利用国际联盟等资源,降低与他校合作开设项目的沟通和组织成本。东京大学参与的大学联盟包括:国际研究型大学联盟(International Alliance of Research Universities,IARU)、亚洲大学联盟(Asian Universities Alliance,AUA)、东亚研究型大学协会(Association of East Asian Research Universities,AEARU)、战略合作伙伴大学(Strategic Partner Universities,SPU)、全校学生交流计划(University-wide Student Exchange Program,USTEP)。东京大学在联盟中积极共享国际化资源,如依托亚洲大学联盟和国际研究型大学联盟等开设的全球单元课程(global unit courses),以日本传统文化、生活和法律等为主题,方便东京大学和全球其他大学的学生自行以线上或线下形式参加该课程。以IARU为例,东京大学为成员大学的学生开设了多个短期课程:国际研究型大学联盟课程(IARU courses)是由IARU成员大学分别开设的以打开学生全球视野的课程,如北京大学开设的中国的环境变化与可持续发展(environmental challenges and sustainable development in China);美国乔治城大学开设的可

持续水资源管理（sustainable water management）；东京大学开设的在当今世界中的日本（Japan in Ttoday's world）。全球实习计划（Global Internship Program，GIP）为IARU成员大学的学生提供了在另一所成员大学里参与相关科研和实习项目的机会。

四、清华大学：基于理论的国际化实践

清华大学对全球胜任力的概念、理论和实践路径等都进行了梳理，为本校全球胜任力的培养奠定了理论基础。这些理论和概念既凝聚了共识，也能有效指导教学机构开展相关工作。

（一）清华大学全球胜任力的概念与理论

清华大学围绕培养具有全球胜任力人才的目标，制定了《清华大学全球战略》。遵循开放的办学理念，清华大学确立了"1+3+9"的战略谋划：一个目标即建设世界顶尖大学；三项中心任务即着力培养具备全球胜任力的拔尖创新型人才、切实开展服务国家和世界的研究、全面提升国际化能力与全球影响力和九大战略方向。其中，培养全球胜任力作为九大战略之首，在清华大学全球战略中较受重视。以培养全球胜任力为目标，清华大学形成了如表10-4所示的课程学习、学术研究和交流、实习与实践三类支持机制。在课程学习方面，主要包括交换项目、双授或联授学位项目，也包括短期课程和国际课程。在学术研究与交流方面，清华大学为本科生提供了学术研究、国际会议项目。在实习与实践上，清华大学提供了机构实习、海外实践、国际竞赛、文化活动等项目。

表10-4 清华大学全球胜任力培养体系

类型	具体方式	开展情况
课程学习	交换项目	与全球40余个国家和地区的院校展开合作，实现双向互派本科生以及学分互认和学费互免等
	双授或联授学位项目	与海外的院校合作，共同制定培养方案，学生毕业后授予他们双学位
	短期课程	海外合作院校提供的类型多样的短期课程、国际暑期项目等，以吸引海内外学生来校体验

续表

类型	具体方式	开展情况
课程学习	国际课程	开设多门本科生英文课程,以及一系列以全球化为主题的通识课和专业课,提供国际化课程学习平台
学术研究与交流	学术研究	面向本科生的海外短期学术交流计划,如"闯世界"计划和暑期实验室项目等
	国际会议	资助学生参与高水平的国际学术会议
实习与实践	机构实习	鼓励和支持学生赴跨国企业和国际组织实习
	海外实践	形成海外实践课堂,如"丝路探新"项目组织学生赴中亚和东非地区参加实践活动
	国际竞赛	设立清华大学学生重大国际赛事基金,鼓励学生参与重大国际赛事、GIX(Global Innovation eXchange,全球创新学院)创新大赛、中美创客大赛等
	文化活动	开展"南方文化浸润"和"大篷车课堂"等计划,组织学生进行海外社会调研和人文交流;开展 buddy program(伙伴计划)、Friday Talk、清华国际音乐节等校园文化活动

资料来源:根据清华大学国际教育办公室资料整理所得。

(二) 清华大学校内国际化活动

《清华大学全球战略》中提到,在校内即可实现国际化培养全过程,因此清华大学开展了众多非正式学习活动。清华大学国际教育办公室主任曾指出,清华大学的本土国际化培养就是要让学生不出国,在本土即可实现国际化培养和全球胜任力提升的机会。本特·尼尔森(Bengt Nilsson)发现,传统国际化过于注重人员的跨境流动,导致成本居高不下、受众面有限、效果不明显等问题凸显,于是他提出了"在地国际化"的理念,强调大学应关注学生的本土国际化培养,让所有学生都能得到国际视野与多元文化的熏陶(张伟,2017)。基于校内国际化的理念,清华大学形成了两种类型的全球胜任力培养模式。

一类是以讲座、workshop(工作坊)等形式开展的正式学习活动,其师生关系和教学模式与传统课堂类似，主要以传授特定技巧和知识为目标。例如，"i系列"的工作坊，围绕学生的跨文化胜任力、国际视野拓展、表达能力提升、实践训练等展开。

另一类是由学生主导的非正式的国际化学习活动，以经验交流和知识分享为主，作为正式学习的补充。例如，全球胜任力朋辈导师计划邀请有国际交流经验的青年学生、校友等担任讲师，向学生分享经验、传授方法、答疑解惑。又如，清华大学 Friday Talk（周五讲谈）活动，定期在国际学生与学者活动室开展，每期确定一个文化主题，如围绕中国的端午节和西方的圣诞节等讨论节日起源、习俗和举办庆祝活动等。

五、开普敦大学：培养学生的全球公民意识

培养学生的全球公民意识是 UCT 的目标之一，为此 UCT 推出了"全球公民意识：促进社会正义"（UCT Global Citizenship: Leading for Social Justice Programme, GCP）证书课程。该课程在理念、内容和课程设计上都具有一定的特色。此外，UCT 还发起了多个促进国际化和当地社会融合的实践活动，并将其命名为"回馈社会"计划，以加强大学与多元社区之间的联系。

（一）全球公民意识证书课程简介

GCP 证书课程的目标是通过促进学生批判性地参与当代全球议题的讨论，使学生能够深刻反思公民与社会的正义问题。GCP 是一项学生自愿参与的课外证书课程，属于不计学分但提供成绩的辅修课程。由于 GCP 证书课程得到了 UCT 校长的重视和信托基金的支持，本校学生可以免费参与该课程。GCP 课程最初制定了三个具体的学习目标：一是让学生了解有关全球公民和社会正义问题相关的基本知识；二是通过积极倾听、批判性思考和逻辑论证，培养学生在全球议题和社会问题上的领导力；三是通过参与社区服务，加强学生对世界未来公民的身份认同。基于这些目标，GCP 在课程之初，就要求学生围绕社会正义的框架思考和认识生活中的世界，并分析全球性事件对本地的影响，从而培养全球公民联系全球和本地的能力。

GCP 是一门融合了批判性辩论、志愿服务活动和反思性学习的证书课程。围绕"处理南非社会面临的不平等"这一核心理念设计课程内容，共提供四门短期课程，主要包括如下内容。一是 GC1：全球辩论，本地声音（global debates, local voices）。二是 GC2：服务、公民和社会正义服务学习课

程（citizenship & social justice: activism, service and social change）三是GC3：社区志愿服务（voluntary community service）。四是GC 4：积极公民的对话与审议（dialogue and deliberation for active citizenship）。"全球公民意识"证书课程的主要内容如表10-5所示。可以发现，课程在内容与目标设置上基本都围绕正义、平等和变革等主题词展开，同时要求学生完成多种类型的辩论、反思和实践活动。

表10-5 "全球公民意识"证书课程的主要内容

名称	内容与目标	任务与要求
GC1	针对南非作为"第三世界"国家的身份认同问题展开讨论，并结合南非的资源开发、可持续发展与平等现实问题，探讨全球发展议题	完成6个课时的课程学习；完成3次在线讨论活动；完成一篇反思性总结
GC2	理解促进社会变革的方法，认识公民身份；了解个人如何创造性地改变社区；探讨社区与社会问题以及全球公民问题之间的联系	完成6个课时的课程学习；制作完成3个反思性blog（博客）或视频；参与10个小时的社区服务活动
GC3	通过社区志愿服务改善不平等，推动社会正义；加强学生与边缘群体的接触，帮助校内外的弱势群体；采用混合学习方法，结合社区服务和在线教学，培养学生作为数字公民的能力	在学生管理部门、非政府机构或社区组织进行60个小时的志愿服务；参加两个课时的研讨会；参加两次每次45分钟的反思会议；撰写4篇博文（每篇300—500字）；撰写一篇反思性总结（1000—1500字）
GC 4	讨论如何参与社会正义问题的解决与对话；参与共同学习，培养学生对权力和特权社会系统的自我意识；学习对话技巧，如面对面交流、辩论等	倾听并讨论学生独特的经历；积极参与会议；运用在课程中学到的技能

资料来源：根据课程介绍和报告整理所得。

（二）"回馈社会"计划概述

长期以来，南非高等教育界都积极以各种方式解决种族歧视、阶级矛盾和贫富差距等社会问题（白红梅，2021）。UCT积极参与并应对各种社会问题，为南非乃至全球其他高校作出了表率，其中较重要的一项是表10-6所示的"回馈社会"（Social Responsiveness，SR）计划。SR计划在UCT专指"与外部非学术团体的所有形式的接触"，但强调的是以学科或专业知识推动社区参与和服务的活动，不包括学术团体合作、论文发表和期刊社等活动。

SR计划的目标是以知识促进社会变革，从而建立更公正、公平和统一的南非。为实现这一目标，UCT与政府、地方社区、社会团体、国际组织等建立了合作关系，从社会、政治、经济和文化等各方面促进发展。UCT的SR计划有几种具体方式，如研究活动、参与政策制定以及发展问题和战略的公开评论、学生的社会拓展活动、赋能其他地区发展的项目、提高课程的社会关联性、提供终身学习的机会。

表10-6 "回馈社会"计划的主要类型和典型活动

主要类型	典型活动
研究活动	为公共利益生产并分享知识；与外部团体互动；监测和评估项目进展；通过流行期刊、小册子或学习材料中的文章传播知识
参与政策制定	为政策制定做准备；审议政策文件
发展问题和战略的公开评论	关于发展挑战的公开对话；通过报纸等媒体进行公开讨论
学生的社会拓展活动	学生参加志愿活动
赋能其他地区发展的项目	强制性和非强制性社区服务；制订地方发展计划
提高课程的社会关联性	基于社区的教育或服务学习
提供终身学习的机会	继续教育课程教学

资料来源：根据相关资料和报道整理所得。

六、联合国和平大学：面向"全球治理"的课程与实践体系

联合国和平大学独特的办学体系为毕业生进入全球治理等相关国际化岗位提供了便利，对世界和平与发展产生了深远影响。日本财团（Nippon Foundation）资助的亚洲和平重建奖学金项目（Asian Peacebuilders Scholarship）统计数据显示，联合国和平大学毕业生的就业去向中，25%为非营利机构，22%为联合国系统，21%为政府机构，14%为学术研究机构。联合国和平大学办学体系设计与人才培养目标的一致性是学生能够大量进入相关岗位的重要原因，它在证书课程、国际合作与课程体系上都有许多值得借鉴之处。

（一）面向本科生的证书课程（certificateprogrammes）

为了提升联合国和平大学的知名度，该校面向全球的本科生设计了五个

证书课程,学生可以通过线上或线下方式进行学习。学生在完成所有课程和一个独立研究项目后,便可以获得11或12学分的证书。五个证书课程:课程一,和平与冲突研究证书课程(certificate in peace and conflict studies);课程二,性别与和平重建证书课程(certificate in gender and peacebuilding);课程三,和平教育证书课程(certificate in peace education);课程四,人类流动、冲突与气候变化证书课程(certificate in human mobility, conflict and climate change);课程五,媒体与和平证书课程(certificate in media and peace)。联合国和平大学本科生证书课程如表10-7所示。

这些证书课程存在以下特点:一是围绕和平这一主题展开,从冲突研究、性别、气候变化和媒体等视角解读和平的理论与实践;二是以问题为导向,综合运用跨学科理论和方法对和平进行分析,尤其是从冲突产生的根源和和平建设的方法出发进行讨论;三是重视国际视野扩展,通过比较研究和专题课程,系统介绍联合国以及各国和平进程等内容,能够开阔学生的国际视野。

表10-7 联合国和平大学本科生证书课程

名称	课程目标	课程内容(学分)
课程一	从地方和国际视角出发,帮助学生了解从冲突到和平重建的转变过程;理解跨性别问题的主流观点,并将其应用于地方和国际的和平重建中	国际和平研究简介(3) 和平进程比较研究(3) 冲突解决与转化(2—3) 性别与和平重建(3) 联合国系统专题课程(2)
课程二	熟悉当前性别与和平建设领域的理论和实践中的争论和趋势;了解适用于地方、国家和全球问题的跨性别主流观点;参与研究,以便能够在各种情境下批判性地分析性别问题;从性别视角分析冲突问题	性别与和平建设(3) 性与性别:多样性、包容性与平等(2) 冲突解决与转化(2—3) 和平与冲突研究专题(3) 可持续发展目标(2)
课程三	制定、执行与评估各年龄段群体的教育方法;将和平教育融入课堂教学,促进公共空间中和平文化的形成;在NGO活动中体现跨性别主流观点	和平教育:理论与实践(3) 全球化与人权(3) 国际法视角下的冲突与和平(2—3) 联合国系统专题课程(2) 全球政治(2)

续表

名称	课程目标	课程内容（学分）
课程四	更好地理解人类流动、冲突、气候变化和公平的概念与实际问题；分析气候移民的流动趋势及其影响；在气候移民情境中设计冲突解决方案；评估气候变化对移民的影响；为气候变化与人口流动之间的关系提供政策建议	气候变化和人类流动（2） 气候变化适应与公平（2） 国际法、国界与冲突（2） 人与性别的变化和流动（3） 紧急情况教育（3）
课程五	理解以和平为核心的价值观和原则；对多样化冲突根源有批判性理解和扎实的知识储备，能够运用非暴力手段处理冲突，促进和平的实现；为现有实践、策略或合作提供咨询	和平与冲突研究（3） 媒体与和平导论（3） 全球文化、媒体和冲突（3） 性别代表性与媒体（3） 数字时代的言论自由（3） 战略性非暴力抵抗（3） 冲突的非暴力转化（2）

资料来源：根据网站课程公告整理所得。

（二）以全球治理人才为目标的国际培养合作

全球治理人才的培养，少不了国际化环节，联合国和平大学的各个院系主要通过国际合作办学等方式开阔学生的国际视野。联合国和平大学的合作方与一般大学有所区别，通常包括三类。一是联合国下属分支系统，如联合国教科文组织、联合国训练所等，为联合国系统的官员或志愿者提供学历提升、能力训练等。二是以亚洲、非洲、中美洲地区国家为主，这些国家受限于高等教育水平和影响力，难以培养出符合国际组织需求的全球治理人才，因此与联合国和平大学开展了密切合作。三是美国等国家的私立院校也出于两个原因与联合国和平大学建立了合作关系：一是这些私立院校修读国际政治、经济和法律方向的学生较多，但受限于学校的全球声誉、国际影响力和合作网络，在进入国际组织任职方面缺乏竞争力；二是联合国和平大学也缺乏稳定的、专业对口的生源，因此需要合作院校培养对应专业方向的本科生。

（三）课程体系设置——以"自然资源与可持续发展"双硕士学位项目为例①

以"自然资源与可持续发展"（natural resources and sustainable develop-

---

① 该项目具有代表性，并且提供了新颖的课程案例，因此被列入讨论。

ment）双硕士学位项目（简称双硕士学位项目）为例，可以详细解读联合国和平大学课程体系在内容选择等方面的特点。双硕士学位项目是联合国和平大学与美利坚大学合作的学位项目，学生在美利坚大学完成一年或三年的本科学习，然后前往联合国和平大学进行一年或两年的硕士学习，最终获得美利坚大学国际事务硕士学位与联合国和平大学自然资源与可持续发展硕士学位。如表10-8所示，双硕士学位项目的课程结构有几个特点：一是课程类型比较丰富，囊括了基础课程、方法类课程、价值观和态度类课程以及实践课程，能有针对性地提升知识、技能等；二是课程内容新颖，关注可持续发展类课程、责任管理等领域前沿和热门课程，符合联合国倡导的价值观和话语体系；三是课程的学习与研讨均是从跨国和跨学科角度展开的，而不是从特定国家或特定学科展开的，能够有效开阔学生的全球视野，锻炼相关技能。

表10-8　自然资源与可持续发展硕士课程结构

课程类型	主要内容	特点总结
基础课程 （UPEACE foundation course）	国际关系、政治经济学等学科对和平的跨学科研究，包括其起源、发展、关键概念和理论基础，以及对冲突的基本理解等	必修课，强调知识基础和国际视野
方法类课程 （research methods）	定量数据收集与分析方法	强调应用数据来发现问题
自然资源管理类课程 （natural resource management）	水资源、海岸资源、森林资源等的保护与管理以及粮食安全等	了解自然资源危机的产生、影响和治理
可持续发展类课程 （sustainability）	环境、性别、农业、循环经济与可持续发展等	分析各主题对可持续发展的影响，并将其与联合国政策关联
责任类课程 （responsibility）	责任管理、社会责任感、气候公正、社会创业	培养学生的社会责任感，并围绕责任展开深入讨论

续表

课程类型	主要内容	特点总结
实践类课程（field course）	气候变化治理、自然资源保护与改善、自然资源管理实地考察等	培养学生参与全球治理实践的能力

资料来源：根据课程资料整理所得。

七、匹兹堡大学：围绕全球学习的课程内容与评估改革

匹兹堡大学为培养学生的全球胜任力，开发了一系列证书课程，让学生能够根据自己的专业和兴趣选择相应的课程去学习。匹兹堡大学的证书课程主要依托 GSC 开设，重点包括可持续发展、冲突解决、全球经济与全球治理、社区健康评估、数字媒体、国家防备与国土安全、公益组织等。其中，前三门课程主要围绕全球胜任力培养展开，匹兹堡大学部分学院，如商学院还开设了与专业结合更紧密的证书课程。本节主要介绍几门联系较为紧密的证书课程，然后介绍匹兹堡大学围绕学生全球学习结果的评价体系改革。

（一）围绕全球热门问题的证书课程

第一，全球研究中的可持续发展。全球研究的可持续发展（sustainable development certificate in global studies）证书课程主要从可持续发展视角出发讨论生活质量需求对自然环境的长期影响。该证书课程可以提升学生的可持续发展意识，包括如何考虑各种利益相关者的包容性和环境无害性要求，以及在全球范围内如何打造环境、社会和经济上可持续发展的全球供应链。

学生在修读该证书课程时，可以围绕（不限于）以下几个主题开展探讨：全球人口增长、社会企业家精神、经济与人类发展、全球资源管理、环境变化、国际环境法。匹兹堡大学全球胜任力证书课程的要求如表 10-9 所示。学生必须完成一门必修课程，一系列选修课程以及达到语言要求。该证书课程包含 18 学分，课程还要求学生提交一篇探究可持续发展相关问题的论文。

表 10-9 匹兹堡大学全球胜任力证书课程的要求

类型	内容
必修课（3学分）	全球研究入门（PS 0550）

续表

类型	内容
选修课程 （15学分）	（1）从本专业选择6学分进行替换； （2）从至少两个非本专业系中选择三门课程； （3）商学院、人文学院、社会科学学院及其他专业学院的课程也可计入
语言能力	（1）必须完成两年的大学语言学习； （2）学生至少具备中级外语水平； （3）证书要求的18学分不包括外语学分
出国留学	非必须

资料来源：根据相关文件和新闻报道整理所得。

第二，全球研究中的冲突解决。全球研究中的冲突解决（conflict resolution certificate in global studies）证书课程主要探讨国际冲突、种族和宗教冲突的历史、原因与后果，以及预防和解决冲突的方法等。该证书课程能够培养学生在全球环境下，处理社会政治和冲突问题的意识或能力。

学生在修读本证书课程时，可以围绕以下典型主题开展探讨：政府对冲突的反应如何影响商业活动、自然灾害如何造成局部冲突及其对经济贸易的影响。新确立的主题包括难民和移民、宗教紧张局势和冲突多发地区、粮食和水资源短缺、自然灾害、能源和化石燃料依赖、殖民主义的影响、经济差距与阶级歧视等。

第三，国际商务证书课程。国际商务（Certificate Program in International Business，CPIB）证书课程主要面向对全球商务管理感兴趣的在读学生，相比于前三个证书课程，本证书课程兼顾了专业深度和全球胜任力培养。随着个人的专业发展，企业往往需要从国内市场向国际市场开拓，因此学生必须做好准备。CPIB能为学生带来国际视野、知识、经验和动力，让学生有机会在跨国企业中竞争实习岗位。本证书课程设置为分布式，学生需要参与必修课（6学分）、专业选修课（3学分）、海外学习（6—15学分）三类课程的学习，每类课程达到相应学分即可。

（二） 匹兹堡大学全球学习与参与度评估量表

匹兹堡大学在培养上的另一个重要投入是开展全球学习与全球参与度评估（global learning & engagement assessment）研究。为适应美国国际教育领域的新趋势，UCIS基于以学习者为中心的理念，采用基于胜任力学习的评估方法。评估工作由UCIS联合学术事务和评估委员会（academic affairs and assessment committee）进行。2017年，匹兹堡大学正式启动了my Pitt Global COMPASS（competency & program assessment）项目，制定了评估工具和三条原则：一是要能提升学生的学习效果，与全球胜任力的培养目标保持一致；二是要建立面向外部的全球性学习和参与准则，供学生、顾问和教职工在选择、开发和评估课程时参考；三是要制定与目标一致的计划和评估工具。最终，参考美国大学协会（association of American colleges & universities）开发的《全球学习价值量表》（*Global Learning Value Rubric*），匹兹堡大学形成了《全球学习与全球参与量表》（*Global Learning and Engagement Rubric*）作为评估工具，如表10-10所示。匹兹堡大学界定了全球学习（global learning）的概念，即对复杂、相互依存的全球系统和遗产（如自然、物质、社会、文化、经济和政治等）及其对人类生活和地球可持续发展影响的批判性分析与参与。

表10-10 匹兹堡大学全球学习与全球参与量表

内容		Level 4	Level 3	Level 2	Level 1
知识	全球和（或）区域专业知识	基于对地区或全球问题的现实或历史认知，对该主题作出新解释或深入评价	知识应用与事实分析结合，建立对地区或全球问题的深度理解	提出基本关联，建立对地区或全球问题的理解	了解地区或全球问题的现实或历史知识
	跨学科思维	多角度分析事实、方法或理论的能力	从多角度对案例、事实、方法或理论进行情境分析	从多角度对事实、方法或理论进行比较	从多角度描述事实、方法或理论
技能	世界和传统语言专长	能够使用至少一种外语进行听、说、读、写，并处理学术或专业文献	能够使用至少一种外语进行听、说、读、写，并能够与他人进行互动	能够使用至少一种外语进行听、说、读、写，并审视其他主体和个体	了解运用外语听、说、读、写等的价值

续表

内容		Level 4	Level 3	Level 2	Level 1
技能	合作与交流	展示领导团队、产品和项目的能力	运用协作与沟通技巧为团队、产品和项目作出贡献	愿意持续参与团队或小组协作活动	表现出参加协作的意愿
意识	能够接受多元化的观点	能够在多元社区或文化中工作和学习,具备自我意识,并能调节个人态度和信念	深入了解其他文化和社区的态度与信仰	描述自己接触过的文化或社区经历	展示出对不同文化和社区的好奇心
	公民与全球参与	在创造"本地—全球"公民参与机会时,对某人的行为目标和成就进行反思与分析	对某人的行动目标和成就进行反思或分析,以证明他们能够持续实现全球公民参与	能够参与本地或全球的行动,并反思或描述这些行为如何使个人或社区受益	对本地和全球的公民参与持开放的态度

根据《全球学习与全球参与量表》,全球胜任力的开发和评估主要围绕三个方面展开:知识方面,要能够扩大视野,保持开放心态,关注由差异带来的多样性;行动方面,能够理解自身行为对地方和全球社区的影响,并采取相应行动;意识方面,能够以公平的态度关注全球面临的紧迫且持久问题的解决。根据量表,UCIS从上述三个维度提供了提高全球胜任力的方法或思路:首先,要加强全球和(或)区域专业知识(global and/or regional expertise);其次,要具备跨学科思维(interdisciplinary thinking),具有一定的世界语言和传统语言专长(world and heritage language proficiency),擅长合作与沟通(collaboration and communication);最后,在态度、意识等方面,要能够接受多元化的观点(diverse perspectives),具备公民意识与全球参与精神(civic and global engagement),同时要积极提升自身的职业能力(career and professional development)。

八、佛罗里达州立大学：促进跨文化能力的证书课程

CEG 开设了全球公民精神（Global Citizenship Certificate，GCC）、全球伙伴（Global Partner Certificate，GPC）、跨文化训练（Inter-Cultural Training）三类证书与训练项目课程，以帮助人们丰富全球经验并提高跨文化能力。限于篇幅，本部分仅介绍 GCC 的具体情况。

全球公民精神证书课程的目标是帮助本科生尽可能多地获得校园、社区和国际文化的学习体验。FSU 认为，经济全球化要求所有毕业生同时具备学术能力和跨文化能力，才能在一个如此多样化和多元化的世界中取得成功。全球公民证书课程旨在帮助学生为未来生活和工作中面临的新挑战做好准备。全球公民证书课程的主要内容如下。

模块一：1 门必修课程（全球视野）；3 门选修课程（从校内通识课程中选择与跨文化或全球主题相关的课程）。

模块二：8 项跨文化活动，分别从社会、文化、体验、教育课程中各选择两项。

模块三：1 段持续性国际经历，参与一段国际交流或至少 75 个小时的跨文化活动。

2019—2020 学年，GCC 又提出了在线协作国际学习（Collaborative Online International Learning，COIL）项目，该项目帮助学生在家中或课堂内形成一种全球性学习环境，能够在一定程度上达到出国学习的效果。通常，在一个由至少两国开发的课程中，会预留一个由这些大学的本科生共同学习和完成的 COIL 项目。COIL 项目可以通过现场、在线或混合三种方式进行。学生小组可以通过视频会议工具，进行为期数周的在线讨论，直到所有学生小组完成目标。

COIL 是 GCC 的重要补充，能够帮助学生为多元文化环境和多样化的劳动力市场做好准备，培养学生的批判性思维、团队合作技能，并帮助他们学会运用低成本方式实现跨文化交流。

如表 10-11 所示，下文以 GCC 的必修课全球视野（global perspective）为例说明如何实现 COIL：参加过 Haskollar（哈斯科拉）博士的全球视野必修课程的学生与参加过巴西圣保罗美国技术学院（American College of Technology in São Paulo）Carlos Augusto（卡洛斯·奥古斯托）博士的组织行为（Organizational Behavior）课程的学生进行合作。两名来自 FSU 的学生与两名来自美国技术学院的学生组成小组，并将在整个学期中保持联系，了解彼

此及其文化。该项目包括四个阶段和一个最终的项目报告，每个阶段约一周。前四个阶段通过各种设计帮助学生了解对方的文化习俗，最终报告主要展示双方的文化特点及对学习成果的反思。

表 10-11　一个典型 COIL 课程的流程

时间段	任务	成果
第一阶段	运用移动应用程序开始联系	互相回答对方的"破冰"问题，以了解彼此
第二阶段	基于 Hofstede 的"文化维度"理论，讨论彼此的文化差异，FSU 的学生将向 FATEC 的学生讲解他们在全球视野课程中学到的知识，并回答有关自己文化的问题	根据讨论结果，反思文化差异和文化问题
第三阶段	专注于彼此冲突方式及其与文化的关系（即一个人如何看待、管理和表达冲突）	让学生对跨文化沟通和冲突进行反思性总结
第四阶段	学生可以自由地向对方询问任何他们感兴趣的内容，如流行文化、饮食、体育、社会问题，或进一步探索伙伴关注的深层话题	对从合作伙伴那里学到的内容进行反思
最终报告	两名 FSU 和两名 FATEC 的学生在彼此了解后，将制作一个 YouTube（油管）合作视频，介绍彼此的文化	展示一个聚焦于巴西和美国文化、生活、社会的视频

资料来源：根据相关报道和访谈内容整理所得。

主要参考文献

[1] 艾尔·巴比.社会研究方法[M].北京:华夏出版社,2018.

[2] 白红梅,韩萍.南非高等教育现状与未来趋势[J].民族高等教育研究,2021(6):60-65.

[3] 白强.危机·转机·生机:哈佛大学改革轨迹探究(1869—2001)[D].南京:南京大学,2016.

[4] 白雯,许霄羽.世界一流大学国际理解教育课程建设研究[J].西安建筑科技大学学报(社会科学版),2016(3):88-92.

[5] 邴浩.政策工具视角下高校创新人才全球胜任力提升研究[J].教育学术月刊,2019(7):63-69.

[6] 蔡永莲.在地国际化:后疫情时代一个亟待深化的研究领域[J].教育发展研究,2021(3):29-35.

[7] 曾倩倩,吕林海.台湾本科生全球化素养、参与和环境感知:现状及关系的实证研究——基于台湾3所研究型大学的问卷调查[J].教学研究,2017(3):1-9.

[8] 查有梁.论教育模式建构[J].教育研究,1997(6):49-55.

[9] 常桐善,杜瑞军.中国大学离世界一流大学还有多远——以本科学生的全球化知识和经验为例[J].高等教育研究,2013(3):94-103.

[10] 陈春花,曹洲涛,宋一晓,等.组织行为学[M].2版.北京:机械工业出版社,2020.

[11] 陈华杰.哈佛大学通识教育改革研究:1978年方案到2007年方案[D].汕头:汕头大学,2009.

[12] 陈洁.国际理解教育研究[D].上海:华东师范大学,2003.

[13] 陈强,丁玉,敦帅.基于解释结构模型的城市营商环境影响因素研究[J].经济体制改革,2021(1):193-200.

[14] 陈胜可.SPSS统计分析从入门到精通[M].2版.北京:清华大学出版社,2013.

[15] 陈诗豪.英国高校"全球胜任力"培养研究[D].上海:上海师范大学,2020.

[16] 陈淑伟.开放系统组织研究的历史与理论[J].山东社会科学,2007(3):146-149.

[17] 陈曙光,杜利娟.中国复兴与西方标识性话语的解释危机[J].求索,2018(6):177-183.

[18] 陈伟,郑文,吴世勇.高等教育研究重心的偏移及其矫正[J].教育发展研究,2021(5):45-52.

[19] 陈向阳.习近平总书记的全球治理思想[J].前线,2017(6):4-7.

[20] 陈晓萍,徐淑英,樊景立.组织与管理研究的实证方法[M].北京:北京大学出版社,2012.

[21] 程斯辉,王传毅.研究生培养模式:现实与未来——"研究生培养模式改革"高端论坛综述[J].学位与研究生教育,2010(3):50-53.

[22] 楚琳.全球化背景下美国国际理解教育改革策略的新发展[J].外国教育研究,2009(10):18-22.

[23] 崔兆玉,张晓忠.学术界关于"全球化"阶段划分的若干观点[J].当代世界与社会主义,2002(3):68-72.

[24] 大前研一.无国界的世界[M].北京:中信出版社,2011.

[25] 大前研一.低增长社会:保护主义与反全球化危机的应对之道[M].北京:北京时代华文书局,2019.

[26] 戴炜栋.关于面向21世纪培养复合型高级外语人才发展战略的几个问题[J].外语界,1999(4):2-4.

[27] 邓莉,吴月竹.经合组织全球胜任力框架及测评的争议——兼论对中国国际理解教育的反思[J].比较教育研究,2021(11):22-30.

[28] 丁红卫.日本的国际组织人才战略[J].国际论坛,2020(4):104-115+158-159.

[29] 董泽芳.高校人才培养模式的概念界定与要素解析[J].大学教育科学,2012(3):30-36.

[30] 段伟超.中美公立研究型大学本科生国际化现状比较研究[D].西安:西安外国语大学,2019.

[31] 范柏乃,蓝志勇.公共管理研究与定量分析方法[M].2版.北京:科学出版社,2013.

[32] 房雯,钟周,张传杰,等.清华大学—西点军校全球胜任力培养双向交流项目的经验与启示[J].黑龙江高教研究,2018(12):22-26.

[33] 菲利普·阿特巴赫,姜川,陈廷柱.全球化与国际化[J].高等教育研究,2010(2):12-18.

[34] 付八军.教育的全球化、国际化、民族化与现代化[J].现代教育科学,2005(3):78-80.

[35] 付真真.案例研究方法——利用个案探索现象背后的本质[J].图书情报知识,2010(1): 20-25.

[36] 甘晖,钟承奎,刘亚军.研究型大学本科教育质量的若干思考和实践[J].中国高等教育,2007(5): 23-25.

[37] 高世葵,雷涯邻,王立娜,等.跨国企业外派人员回任失败成因及应对策略[J].中国人力资源开发,2012(4): 59-64.

[38] 格列格尔茨·科洛多科.后疫情时代：更加双赢的全球化[N].光明日报,2020-4-17(12).

[39] 龚灵.加拿大教师全球素养培养研究[D].南京：南京师范大学,2020.

[40] 郭峰.全球化时代大学国际理解教育策略构建[J].教育研究,2012(4): 64-69.

[41] 哈瑞·刘易斯.失去灵魂的卓越[M].上海：华东师范大学出版社,2012.

[42] 贺腾飞.改革开放40年我国高等教育人才培养理念的创新与问题[J].河北师范大学学报(教育科学版),2018(5): 20-27.

[43] 胡德鑫,李琳璐."双一流"背景下研究生国际化能力评价指标构建与影响因素研究[J].学位与研究生教育,2021(8): 21-27.

[44] 胡玲琳.我国高校研究生培养模式研究——从单一走向双元模式[D].上海：华东师范大学,2004.

[45] 季波,刘毓闻,陈龙,等.美国高校国际化人才培养模式的特征与启示——以美国五所知名研究型高校为例[J].华南师范大学学报(社会科学版),2019(6): 73-81.

[46] 金蕾莅,刘士达,施华杰,等.国际组织最高领导人的任职特征及对国际化人才培养的启发[J].清华大学教育研究,2019(5): 82-90.

[47] 金茜,刘婧如.全球治理视阈下国际组织人才培养的实践探索[J].中国高等教育,2020(8): 50-52.

[48] 阚阅.全球治理视域下我国的国际组织人才发展战略[J].比较教育研究,2016(12): 16-21.

[49] 李杰.深刻理解把握世界"百年未有之大变局"[J].领导科学,2018(27): 20.

[50] 李明.企业家国际经历对企业国际化影响机制研究——基于全球胜任力的视角[D].上海：复旦大学,2010.

[51] 李太平,杨国良.教育研究的"西方中心论"现象及其超越[J].社会科学战线,2020(9): 231-239.

[52] 刘兴璀.日本"全球校园"模式的进展、架构与路径——以东京大学为

例[J].比较教育研究，2018(12)：11-18.

[53] 刘岩,李娜.高等教育国际化能力综合评价指标体系的构建[J].高校教育管理,2019(5)：52-60.

[54] 刘扬,马荧,李名义."一带一路"倡议下研究生国际能力的评价与提升对策研究[J].高校教育管理,2018(2)：10-16.

[55] 刘扬,孙佳乐,刘倍丽,等.高等教育国际化：大学生国际能力测评及影响因素实证研究[J].复旦教育论坛,2015(3)：79-85.

[56] 刘扬,阴悦.大学教师的国际能力评价指标体系及量表检验[J].高教探索,2020(5)：107-113.

[57] 卢晓中.面向未来：对高校人才培养的若干思考[J].成才之路 2020(14)：1.

[58] 陆根书,李丽洁.大学生全球化学习经历与全球化能力发展[J].北京工业大学学报(社会科学版),2020(3)：9-19.

[59] 马健生,李洋.核心素养的边界与限度——一种比较分析[J].北京师范大学学报(社会科学版),2018(3)：28-40.

[60] 宋永华,王颖,李敏,等.研究型大学国际化"4S发展战略"理论与实践——以浙江大学为例[J].教育研究,2016(8)：152-159.

[61] 孙成梦雪.面向未来的全球胜任力教育：回顾与反思[J].重庆高教研究,2021(4)：118-127.

[62] 谭卿玲.全球化背景下学生全球胜任力研究综述[J].重庆文理学院学报(社会科学版),2021(3)：127-140.

[63] 滕珺,杜晓燕.经合组织《PISA全球胜任力框架》述评[J].外国教育研究,2018(12)：100-111.

[64] 滕珺,张婷婷,胡佳怡.培养学生的"全球胜任力"——美国国际教育的政策变迁与理念转化[J].教育研究,2018(1)：142-147+158.

[65] 王莉华,顾建民.大学人才培养改革与创新国际会议暨第二届中德高等教育论坛综述[J].高等教育研究,2009(5)：106-109.

[66] 文雯,崔亚楠.新全球化背景下我国高校国际化发展的认知、实施与评价[J].高等教育研究,2020(7)：21-35.

[67] 徐丹,蒋婷,刘声涛.研究型大学本科生国际化经历与全球及跨文化能力关系研究[J].大学教育科学,2019(5)：48-57+124.

[68] 徐雪英,李媛.综合性大学国际组织人才培养模式的理论与实践[J].北华大学学报(社会科学版),2020(4)：126-134+155-156.

[69] 严丹丹.美国：为教师培育全球胜任力[J].甘肃教育,2018(18)：1.

[70] 姚威,储昭卫,胡顺顺.面向"一带一路"的中国工程人才全球胜任力研究——基于扎根理论的探索[J].重庆高教研究,2019(2): 42-52.

[71] 姚威,储昭卫.新全球化背景下研究型大学本科生全球胜任力培养模式构建——基于内容分析法的多案例研究[J].教育发展研究,2021(23): 21-29.

[72] 张汉,赵寰宇.中国大学如何培养全球治理人才?——美国研究型大学的经验及其启示[J].经济社会体制比较,2019(1): 83-93.

[73] 张伟,刘宝存.在地国际化:中国高等教育发展的新走向[J].大学教育科学,2017(3): 10-17+120.

[74] 张应强.全球化背景下高等教育国际化理念的重新审视[J].教育发展研究,2021(23): 1-11.

[75] 赵曙明.全球胜任力领导者开发研究[C]// 北京论坛(Beijing Forum).北京论坛(2007)文明的和谐与共同繁荣——人类文明的多元发展模式:"全球化趋势中跨国发展战略与企业社会责任"法学分论坛论文或摘要集(上).南京大学商学院, 2007: 10.

[76] 赵中建.从国际理解教育到全球胜任力教育[J].上海教育科研, 2019(7): 1.

[77] 经济合作与发展组织.为全球胜任力而教:在快速变革的世界培养全球胜任力[M].北京:北京师范大学出版社,2019.

[78] 经济合作与发展组织.未来世界青少年行动指南——PISA如何评估全球胜任力[M].北京:北京师范大学出版社,2019.

[79] 罗伯特·K·殷.案例研究:设计与方法[M].3版.重庆:重庆大学出版社, 2014.

[80] Abanteriba S. Development of strategic international industry links to promote undergraduate vocational training and postgraduate research programmes[J]. European Journal of Engineering Education, 2006(3): 283-301.

[81] Adler N J, Bartholomew S. Managing globally competent people[J]. Academy of Management Perspectives, 1992(3): 52-65.

[82] Andrews T. Bourdieu's theory of practice and the OECD PISA global competence framework[J]. Journal of Research in International Education, 2021(2): 154-170.

[83] Badley G. Developing globally-competent university teachers[J]. The Transformation of Vocational Education and Training (VET) in the Baltic

States-Survey of Reforms and Developments, 2006(3): 149-166.

[84] Batey, Jacqueline J. Education diplomacy: global diplomacy awareness developed through short-term international internships[J]. Childhood Education, 2014(1): 77-80.

[85] Stefan Becker F. Globalization, curricula reform and the consequences for engineers working in an international company[J]. European Journal of Engineering Education, 2006(3): 261-272.

[86] Becket N, Brookes M. Developing global competencies in graduates[J]. Journal of Hospitality, Leisure, Sport & Tourism Education, 2012(1): 79-82.

[87] Borri C, Guberti E, Melsa J. International dimension in engineering education[J]. European Journal of Engineering Education, 2007(6): 627-637.

[88] Hunter B. A critical analysis of OECD's' global competence'framework [D]. Canada: The University of Western Ontario, 2019.

[89] Cao C, Meng Q. Chinese university students' mediated contact and global competence: Moderation of direct contact and mediation of intergroup anxiety[J]. International Journal of Intercultural Relations, 2020(77): 58-68.

[90] Cherney, Blythe T. The high impact of education abroad: College students' engagement in international experiences and the development of intercultural competencies[J]. Frontiers the Interdisciplinary Journal of Study Abroad, 2013(22): 1-24.

[91] Conlon, Thomas J. A review of informal learning literature, theory and implications for practice in developing global professional competence[J]. Journal of European Industrial Training, 2004(2): 283-295.

[92] Council on International Educational Exchange. Educating for Global Competence: The Report of the Advisory Council for International Educational Exchange[R/OL]. New York, NY: 1988.

[93] Council on International Educational Exchange. Educational Exchange and Global Competence: International Conference on Educational Exchange[R/OL]. Washington DC, 1993: 1-21.

[94] Cushner K E, Brennan S E. Intercultural student teaching: a bridge to global competence[M]. Lanham: Rowman & Littlefield Education. 2007.

[95] Cushner K, Mahon J. Overseas student teaching: affecting personal, pro-

fessional, and global competencies in an age of globalization[J]. Journal of Studies in International Education, 2002(1): 44-58.

[96] Schejbal D, Irvine G. Global competencies, liberal studies, and the needs of employers[J]. Continuing Higher Education Review, 2009(73): 125-142.

[97] Davide P, Sarah-Louise J, Irma K, et al. Global competence and teacher education programmes: A European perspective[J]. Cogent Education, 2022(1): 1-17.

[98] Dehghan D. Planning some practical models for short-term training of rural teachers in Asia[D]. Amherst: Doctoral Dissertations of University of Massachusetts Amherst, 1977.

[99] Delafield, Julia. Cultivating Global Competencies in Costa Rica: One community college's innovative approach to taking early childhood education global[J]. Childhood Education, 2018(1): 4-11.

[100] Dennis C. A light at the end of the tunnel: anthropological contributions towards global competence[J]. Anthropology Newsletter, 1984(8): 11-14.

[101] Dominik M, Kari W, Stephanie M. Using interactive online role-playing simulations to develop global competency and to prepare engineering students for a globalised world[J]. European Journal of Engineering Education, 2015(5): 522-545.

[102] Egginton E, Alsup R. Building global competence on campus—through best policies and practices from international educational exchange[J]. Journal of Thought, 2005(2): 47-54.

[103] Elliott, Gayle G. Fujioka-Ito, Noriko. Developing globalengineers through cooperative education: the university of cincinnati Japanese language and culture model[J]. Online Journal for Global Engineering Education, 2012(1): 1-9.

[104] Emilsson U M, Lilje B. Training social competence in engineering education: necessary, possible or not even desirable? An explorative study from a surveying education programme[J]. European Journal of Engineering Education, 2008(3): 259-269.

[105] Engel L C, Rutkowski D, Thompson G. Toward an international measure of global competence? A critical look at the PISA 2018 framework

[J]. Globalisation Societies and Education, 2019(4): 1-15.

[106] Epstein R M, Hundert E M. Defining and assessing professional competence[J]. Jama, 2002(2): 226-235.

[107] Everett E, Rea A. Building globalcompetence on campus—through best policies and practices from international educational exchange[J]. Journal of Thought, 2005(2): 47-54.

[108] Fola M A. Competencies for global engineers and technologists[J]. Journal of industrial technology, 2011(1): 2-6.

[109] Gary L D, Juan C. Lucena. The globally competent engineer: working effectively with people who define problems differently[J]. Journal of Engineering Education, 2006(4): 1-16.

[110] Graaff E D, Ravesteijn W. Training complete engineers: global enterprise and engineering education[J]. European Journal of Engineering Education, 2001(4): 419-427.

[111] Graham B. Developing globally-competent university teachers[J]. Innovations in Education & Training International, 2000(3): 244-253.

[112] Grotlüschen, Anke. Global competence – Does the new OECD competence domain ignore the global South?[J]. Studies in the Education of Adults, 2018(2): 185-202.

[113] Gulati R, Puranam P. Renewal through reorganization: the value of inconsistencies between formal and informal organization[J]. Organization Science, 2009(2): 422-440.

[114] Hala T. Rihan-Bonner. To be or not to be globally competent: a qualitative study exploring the perceptions and realities of business graduate skill-sets on employability in the 21st century[D]. Minneapolis: Doctoral Dissertation of Capella University, 2014.

[115] Hanson K H E, Meyerson J W E. International challenges to American colleges and universities: looking Ahead. American Council on education series on higher education[M]. Farmington Hills: Oryx Press, 1995.

[116] Hayden, Rose L. A beginning: building global competence[J]. State Education Leader, 1983(4): 1-3.

[117] Heidi J. Mastering global literacy, contemporary perspectives: educating for global competence: learning redefined for an interconnected world[M]. New York: Solution Tree, 2013.

[118] Hugh D. Sherman. Pursuing global competence in undergraduate business education[J]. Journal of Teaching in International Business, 1999(10): 3-4.

[119] Hunter B, White G P, Godbey G C. What does it mean to be globally competent?[J]. Journal of Studies in International Education, 2006(3): 267-285.

[120] Hunter, Britney. A critical analysis of OECD's global competence framework [D]. London: The University of Western Ontario, 2019.

[121] Jae, Ho, Park. A study on the development of globalization measurement index: focused on competency categories[J]. Journal of the Humanities, 1997(1): 177-208.

[122] Jeon J, Lee Y. The relationship between university students' exposure to foreign culture and global competency[J]. Journal of Asia Tefl, 2012(3): 157-187.

[123] Jesiek B K, Haller Y, Thompson J. Developing globally competent engineering researchers: outcomes-Bbased instructional and assessment strategies from the IREE 2010 China research abroad program. [J]. Advances in Engineering Education, 2014(1): 1-22.

[124] Joost B, Erik P. Enlarging the focus on the role of competencies, abilities, and personality in management research: how to assess global management competencies: an investigation of existing instruments[J]. Management Revue, 2010(3): 263-291.

[125] Lucena J, Downey G. A systemic approach to global competency for engineers[C]//2006 Annual Conference & Exposition. 2006: 1-11.

[126] Kang J H, Kim S Y, Jang S, et al. Can college students' global competence be enhanced in the classroom? The impact of cross- and inter-cultural online projects[J]. Innovations in Education and Teaching International, 2017(5): 1-11.

[127] Kari W. Evaluating THE impact of role-playing simlations on global competence in an online transnational engineering course[D]. Charlottesville: The University of Virginia, 2013.

[128] Kasser J, Hitchins D, Frank M, et al. A framework for benchmarking competency assessment models[J]. Systems Engineering, 2013(1): 29-45.

[129] Kathryn B T. Global competence survey development [D]. Lexington:

University of Kentucky, 2017.

[130] Kjellgren B, Richter T. Education for a sustainable future: strategies for holistic global competence development at engineering institutions[J]. Sustainability, 2021(20): 1-18.

[131] Kopish M A. Preparing globally competent teacher candidates through crosscultural experiential learning[J]. Journal of Social Studies Education Research, 2016(2): 7.

[132] Shuman L J, Clark R M, Streiner S, et al. Achieving global competence: are our freshmen already there?[C]//ASEE Annual Conference and Exposition, Conference Proceedings. 2016.

[133] Lasonen J, Teräs M. Teachers' intercultural competence as part of global competence[M].Leiden: SensePublishers, 2016.

[134] Lee O C, Kroeger K R. Global competency and intercultural sensitivity [J]. Journal of Studies in International Education, 2001(2): 116-137.

[135] Lee S. A needs analysis from Korean expatriates with expatriate working experience of 1 year or less in a Korean global corporation[J]. Andragogy Today International Journal of Adult & Continuing Education, 1997(8): 885-892.

[136] Lemaitre D, Pratrl, Graaff E D. Editorial: focusing on competence [J]. European Journal of Engineering Education, 2011(31): 45-53.

[137] Letelier M F, Herrera J A, Canales A M, et al. Competencies evaluation in engineering programmes1[J]. European Journal of Engineering Education, 2003(3): 275-286.

[138] Li J, Xu J. Investigating causality between global experience and global competency for undergraduates in contemporary China's higher education: a transformative learning theoryperspective[J]. International Journal of Higher Education, 2016(3): 155-167.

[139] Li Y. Cultivating student global competence: a pilot experimental study [J]. Decision Sciences Journal of Innovative Education, 2013(1): 125-143.

[140] Lisa P, Maria J P G.Constructing global competence through relationship building in Mexican high schools[J]. Childhood Education, 2017(6): 525-532.

[141] Liu Y, Yin Y, Wu R. Measuring graduate students' global competence: Instrument development and an empirical study with a Chinese sample

[J]. Studies In Educational Evaluation, 2020(67): 1-13.

[142] Lohmann J R, Rollins H A, Hoey J J. Defining, developing and assessing global competence in engineers[J]. European Journal of Engineering Education, 2006(1): 119-131.

[143] Lucena J C. Globalization and organizational change: engineer experiences and their implications for engineering education[J]. European Journal of Engineering Education, 2006(3): 321-338.

[144] Magwa W, Barbara P, Kudzai S. Global competence and internationalisation of higher education in Africa: towards a conceptual framework for learners with special needs[J]. Journal of Educational Policy and Entrepreneurial Research, 2015(5): 138-150.

[145] Mansilla V B, Chua F S. Signature pedagogies in global competence education: understanding quality teaching practice[M]. Singapore: Springer Singapore, 2017.

[146] Marginson S. Dynamics of national and global competition in higher education[J]. Higher Education, 2006(1): 1-39.

[147] Meng Q, Zhu C, Cao C. An exploratory study of Chinese university undergraduates' global competence: effects of internationalisation at home and motivation[J]. Higher Education Quarterly, 2017(2): 159-181.

[148] Meng Q, Zhu C, Cao C. Chinese international students' social connectedness, social and academic adaptation: the mediating role of global competence[J]. Higher Education, 2018(75): 131-147.

[149] Mohamadi S, Abbasi A, Kordshouli H, et al. Conceptualizing sustainable-responsible tourism indicators: an interpretive structural modeling approach[J]. Environment Development and Sustainability, 2021(1): 399-425.

[150] Morais D B, Ogden A C. Initial development and validation of the global citizenship scale[J]. Journal of Studies in International Education, 2010(5): 445-466.

[151] Morley M J, Bücker, Joost, Poutsma E. Global management competencies: a theoretical foundation[J]. Journal of Managerial Psychology, 2010(8): 829-844.

[152] Nadler D A, Tushman M L. A model for diagnosing organizational behavior[J]. Organizational Dynamics, 1980(2): 35-51.

[153] Park S, Song Y. The study for global business competency model to develop the talent in the large enterprises in Korea[J]. The Korean Journal of Human Resource Development Quarterly, 2008(3): 65-85.

[154] Parkinson Alan. Engineering study abroad programs: formats, challenges, best practices[J]. Online Journal for Global Engineering Education, 2007(2): 1-15.

[155] Petro L, Garin M J P. Constructing global competence through relationship building in Mexican high schools[J]. Childhood Education, 2017(6): 525-532.

[156] Reyes L, Quezada. Internationalization of teacher education: creating global competent teachers and teacher educators for the twenty-first century[J]. Teaching Education, 2010(1): 1-5.

[157] Redmond, Lynn M. Reaching global competence-our profession, our students' future[J]. Foreign Language Annals, 2014(4): 571-572.

[158] Reimers F M. Global competency: educating the world[J]. Harvard International Review, 2009(4): 24-27.

[159] Saner R, Yiu L, Sondergaard M. Business diplomacy management: a core competency for global companies [J]. Academy of Management Perspectives, 2000(1): 80-92.

[160] Santoro N. If I need to teach about the world, I need to know the world: developing preservice teachers' global competence through international trips[J]. Race Ethnicity and Education, 2014(17): 429-444.

[161] Semaan G, Yamazaki K. The relationship between global competence and language learning motivation: an empirical study in critical language classrooms[J]. Foreign Language Annals, 2015(3): 511-520.

[162] Shams A. George C. Global competency: an interdisciplinary approach [J]. Academic Exchange Quarterly, 2006(4): 249-257.

[163] Ska B, Weng M, et al. Fuzzy-set qualitative comparative analysis (fsQCA) in business and management research: a contemporary overview[J]. Technological Forecasting and Social Change, 2022(178): 12519.

[164] Sadruddin M M, Wahab Z. Are we preparing global competent teachers? Evaluation of the incorporation of global education perspectives in teacher education curriculum in Pakistan[J]. Bulletin of Education and

Research, 2013(1): 75-94.

[165] Stevens M, Bird A, Mendenhall M E. Measuring global leader intercultural competency: development and validation of the global competencies inventory (GCI)[M]. Barnsley: Emerald Group Publishing Limited, 2014.

[166] Utsumi T. Global university system for engineering education in the age of globalization[J]. European Journal of Engineering Education, 2006(3): 339-348.

[167] Vance C M, Sibeck G, Mcnulty Y. Building global competencies through experiential coursework in international travel and tourism[J]. Journal of International Education in Business, 2011(1): 30-41.

[168] William D. Hunter. Knowledge, skills, attitudes, and experiences necessary to become globally competent[D]. Bethlehem: Lehigh University, 2006.

[169] Yue K, Zhiyong J, Yihua W. A comparative research on competency and competence, competency model and competence model[M]. London: Springer London, 2013.

[170] Zhao Y. Preparing globally competent teachers: a new imperative for teacher education[J]. Journal of Teacher Education, 2010(5): 422-431.

[171] Zhekenov D, Makisheva M, Aznabakiyeva A. A new globalization from the east[J]. Social Science Electronic Publishing, 2019(4): 1-9.

附　　录

《研究型大学本科生全球胜任力培养研究》调查问卷

一、基本信息

1. 您所在的学校：_____
2. 您的性别：_____
3. 您的年龄：_____
4. 您的年级：本科在读：□一年级；□二年级；□三年级；□四/五年级；
   硕士研究生在读：□一年级；□二年级；□三年级；□四年级及以上；
   博士研究生在读：□一年级；□二年级；□三年级；□四年级；□五年级及以上。
5. 您就读的专业类别：□理学；□工学；□农学；□医学；□管理学；□哲学；□经济学；□教育学；□文学；□历史学；□军事学；□艺术学；□法学；□交叉学科或其他。
6. 您父亲的受教育程度：□初中及以下；□高中/中专；□大专；□大学；□硕士；□博士及以上。
7. 您母亲的受教育程度：□初中及以下；□高中/中专；□大专；□大学；□硕士；□博士及以上。
8. 您的家庭所在地属于：□东部；□中部；□西部；□东北。
9. 您的家庭所在环境：□城镇；□农村。
10. 您的家庭年收入：□3万以内；□3—8万；□8—15万；□15—30万；□30万以上；
11. 您过去的出境旅游次数：_____
12. 您参与过的跨国科研活动的次数：_____
13. 您累计参与过多久的海外学习与交流活动（包括线上活动，以星期为单位）：_____

二、研究型大学本科生全球胜任力培养模式构成要素评价

（一）学校"办学理念"评价

A.请您根据自身的学习感受，对关于学校"办学理念"的赞同程度进行评价

	对学校办学理念的感受	很不同意→非常同意						
A1	学校的办学目标是成为世界性的大学	1	2	3	4	5	6	7
A2	学校关注学生在全球舞台上的成就	1	2	3	4	5	6	7
A3	学校有把学生培养成全球性人才的规划和倡议	1	2	3	4	5	6	7
A4	学校认为学生应具备"一带一路"国家和地区的经济、政治、地理等知识	1	2	3	4	5	6	7
A5	学校认为学生应具备在全球化环境下的沟通、阅读能力	1	2	3	4	5	6	7
A6	学校认为学生应具备在跨文化情境下的主动、友好、欣赏、正直等品质	1	2	3	4	5	6	7

（二）学校"保障体系"评价

B.请您根据自身的学习感受，就"保障体系"的重要性进行评价

	对下列"保障措施"的重要性进行评价	很不重要→非常重要						
B1	学校应为全球化人才培养投入专门资金	1	2	3	4	5	6	7
B2	学校具备国际化交流的建筑空间、网络等设施	1	2	3	4	5	6	7
B3	学校出台了保障国际交流政策文件	1	2	3	4	5	6	7
B4	学校建立了有效的国际传播体系	1	2	3	4	5	6	7

(三)学校"组织结构"评价

C.请您根据对本校的了解,就"组织结构"的实际情况进行评价。

对下列"组织结构"的重要性进行评价		很不重要→非常重要						
C1	学校成立了专门的全球事务管理机构	1	2	3	4	5	6	7
C2	学校建立了全球胜任力培养管理机构	1	2	3	4	5	6	7
C3	学校拥有众多的国际学生和教师	1	2	3	4	5	6	7
C4	学校拥有众多的国际学生社团/俱乐部	1	2	3	4	5	6	7

(四)学校"课程体系"评价

D.请您根据自身的学习经历,就本校开设的"课程体系"的有效性进行评价。

你认为学校的"课程体系"对全球胜任力培养的帮助:		没有帮助→帮助很大						
D1	辅修全球化方向的双学位	1	2	3	4	5	6	7
D2	在专业课程中嵌入全球化主题	1	2	3	4	5	6	7
D3	通识课程中涉及全球化主题	1	2	3	4	5	6	7
D4	参加全球化主题相关的证书课程	1	2	3	4	5	6	7
D5	学校提供更加灵活的选课体系	1	2	3	4	5	6	7

(五)学校"实践活动"评价

E.请您根据自身的学习经历,就本校开展的"实践活动"的有效性进行评价。

你认为下列"实践活动"对全球胜任力培养的帮助:		没有帮助→帮助很大						
E1	参加全球交换生和访学活动	1	2	3	4	5	6	7
E2	参加全球科研或企业实习、实践活动	1	2	3	4	5	6	7
E3	参加全球研学旅行活动	1	2	3	4	5	6	7
E4	进入全球化相关场所的场地参观和野外实习	1	2	3	4	5	6	7
E5	开展全球问题的案例分析	1	2	3	4	5	6	7

（六）学校"教学与学习方法"评价

F. 请您根据自身的学习经历，就"教学与学习方法"的有效性进行评价。

你认为下列"教学或学习方法"对提高全球胜任力有帮助：		没有帮助→帮助很大						
F1	参加全球化专题讲座	1	2	3	4	5	6	7
F2	参加围绕全球问题展开的讨论和活动	1	2	3	4	5	6	7
F3	参加全球问题或跨文化主题的情景模拟活动（例如，模拟联合国、模拟文化活动等）	1	2	3	4	5	6	7
F4	参加线上的跨国、跨文化交流活动	1	2	3	4	5	6	7

三、研究型大学本科生全球胜任力测评调查问卷

以下是对个人的全球胜任力进行评估。请您结合自身的学习状况，对下列各个指标进行打分。指标采用7分制：1=完全不同意；2=比较不同意；3=有点不同意；4=不太确定；5=有点同意；6=比较同意；7=完全同意。

全球胜任力测评指标		完全不同意→完全同意						
Q1A	我了解至少一个"一带一路"地区或国家的历史和地理知识	1	2	3	4	5	6	7
Q1B	我了解至少一个"一带一路"地区或国家的政治和经济知识	1	2	3	4	5	6	7
Q1C	我了解至少一个"一带一路"地区或国家的语言、文化、宗教、重要习俗和社会规范知识	1	2	3	4	5	6	7

续表

全球胜任力测评指标		完全不同意→完全同意						
Q2A	我理解全球化的概念及其发展趋势	1	2	3	4	5	6	7
Q2B	我理解全球化对国家发展、社会活动和个人生活的影响	1	2	3	4	5	6	7
Q2C	我理解国际组织在国际社会中的作用和价值	1	2	3	4	5	6	7
Q2D	我会关注重大全球事件和国际问题	1	2	3	4	5	6	7
Q3A	我能够使用一门外语进行阅读和写作	1	2	3	4	5	6	7
Q3B	我能够使用office、PDF阅读器等国际通用软件	1	2	3	4	5	6	7
Q3C	我能够浏览外语网站并获取相关信息和知识	1	2	3	4	5	6	7
Q4A	我能够从其他文化视角去考虑或分析问题	1	2	3	4	5	6	7
Q4B	我能够理解外国人以便和他们一起工作或生活	1	2	3	4	5	6	7
Q4C	我能够用外语和外国人进行沟通和互动	1	2	3	4	5	6	7
Q4D	我能够在其他文化背景中生活、学习甚至工作	1	2	3	4	5	6	7
Q5A	我愿意花费时间和精力与外国人交流并建立联系	1	2	3	4	5	6	7
Q5B	我愿意通过旅游、学习等方式感受其他国家的文化和生活	1	2	3	4	5	6	7
Q5C	我能够接受海外学习、实习和工作带来的风险	1	2	3	4	5	6	7

续表

全球胜任力测评指标		完全不同意→完全同意						
Q6A	在与外国人交流时，我能够以尊重的态度对待他们的文化和价值观	1	2	3	4	5	6	7
Q6B	在与外国人交流时，我能够理解他们的文化和价值观与自身的不同之处	1	2	3	4	5	6	7
Q6C	在与外国人交流时，我能够欣赏与自身不同的文化和价值观	1	2	3	4	5	6	7
Q7A	我认同中国的文化传统和价值观	1	2	3	4	5	6	7
Q7B	我认同人类命运共同体的理念	1	2	3	4	5	6	7
Q7C	我认为自己能够为国家作出贡献	1	2	3	4	5	6	7